U0902624

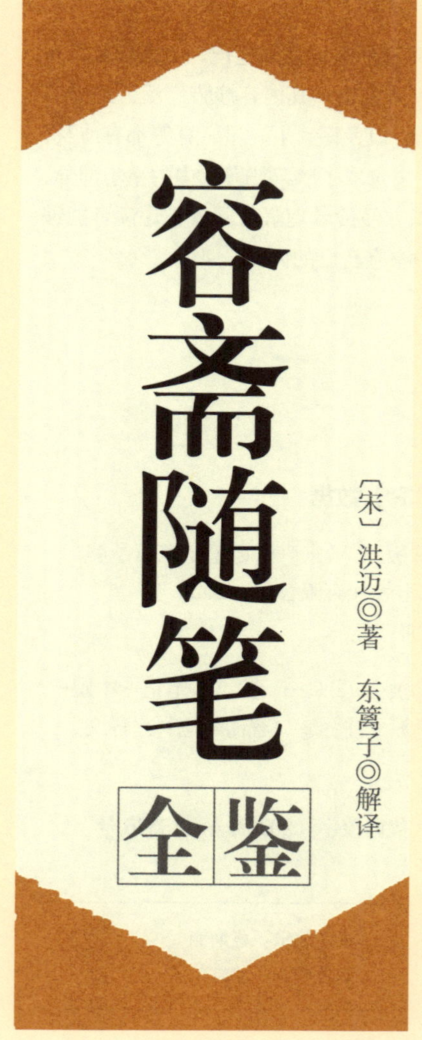

容斋随笔全鉴

〔宋〕洪迈◎著
东篱子◎解译

中国纺织出版社有限公司
国家一级出版社
全国百佳图书出版单位

内 容 提 要

《容斋随笔》是南宋洪迈所著的读书笔记，历来享有很高的声誉，被诸多名人大家所推崇。其内容涉猎广泛，经史典故、诸子百家、诗词文翰，以及医、卜、星、算等都有涉及，堪称宋朝的百科全书。本书选取了《容斋随笔》中的精华部分，并佐以注释、译文等，以方便读者理解与阅读，让读者能够在中国古代文化的熏陶中丰富自己的内涵。

图书在版编目（CIP）数据

容斋随笔全鉴：珍藏版 / （宋）洪迈著；东篱子解译. -- 北京：中国纺织出版社有限公司，2020. 7
ISBN 978-7-5180-7561-4

Ⅰ. ①容… Ⅱ. ①洪… ②东… Ⅲ. ①笔记—中国—南宋—选集②《容斋随笔》—注释③《容斋随笔》—译文 Ⅳ. ①Z429.442

中国版本图书馆 CIP 数据核字（2020）第 115346 号

策划编辑：史 岩　　责任编辑：曹炳镝
责任校对：韩雪丽　　责任印制：储志伟

中国纺织出版社有限公司出版发行
地址：北京市朝阳区百子湾东里A407号楼　邮政编码：100124
销售电话：010—67004422　传真：010—87155801
http://www.c-textilep.com
中国纺织出版社天猫旗舰店
官方微博 http://weibo.com/2119887771
北京华联印刷有限公司印刷　各地新华书店经销
2020年7月第1版第1次印刷
开本：710×1000　1/16　印张：20
字数：220千字　定价：68.00元

前言

在中华民族璀璨的古代文学典籍中，宋代的笔记留下了一抹非同寻常的色彩。《容斋随笔》更是凭借其充实的内容及精彩的评议而备受世人推崇，被历史学家誉为“宋代三大最有学术价值的笔记”之一。

《容斋随笔》是南宋洪迈所著。出身于官宦之家的洪迈，自幼聪慧过人，博览群书，学识渊博，通晓六经文史，素有“知古莫如洪景卢”的美名。其父洪皓，曾奉命出使金国议和，后遭金人扣押十五年而不屈服，有着“宋朝苏武”的美名。在家庭环境的熏陶之下，洪迈也有着同样高尚的品格，被世人所称道。绍兴末年，洪迈也曾奉命出使金国议和，因为不肯受屈而被扣留，几经辗转后释放。洪迈一生多任文职，官至端明殿学士。除《容斋随笔》之外，还著有文集《野处类稿》、志怪笔记小说《夷坚志》，其编纂的《万首唐人绝句》等，都是至今流传的佳作。

《容斋随笔》是我国笔记小说中难得一见的珍品，清代纪昀在编纂《四库全书》时，将这部著作收录其中，并誉之为南宋笔记小说之冠。

《容斋随笔》全书分为随笔、续笔、三笔、四笔、五笔五个部分。这部读书笔记耗费了作者近四十年的时间，其行文自然流畅，整体安排并没有严格的时间顺序，也没有按照内容分类，十分灵活随性，完全是作者平日读书的札记，堪称当时宋朝的百科全书。该书囊括了作者一生所阅览的书籍所得，涉及天文地理、民俗风情、帝王决策、文章句逗、奇闻逸事等多个方面的内容，具有很高的研究价值，有效地填补了正史的疏漏，彰显了作者自身渊博的学识与独特的见解。明代李翰留下了“洪迈聚天下之书而遍阅之，搜悉异闻，考核经史，捃拾典故，值言之最者必札之，遇事之奇者必摘之，虽诗词、文翰、历谶、卜医，钩纂不遗，从而评之”的评价。

自《容斋随笔》成书以来，备受历代学者的关注，陆续收录它的丛书多达十多种，刻本、抄本散见各代。综合宋代、元代、明代和清代的多个版本，大体上可以将其版本流传情况分为两个系统，分别以宋嘉定本和宋绍定本为源头。光绪九年，洪迈刊本依照会通馆活字本重校，两个系统最终走向合流。

本书为精编选译版本，选取了《容斋随笔》中的精华部分，并佐以注释、译文等，其中译文以直译为主，意译为辅，方便读者阅读和理解。由于编者能力有限，书中难免会有错讹疏漏，祈望读者批评指正。

《容斋随笔全鉴》平装本自出版以来，广受读者欢迎和喜爱。为满足大家的收藏、馈赠需要，现特以精装形式推出，敬请品鉴。

解译者

2019 年 4 月

目录

一、容斋随笔

二、容斋续笔

三、容斋三笔

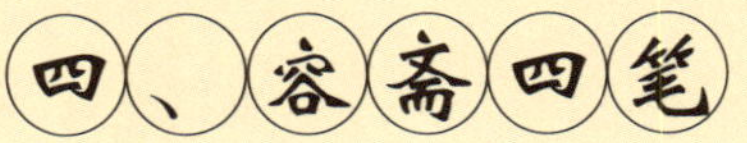

四、容斋四笔

五、容斋五笔

一、容斋随笔

欧率更帖

【原文】

临川《石刻杂法帖》一卷，载欧阳率更一帖云[①]：“年二十余，至鄱阳，地沃土平，饮食丰贱，众士往往凑聚。每日赏华，恣口所须[②]。其二张才华议论，一时俊杰；殷、薛二侯，故不可言；戴君国士，出言便是月旦[③]；萧中郎颇纵放诞，亦有雅致；彭君摛藻[④]，特有自然，至如《阁山神诗》，先辈亦不能加。此数子遂无一在，殊使痛心。”兹盖吾乡故实也。

【注释】

①率更：即率更令，欧阳询曾担任太子率更令一职。所以这里指的就是欧阳询。②恣（zì）口所须：大饱口福，大快朵颐。恣，没有约束。③月旦：即月旦评，对人物或者诗文字画的点评。东汉末年，汝南郡人许劭兄弟负责对当代人物或者诗文字画等进行品评，通常是在每月的初一发布，所以被称为“月旦评”。不管是谁，一旦经过点评，便会身价飙升，并因此而扬名世俗。④摛（chī）藻：铺陈辞藻。

【译文】

在临川县的《石刻杂法帖》一卷上面记载了欧阳询写的一段话：“我二十多岁的时候到过鄱阳，当时这里土地肥沃平整，饮食种类丰富，价格低廉，很多有才华的人常常到这里来聚会。每天都能够赏花饮酒，大快朵颐。其中有两个姓张的人，才华出众，是当时的青年才俊；殷、薛这两个人的才华，更不用多说了；有一位姓戴的先生也是当时才华出众

的人，发表评论就是月旦评；萧中郎行为任达不拘，但是也有着高雅的意趣；彭君擅长铺陈辞藻，写的文章平静自然，就像是《阁山神诗》这篇文章，就算是前辈也无法超过这样的水平了。这几个人都已经不在人世了，让人特别伤心难过。”以上就是我乡过去的实情。

浅妄书

【原文】

俗间所传浅妄之书[①]，如所谓《云仙散录》《老杜事实》《开元天宝遗事》之属[②]，皆绝可笑。然士大夫或信之，至以《老杜事实》为东坡所作者，今蜀本刻杜集，遂以入注。孔传《续六帖》，采摭唐事殊有工，而悉载《云仙录》中事，自秽其书。《开天遗事》托云王仁裕所著，仁裕五代时人，虽文章乏气骨，恐不至此。姑析其数端以为笑。其一云：“姚元崇开元初作翰林学士，有步辇之召。”按，元崇自武后时已为宰相，及开元初三入辅矣。其二云：“郭元振少时美风姿，宰相张嘉贞欲纳为婿，遂牵红丝线，得第三女，果随夫贵达。”按，元振为睿宗宰相，明皇初年即贬死，后十年，嘉贞方作相。其三云：“杨国忠盛时，朝之文武，争附之以求富贵，惟张九龄未尝及门。”按，九龄去相位十年，国忠方得官耳。其四云：“张九龄览苏颋文卷，谓为文阵之雄师[③]。”按，颋为相时，九龄元未达也。此皆显显可言者，固鄙浅不足攻，然颇能疑误后生也。惟张彖指杨国忠为冰山事[④]，《资治通鉴》亦取之，不知别有何据？近岁，兴化军学刊《遗事》，南剑州学刊《散录》，皆可毁。

【注释】

①浅妄之书：浅薄荒谬的书籍。②《云仙散录》：又称为《云仙杂记》，内容大部分是从别的书籍里摘抄的唐五代人士的遗闻逸事。《老杜事实》：也被称为《杜诗事实》，已经失传。《开元天宝遗事》：简称《开天遗事》，主要记录了一些从民间搜集的唐玄宗时期宫廷内外的风俗习惯，事情大部分都是假的。③文阵之雄师：在文坛上卓有成就的人。④张象指杨国忠为冰山事：指的是张象指出杨国忠借着杨玉环谋取了荣华富贵和权势，这些荣华富贵和权势像冰山一样，太阳一出来就融化了。

【译文】

民间所广为流传的那些浅薄荒谬的书籍，像经常会被提及的《云仙散录》《老杜事实》《开元天宝遗事》这类书籍，都是十分可笑的。可是竟然有士大夫相信了其中的说法，甚至认为苏轼是《老杜事实》的作者，现在四川刻印的《杜集》，就把这件事收录进注解中。孔传的《续六帖》，虽然在收集整理唐朝历史事件方面有着特殊的贡献，但

是却将《云仙录》里的事件全都记载了下来，自己玷污了自己的书。《开天遗事》谎称是王仁裕所作，王仁裕是五代时期的人，虽然在写文章方面缺少气骨，但是也不至于如此不堪吧。暂且分析一下其中的几件事把它们当成笑料吧。其中之一是："姚元崇在开元初期担任翰林学士的时候，唐玄宗曾经专门派了步辇接他。"经过一番考证，原来姚元崇在武则天时期就已经担任宰相一职了，到了开元初期已经是第三次入朝辅佐皇上了。其中之二是："郭元振年少时，风流倜傥体态健美，宰相张嘉贞想让他当自己的女婿，于是给他牵红线，最终和自己的三女儿喜结连理，三女儿后来果然跟着丈夫变得显贵起来。"经过考证，事实上：郭元振是睿宗时期的宰相，明皇初年就已经被贬官去世了，十年之后，张嘉贞才当了宰相。其中之三是："杨国忠权倾朝野的时候，朝中的文武百官都争相依附他，以求取富贵，只有张九龄从来不曾上门拜访过他。"经过考证：张九龄不做宰相十年之后，杨国忠才得了官职。其中之四是："张九龄看苏颋的文章，称苏颋将是文坛中卓有成就的人。"经过考证，事实上：苏颋当宰相的时候，张九龄还没有显达呢。这些都是浅显且很容易被指出来的错误，虽然已经浅薄得都不值得去批评了，没想到还是很能迷惑后生啊。只有张彖一个人曾经指出杨国忠的富贵权势像冰山一样。《资治通鉴》中也收录了这样的说法，不知道除此之外还有什么证据可以证明？最近这些年，兴化军官方修订刻版印刷的《开元天宝遗事》，南剑州官方修订刻版印刷的《云仙散录》，都可以销毁了。

文烦简有当

【原文】

欧阳公《进新唐书表》曰："其事则增于前，其文则省于旧。"夫文贵于达而已，繁与省各有当也。《史记·卫青传》："校尉李朔、校尉赵不虞、校尉公孙戎奴①，各三从大将军获王，以千三百户封朔为涉轵侯，以千三百户封不虞为随成侯，以千三百户封戎奴为从平侯。"《前汉书》但云②："校尉李朔、赵不虞、公孙戎奴，各三从大将军，封朔为涉轵侯、不虞为随成侯、戎奴为从平侯。"比于《史记》五十八字中省二十三字，然不若《史记》为朴赡可喜。

【注释】

①校尉：古代武官的官职名，李朔、赵不虞、公孙戎奴三人曾经三次跟随卫青俘虏了匈奴王。②《前汉书》：即《汉书》，是东汉的班固所写，也是我国第一部纪传体断代史。

【译文】

欧阳修在《进新唐书表》中称："这本书中记录的事情要多于前人所记录的，这里的文字要少于过去的那些书。"文章贵在能够表述清楚，文字的繁简都各有恰当的情况。在《史记·卫青传》中记载："校尉李朔、赵不虞、公孙戎奴，这三人都曾经三次追随着大将军卫青俘虏了匈奴王，划了一千三百户给李朔，将他封为涉轵侯，划了一千三百户给赵不虞，将他封为随成侯，划了一千三百户给公孙戎奴，将他封为从平侯。"《前汉书》中只提到："校尉李朔、赵不虞、公孙戎奴，曾经三次跟随大将军

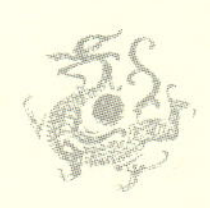

卫青，封李朔为涉轵侯，封赵不虞为随成侯，封公孙戎奴为从平侯。”与《史记》的五十八个字相比少了二十三个字，然而看起来却没有《史记》中记录得更加真实质朴让人喜欢。

长歌之哀

【原文】

嬉笑之怒，甚于裂眦[①]，长歌之哀[②]，过于恸哭。此语诚然。元微之在江陵[③]，病中闻白乐天左降江州，作绝句云：“残灯无焰影幢幢，此夕闻君谪九江。垂死病中惊起坐，暗风吹雨入寒窗。”乐天以为：“此句他人尚不可闻，况仆心哉！”微之集作“垂死病中仍怅望”，此三字既不佳，又不题为病中作，失其意矣。东坡守彭城，子由来访之，留百余日而去，作二小诗曰：“逍遥堂后千寻木，长送中宵风雨声。误喜对床寻旧约，不知漂泊在彭城。”“秋来东阁凉如水，客去山公醉似泥。困卧北窗呼不醒，风吹松竹雨凄凄。”东坡以为读之殆不可为怀，乃和其诗以自解。至今观之，尚能使人凄然也。

【注释】

①裂眦（zì）：眼睛瞪得大大的仿佛要把眼眶瞪裂一样，形容愤怒到了极点。②长歌：篇幅比较长或者声音要拖长的歌唱。③元微之：即元稹，字微之，唐代著名诗人。

【译文】

讽刺挖苦的怒骂，要比吹胡子瞪眼更能让人感到愤怒；通过长歌来抒发哀伤，要比号啕大哭更让人伤心。这句话说得很对。元稹在江陵的时候，在病中听说白居易被贬江州的消息，写了一首绝句："残灯无焰影幢幢，此夕闻君谪九江。垂死病中惊起坐，暗风吹雨入寒窗。"白居易认为："这些诗句其他人看了都不能承受，更何况是作为当事人的我呢！"元稹的诗集中有"垂死病中仍怅望"一句，这里的"仍怅望"三个字用得不好，又没写明诗是"病中作"的，因此偏离了本意。苏东坡在担任彭城太守时，他的弟弟苏辙来看望他，留在彭城一百多天就离开了，写了两首诗说："逍遥堂后千寻木，长送中宵风雨声。误喜对床寻旧约，不知漂泊在彭城。""秋来东阁凉如水，客去山公醉似泥。困卧北窗呼不醒，风吹松竹雨凄凄。"苏东坡觉得读完十分伤感，于是就写了两首诗相和，自己安慰自己。这几首诗现在看来，依然让人感到十分凄凉悲伤。

张良无后

【原文】

张良、陈平①，皆汉祖谋臣，良之为人，非平可比也。平尝曰："我多阴谋，道家之所禁。吾世即废矣，以吾多阴祸也。"平传国至曾孙，而以罪绝，如其言。然良之爵但能至子，去其死才十年而绝，后世不复绍封，其祸更促于平，何哉？予盖尝考之，沛公攻峣关，秦将欲连和，良曰："不如因其懈怠击之。"公引兵大破秦军。项羽与汉王约中分天下，既解而东归矣。良有养虎自遗患之语，劝王回军追羽而灭之。此其事固不止于杀降也，其无后宜哉！

【注释】

①张良：字子房，颍川城父人，秦末汉初著名的谋士、大臣，和韩信、萧何一起被称为“汉初三杰”。陈平：阳武户牖乡（今河南原阳）人，西汉王朝的开国功臣之一。曾多次为刘邦出谋划策。

【译文】

张良和陈平，都是汉高祖刘邦的谋臣，但是张良的为人，却不是陈平所能够相提并论的。陈平曾说：“我多次使用阴谋，是道家所不允许的。我的后代将会灭亡，这都是我所留下的祸患。”陈平的爵位传到了他的曾孙，就因罪而绝了后，正像他当年所说的一样。然而，张良的爵位却只传到了他的儿子，他死后只有十年就断绝了，后辈也没有再次被封赏，他遭遇的祸患要比陈平来得更快，为什么会这样呢？我曾经对这件事进行了考证，刘邦攻打峣关，秦朝的将领想要投降，张良说：“不如趁着他们松懈的时候进攻。”刘邦于是带领大军大胜秦朝的军队。项羽与刘邦约定要平分天下，于是项羽就带兵向东去了彭城。张良说这是养虎为患，劝说刘邦率军去追击项羽并将其歼灭。张良的这两件事与杀死降军相比无德程度有过之而无不及，所以他才会绝后吧！

秦用他国人

【原文】

七国虎争天下[①]，莫不招致四方游士。然六国所用相，皆其宗族及国人，如齐之田忌、田婴、田文，韩之公仲、公叔[②]，赵之奉阳、平原君[③]，魏王至以太子为相。独秦不然，其始与之谋国以开霸业者，魏人公孙鞅也。其他若楼缓赵人，张仪、魏冉、范雎皆魏人，蔡泽燕人，吕不韦韩人，李斯楚人，皆委国而听之不疑，卒之所以兼天下者，诸人之力也。燕昭王任郭隗、剧辛、乐毅，几灭强齐，辛、毅皆赵人也。楚悼王任吴起为相，诸侯患楚之强，盖卫人也。

【注释】

①七国虎争天下：战国时，秦、齐、楚、燕、赵、韩、魏七个国家争夺天下，最终秦国统一了六国。②公仲、公叔：都是战国时期韩国的贵族。③奉阳：指的是赵国的贵族奉阳君。平原君：赵胜，战国时曾三次担任赵国的相国。

【译文】

七个国家争夺天下，没有不招揽各地人才的。然而，六国所任用的相国，均是他们自己的族人及自己国家的人，如齐国的田忌、田婴、田文，韩国的公仲、公叔，赵国的奉阳君、平原君，魏王甚至让自己的太子担任了相国。只有秦国没有这样做。最开始的时候与秦国商议谋划取得其他国家政权开创霸主之业的人是魏国的公孙鞅（商鞅）。另外，像楼缓是赵国人，张仪、魏冉、范雎都是魏国人，蔡泽是燕国人，吕不韦是

韩国人，李斯是楚国人，秦王都放心地将国家大事交付给他们并且没有怀疑，之所以最终能够兼并天下，都是这些人的功劳啊。燕昭王任用郭隗、剧辛、乐毅，几乎消灭了强大的齐国，剧辛、乐毅都是赵国人。楚悼王起用吴起作为相国，使诸侯都惧怕楚国的强大，而吴起却是卫国人。

忠恕违道

【原文】

曾子曰："夫子之道，忠恕而已矣[①]。"《中庸》曰："忠恕违道不远。"学者疑为不同。伊川云："《中庸》恐人不喻，乃指而示之近。"又云："忠恕固可以贯道，子思恐人难晓，故降一等言之。"又云："《中庸》以曾子之言虽是如此，又恐人尚疑忠恕未可便为道。故曰违道不远。"游定夫云："道一而已，岂参彼此所能豫哉？此忠恕所以违道，为其未能一以贯之也。虽然，欲求入道者，莫近于此，此所以违道不远也。"杨中立云："忠恕固未足以尽道，然而违道不远矣。"侯师圣云："子思之忠恕，施诸己而不愿，亦勿施于人。此已是违道。若圣人，则不待施诸己而不愿，然后勿施诸人也。"诸公之说大抵不同。予窃以为道不可名言，既丽于忠恕之名，则为有迹。故曰违道。然非忠恕二字亦无可以明道者。故曰不远。非谓其未足以尽道也。违者违去之谓，非违畔之谓。老子曰："上善若水，水善利万物而不争，处众人之所恶，故几于道。"苏子由解云："道无所不在，无所不利，而水亦然。然而既已丽于形，则于道有间矣。故曰几于道。然而可名之善，未有若此者。故曰上善。"其说与此略同。

【注释】

①忠恕：儒家提倡的一种道德规范。“恕”是一种推己及人的态度，而“忠”强调为他人尽心尽力的一面。

【译文】

曾子说：“孔子提倡的道德规范，只有忠、恕而已。”《中庸》中所说：“忠恕距离道的本源并不远。”学者们都质疑这两种说法是不同的。程伊川说：“《中庸》担心人们弄不清楚，才提出了忠恕离道的本源很近这样的说法。”又说：“忠恕虽然能够贯穿所有的道，子思担心人们不明白，所以才故意降了一等来解释。”又说：“《中庸》认为曾子虽然说过万事之理只有忠恕，但是又担心人们怀疑它不是道的本源，因此才说距离道的本源不远。”游定夫说：“道的本源只有一个，怎么能用比较来确定呢？忠恕之所以违背了道，是因为它无法将全部都表现在行事上。即便是这样，想要学习道的，没有比忠恕更接近的了，因此说它距离本源不远。”杨中立说：“忠恕虽然无法包罗全部的道理，但是它距离道的本源并不远。”侯师圣说：“子思所说的忠恕，加在自己身上尚且不愿意接受，更何况是加在别人身上。这本身就偏离了道的本源。就像是圣人，不也是施加给自己不愿意，也就不会强行施加给别人了。”这些人所说的大多是不同的，我认为道不能用名称来表达，既然已经给道加上了忠恕的名称，那么就有了印记。所以说它已经违背了道。然而不是忠恕两字，也无法阐明道理，因此说它距离道并不远。并非是说它无法包括道的本源。违说的是离开而不是背叛。老子说：“最好的东西就像水，可以利于万物却不争功，处于别人都不愿意待的地方，因此它接近自然之理。”苏子由解释说：“道无处不在，对什么都有利，水就是这样的。不过它已经留下了形迹，与道相比，还是有所差别的，因此说道接近于自然之理。不过找到一个妥当的命名，没有哪个可以超过它的，所以说最好的东西像水。”这种说法和我所说的大致相同。

汉采众议

【原文】

汉元帝时，珠崖反[①]，连年不定。上与有司议大发军，待诏贾捐之建议[②]，以为不当击。上以问丞相、御史，御史大夫陈万年以为当击，丞相于定国以为捐之议是，上从之，遂罢珠崖郡。匈奴呼韩邪单于既事汉，上书愿保塞上谷以西[③]，请罢边备塞吏卒，以休天子人民。天子令下有司议，议者皆以为便，郎中侯应习边事，以为不可许。上问状，应对十策，有诏勿议罢边塞事。成帝时，匈奴使者欲降，下公卿议，议者言宜如故事受其降。光禄大夫谷永以为不如勿受，天子从之。使者果诈也。哀帝时，单于求朝[④]，帝欲止之，以问公卿，亦以为虚费府帑，可且勿许。单于使辞去。黄门郎扬雄上书谏，天子寤焉，召还匈奴使者，更报单于书而许之。安帝时，大将军邓骘欲弃凉州，并力北边，会公卿集议，皆以为然，郎中虞诩陈三不可，乃更集四府[⑤]，皆从诩议。北匈奴复强，西域诸国既绝于汉，公卿多以为宜闭玉门关绝西域。邓太后召军司马班勇问之，勇以为不可，于是从勇议。顺帝时，交趾蛮叛，帝召公卿百官及四府掾属，问以方略，皆议遣大将发兵赴之，议郎李固驳之，乞选刺史太守以往，四府悉从固议，岭外复平。灵帝时，凉州兵乱不解，司徒崔烈以为宜弃，诏会公卿百官议之，议郎傅燮以为不可，帝从之。此八事者，所系利害甚大，一时公卿百官既同定议矣，贾捐之以下八人，皆以郎大夫之微[⑥]，独陈异说。汉元、成、哀、安、顺、灵皆非明主，悉能违众而听之，大臣无贤愚亦不复执前说，盖犹有公道存焉。每事皆能如是，天下其有不治乎？

【注释】

①珠崖反：汉元帝初元三年，珠崖郡山南县闹饥荒，民众起来造反。②待诏：非正式官职，是在朝中随时听候任用的人。③上谷：郡名，现北京西北居庸关一带。④单于求朝：指的是建平四年，单于上书称自己愿意入朝称臣五年的事情。当时元帝生病，与公卿商议不准其入朝称臣。⑤四府：指的是太傅、太尉、司徒、司空。⑥郎大夫：对宫廷中负责一些杂事的小官的泛称。

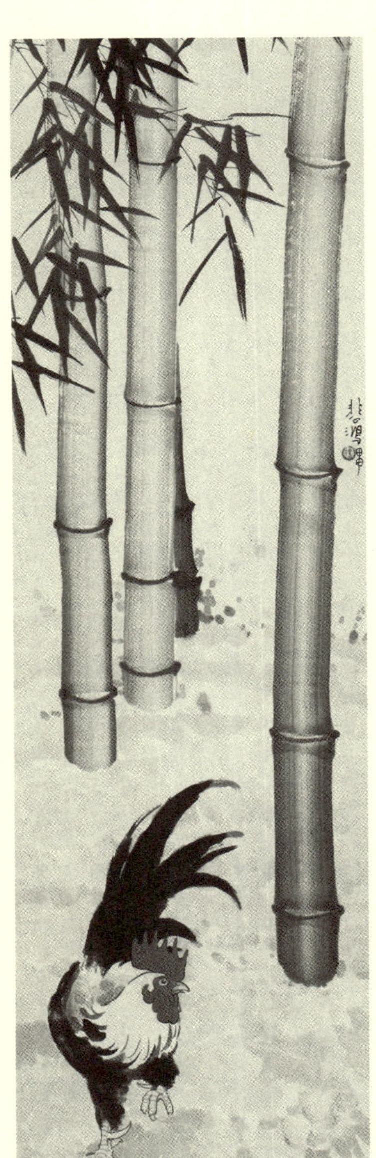

【译文】

汉元帝时期，珠崖发生叛乱，几年都平定不了。皇上与大臣们商议派兵来平定叛乱，待诏贾捐之提议说，不应该攻打。皇上于是便询问了丞相和御史的意见，御史大夫陈万年主张派兵攻打，丞相于定国认为贾捐之的建议是对的，皇上采纳了贾捐之的建议，于是就撤销了珠崖郡。匈奴呼韩邪单于想要归顺汉朝，上书说愿意保卫汉朝的边塞地区，请求汉朝将上谷以西地区的军队撤出，让民众可以休养生息。皇上让大臣们商议，都认为可以这样做。郎中侯应对边塞的情况十分熟悉，认为不能答应。皇上向他询问情况，侯应列出十条不能答应的原因，皇上因此下令不可再提将边塞的军队撤离的事情。汉成帝时期，匈奴使者想要投降，皇上让大臣们商

量，大臣们认为可以按照惯例接受他的投降。光禄大夫谷永认为不能答应，皇上最终采纳了谷永的意见。（最后证明）匈奴的使者果然是诈降。汉哀帝时期，单于请求入朝觐见皇上，皇上想要制止他，于是征求大臣们的意见，大臣们也认为这样会耗损国家的钱财，不应准许，单于使臣于是就请辞离开了。黄门郎扬雄上书劝谏，皇上才省悟过来，将匈奴使臣召回，更是写了诏书准许了单于的请求。汉安帝时期，大将军邓骘打算舍弃凉州地区，以便集中兵力来应对北方边疆地区的战乱。朝廷将公卿召集起来商讨，都认为可以这么做，郎中虞诩列出了三条建议，认为还是不要舍弃为佳，于是又将四府召集起来商讨，都认同了虞诩的主张。北匈奴再次强盛起来，西域诸国随即与汉朝断绝了联系，公卿们大部分都认为最好关闭玉门关，与西域断绝往来。邓太后将军司马班勇召来询问，班勇认为不能这样做，于是邓太后就采纳了班勇的建议。汉顺帝时期，交趾的蛮人发起叛乱，皇上将公卿百官和四府的僚属召集起来，向他们询问应对之法，大臣们都认为要派遣大将军带兵去讨伐，议郎李固反对这项提议，请求选派刺史太守去安抚，四府全都认同了李固的提议，岭南随即又恢复了安定。汉灵帝时期，凉州因为战争的缘故，经常发生骚乱不能平定，司徒崔烈认为最好放弃凉州，朝廷于是将公卿百官召集起来商讨，议郎傅燮认为不能放弃凉州，皇上听从了他的意见。这八件事，都事关重大，当时的公卿百官都已经达成了一致意见，贾捐之这八个人，都是郎、大夫之类的小官，却敢于提出反对的意见。汉元帝、汉成帝、汉哀帝、汉安帝、汉顺帝、汉灵帝均并非是多么英明的统治者，却都能够违反众人的意见而听取这些小官的意见，大臣们不管是贤能还是愚笨，都不再坚持前面的意见，这就是公道还存在的体现。每件事都能像这样，天下难道还有治理不好的吗？

李太白

【原文】

世俗多言李太白在当涂采石，因醉泛舟于江，见月影俯而取之，遂溺死，故其地有捉月台。予按李阳冰作太白《草堂集序》云①：“阳冰试弦歌于当涂，公疾亟，草稿万卷，手集未修，枕上授简，俾为序。”又李华作《太白墓志》②，亦云：“赋《临终歌》而卒。”乃知欲传良不足信，盖与谓杜子美因食白酒牛炙而死者同也。

【注释】

①李阳冰：字仲温，李白的堂叔。在宝应元年（762 年）担任当涂令，李白前往投靠他。他为李白的诗集写了序。②李华：字遐叔，天宝年间官至监察御史，后来去官归隐。他为李白写过墓志。

【译文】

世间有很多传闻说李白在当涂的采石矶，因为喝醉了酒在江上泛舟的时候，看到江中月亮的影子就俯身去捞取，结果掉入水中淹死了，所以采石矶有了捉月台。我查看了李阳冰所写的太白《草堂集序》，里面说：“我曾经在当涂学习礼乐，太白先生病重，诗文稿件有万卷，都是亲手收集且尚未修订的，他躺在病床上将这些书简交给了我，让我作序。”另外，李华所写的《太白墓志》中也说：“太白写完《临终歌》就去世了。”这才知道世间所流传的都是不可信的，大概和说杜甫是因为喝了白酒、吃了牛肉块胀死的一样滑稽可笑。

太白雪谗

【原文】

李太白以布衣入翰林，既而不得官。《唐史》言高力士以脱靴为耻，摘其诗以激杨贵妃，为妃所沮止。今集中有《雪谗诗》一章，大率载妇人淫乱败国，其略云：“彼妇人之猖狂，不如鹊之强强。彼妇人之淫昏，不如鹑之奔奔[①]。坦荡君子，无悦簧言。”又云：“妲己灭纣，褒女惑周。汉祖吕氏，食其在傍[②]。秦皇太后，毐亦淫荒[③]。螮蝀作昏[④]，遂掩太阳。万乘尚尔，匹夫何伤[⑤]。词殚意穷，心切理直。如或妄谈，昊天是殛。”予味此诗，岂非贵妃与禄山淫乱，而白曾发其奸乎？不然，则“飞燕在昭阳”之句，何足深怨也？

【注释】

①“彼妇”：出自《诗经·鄘风·鹑之奔奔》以及“鹊之强强”句，“奔奔”与“强强”指的是鹊和鹑雌雄相偕飞行的时候都有固定的配偶，而淫妇连鸟类都不如，意在讽刺淫乱之人最后都会落得家破国亡的下场。②汉祖吕氏，食其在傍：指的是吕太后称制的时候，辟阳侯审食其作为左丞相，并不料理政事，却得幸太后。③秦皇太后，毐亦淫荒：秦始皇的母后行为不检点，宠幸嫪毐（lào ǎi），将他封为长信侯，并和他生了两个儿子。④螮蝀（dì dōng）：彩虹的别称。⑤万乘：帝王。匹夫：普通百姓。

【译文】

李太白以普通百姓的身份进入翰林院，所以没有得到官职。《唐书》

中说高力士将为李白脱靴作为耻辱，于是就摘抄了一些李白的诗句想要以此来激怒杨贵妃，（唐玄宗想要给李白官职）被杨贵妃所阻止。现在李太白的集册中有《雪谗诗》这一章，记载的是妇人淫乱败坏国政，大概说的是："那个妇人的狂妄放肆，还不如喜鹊成双飞翔。那个妇人太过淫乱，还不如鹌鹑相伴飞行。行为坦荡的君子，从来不听悦耳的谎言。"又说："妲己倾覆了商纣，褒姒迷惑了西周，汉高祖吕后与审食其同床，秦始皇太后和嫪毐也是淫乱。虹霓弄昏暗，将太阳光遮住了。帝王尚且如此，更何况是百姓呢。话说完了，意说尽了，心情急切道理耿直。如果有人还在说胡说，皇上会将他处死。"我品味了这首诗，难道不是杨贵妃与安禄山私通，李白曾揭发过他们的奸情吗？如果不是这样，那么"飞燕在昭阳"这样的句子，为何饱含着如此多的怨恨呢？

三女后之贤

【原文】

王莽女为汉平帝后，自刘氏之废，常称疾不朝会。莽敬惮伤哀，欲嫁之，后不肯，及莽败，后曰："何面目以见汉家。"自投火中而死。杨坚女为周宣帝后，知其父有异图，意颇不平，形于言色，及禅位，愤惋愈甚。坚内甚愧之，欲夺其志，后誓不许，乃止。李昪女为吴太子琏妃[①]，昪既篡吴，封为永兴公主，妃闻人呼公主，则流涕而辞。三女之事略同，可畏而仰，彼为其父者，安所置愧乎？

【注释】

①李昪（biàn）：字正伦，小字彭奴，徐州人，五代十国时期南唐

建立者。

【译文】

王莽的女儿是汉平帝的皇后，自从王莽废汉自立之后，她常常假称自己生病不去参加朝会。王莽对她又敬畏又心疼，想要让她再嫁，她不愿意，一直到王莽败亡之后，她说："我有什么脸面见汉朝皇帝啊？"于是跳入火中烧死了。杨坚的女儿当上周宣帝的皇后之后，知道父亲有意谋反，心中不平，在言行举止中都表现了出来，到了杨坚篡位之后，她更加愤恨惋惜。杨坚对她十分愧疚，想要让她改变初衷，她坚决不同意，杨坚这才作罢。李昪的女儿是吴国太子杨琏的妃子，李昪夺得吴国的王位之后，将她封为永兴公主，她每次听到有人叫自己公主，就会痛哭流涕地制止。这三个女子的事情大体上是相同的，都是应被敬畏被仰慕的，那些作为她们父亲的人，有那样的行为，怎么能不感到愧疚呢？

三传记事

【原文】

秦穆公袭郑，晋纳邾捷菑[①]，《三传》所书略相似。《左氏》书秦事曰："杞子自郑告秦曰[②]：'潜师以来，国可得也。'穆公访诸蹇叔，蹇叔曰：'劳师以袭远，非所闻也，且行千里，其谁不知！'公辞焉，召孟明出师[③]。蹇叔哭之曰：'孟子，吾见师之出，而不见其入也。'公曰：'尔何知？中寿，尔墓之木拱矣。'蹇叔之子与师，哭而送之曰：'晋人御师必于殽[④]，殽有二陵焉，必死是间，余收尔骨焉。'秦师遂东。"《公羊》曰："秦伯将袭郑，百里子与蹇叔子谏曰：'千里而袭人，未有不亡者也。’秦伯怒曰：‘若尔之年者，宰上之木拱矣，尔曷知！’师出，百里子与蹇叔子送其子而戒之曰：‘尔即死，必于殽嵚岩，吾将尸尔焉。’子揖师而行，百里子与蹇叔子从其子而哭之。秦伯怒曰：‘尔曷为哭吾师？’对曰：‘臣非敢哭君师，哭臣之子也。’”《穀梁》曰[⑤]：“秦伯将袭郑，百里子与蹇叔子谏曰：‘千里而袭人，未有不亡者也。’秦伯曰：‘子之冢木已拱矣，何知？’师行，百里子与蹇叔子送其子而戒之曰：‘女死，必于殽之岩灂之下，我将尸女于是。’师行，百里子与蹇叔子随其子而哭之，秦伯怒曰：‘何为哭吾师也！’二子曰：‘非敢哭师也，哭吾子也，我老矣，彼不死，则我死矣。’”

其书邾事，《左氏》曰：“邾文公元妃齐姜生定公，二妃晋姬生捷菑。文公卒，邾人立定公。捷菑奔晋，晋赵盾以诸侯之师八百乘纳之。邾人辞曰：‘齐出貜且长[⑥]。’宣子曰：‘辞顺而弗从，不祥。’乃还。”《公羊》曰：“晋郤缺帅师，革车八百乘，以纳捷菑于邾娄，力沛然若有余而纳之，邾娄人辞曰：‘捷菑，晋出也，貜且，齐出也。子以其指则捷菑也四，貜且也六，子以大国压之，则未知齐、晋孰有之也。贵则皆贵矣，虽然，貜且也长。’郤缺曰[⑦]：‘非吾力不能纳也，义实不尔克也。’引师而去之。”《穀梁》曰：“长毂五百乘，绵地千里，过宋、郑、滕、薛，夐入千乘之国[⑧]，欲变人之主，至城下，然后知，何知之晚也！捷菑，晋出也，貜且，齐出也；貜且，正也，捷菑，不正也。”

予谓秦之事，《穀梁》纡余有味，邾之事，《左氏》语简而切，欲为文记事者，当以是观之。

【注释】

①晋纳邾（zhū）捷菑（zī）：指的是晋国将邾国的二公子捷菑送回到邾国当君主的事情。②杞子：春秋时期秦国的贤大夫。③孟明：春秋时期秦国的大将，百里奚的儿子。④殽（xiáo）：山名，位于现在的河南洛宁西北一带。⑤《穀梁》：即《穀梁传》，战国时穀梁赤所撰写，是阐述解释《春秋经》意理的专著。⑥齐出貜（jué）且长：这句话是说齐姜

所生獾且是年长的。⑦郤（xì　）缺：春秋时期晋献公大夫郤芮的儿子，文公认命他为下军大夫。⑧敻（xiòng）：远。

【译文】

秦穆公偷袭郑国，晋国将捷菑送回邾国当君主，《春秋三传》里记录的内容大体上是差不多的。《左传》中记载秦国的事情说："杞子从郑国派人过来告诉秦国说：'悄悄派军队过去，就可以得到郑国了。'秦穆公询问了蹇叔的意见，蹇叔说：'出动大批军队去偷袭远方的国家，我没有听过这样的事情，而且行军几千里，谁还不知道啊！'穆公没有听取他的意见，召孟明过来让他率兵出师。蹇叔哭着对孟明说：'孟明啊，我能看到军队出征，却不一定能看到它回来啊。'穆公说：'你怎么知道？如果你在中年去世，你坟上的树已经两手合抱了。'蹇叔的儿子也在这个军队中，蹇叔哭着送别他说：'晋国负责防守的军队，一定会在殽的两座山陵间设下埋伏，你一定会死在那里，我会去收殓你的尸骨。'秦国军队于是向东出征。"《公羊传》中说：'秦穆公将要偷袭郑国，百里奚与蹇叔劝谏说：'走一千多里去偷袭别人，没有不失败的。'秦穆公大怒说：'像你这么大岁数的人，坟上的树已经长到可以两人合抱了，你可知道！'军队将要出征的时候，百里奚与蹇叔送别他们的儿子并劝诫他们说：'你们快要死了，一定会死在殽山的岩壁下面，我会到那里为你们收尸的。'他们的儿子随着军队出发了，百里奚和蹇叔跟在儿子的后面大哭。秦穆公十分愤怒，说：'你们为什么要哭我的军队？'他们回答说：'我们不敢哭陛下的军队，我们是在哭自己的儿子呀！'"《穀梁传》中说："秦穆公将要偷袭郑国，百里奚与蹇叔劝谏说：'行千里去偷袭别的国家，没有不失败的。'秦穆公说：'你们坟上的树木，已经可以合抱了，知道什么？'军队出征了，百里奚与蹇叔送别他们的儿子，劝告说：'你们一定会死在殽山的岩峰之下，我会到那里收殓你们的尸体。'秦穆公大怒，说：'为何要哭我的军队！'两人说：'我们不敢哭你的军队，我们哭的是自己的儿子呀！我老了，他们不死，那么我也会死的。'"

三家所记载的关于邾国的事情，《左传》中说："邾文公的元妃齐姜生下了定公，次妃晋姬生下了捷菑。邾文公过世，邾国人将定公立为国君。捷菑投奔晋国，晋国赵盾率领军队的八百辆战车，将捷菑送回国。邾国人拒绝说：'齐姜所生的貜且是年长的。'赵盾说：'（邾国人）理由正当，如果不听从的话，恐怕会发生不好的事情。'于是率兵回国。"《公羊传》说：'晋国的郤缺率军队，兵车有八百辆，将捷菑送回邾国，兵力充沛且雄厚有余。邾国人拒绝说：'捷菑是晋姬所生，貜且是齐姜所生。您用他们的手指来设立君主，那么捷菑如果是四个，貜且就是六个，您用大国的势力来给我们施压，却不知道齐国、晋国这两个国家如果遇到这样的事情会如何处理。如果论身份尊贵，他们都是十分尊贵的，但是貜且是年长的。'郤缺说；'不是我的能力不能送捷菑回国，是道义上确实不准许啊！于是率兵离去。"《穀梁传》中说："（带领）五百辆战车，连续走了一千里，途经宋国、郑国、滕国、薛国，千里迢迢地来到有千辆战车的大国，想要改立他们的国君，到了城下，才知道不能这么做，怎么能知道得这么晚呢！捷菑是晋姬所生，貜且是齐姜所生，立貜且为君主是正当的，立捷菑是不正当的。"

我认为记录秦国的事情，《穀梁传》中叙述得十分婉转有滋有味；记录邾国的事情，《左传》中的语言简明确切，想要写文来记录一些事情的人，应当看看这两篇文章。

张九龄作牛公碑

【原文】

张九龄为相，明皇欲以凉州都督牛仙客为尚书①，执不可，曰："仙客，河湟一使典耳。擢自胥史，目不知书，陛下必用仙客，臣实耻之。"帝不悦，因是遂罢相。观九龄集中，有《赠泾州刺史牛公碑》，盖仙客之父，誉之甚至，云："福善莫大于有后，仙客为国之良，用商君耕战之国，修充国羌胡之具②，出言可复，所计而然，边捍长城，主恩前席。"正称其在凉州时，与所谏止尚书事，亦才一年，然则与仙客非有夙嫌，特为公家忠计耳。

【注释】

①牛仙客：现甘肃灵台人，开始只是县小吏，因多次立功升迁至尚书，后官至左相。②充国：即赵充国，字翁孙，精通兵法，为人沉着冷静，有谋略。

【译文】

张九龄在担任宰相时，唐明皇打算将凉州都督牛仙客升为尚书，张九龄坚决反对，说："牛仙客仅仅是河湟地区的一个使典，从小吏提拔上来，又不识字，陛下如果一定要任用牛仙客做尚书，我实在感到受到了侮辱。"唐明皇很不高兴，因此免去了张九龄的宰相之职。看张九龄的文集有《赠泾州刺史牛公碑》这篇文章，写的是牛仙客父亲的事情，而且对他的评价很高，说："（他的）福分没有比有个好的后代更好的了，牛仙客是国家的贤臣，使用了商鞅奖励耕战的政策，实行了赵充国治理胡羌的战略，说的话一定会去做，做的事就一定要做出好的成果，设下的计策也一定可以成功，捍卫了长城边防，皇恩隆重。”写的正是牛仙客在凉州时的所作所为，距离张九龄阻拦他担任尚书这件事只过了一年，由此可见，张九龄并不是跟牛仙客有旧怨，只是为国家考虑尽忠职守而已。

唐人告命

【原文】

唐人重告命[①]，故颜鲁公自书告身[②]，今犹有存者。韦述《集贤注记》，记一事尤著，漫载于此：“开元二十三年七月，制加皇子荣王已下官爵，令宰相及朝官工书者，就集贤院写告身以进，于是宰相张九龄、裴耀卿、李林甫，朝士萧太师嵩，李尚书暠，崔少保琳、陈黄门希烈，严中书挺之，张兵部均，韦太常陟，诸谏议庭诲等十三人，各写一通，装褾进内，上大悦，赐三相绢各三百匹，余官各二百匹。”以《唐书》考之，是时，十三王并授开府仪同三司，诏诣东宫、尚书省，上日百官集送，有司供帐设乐，悉拜王府官属，而不书此事。

【注释】

①告命：特指告身，授官之符，即官员的委任状。②颜鲁公：颜真卿，唐代名臣、杰出的书法家。

【译文】

唐朝的人对初任官职的委任状十分重视，所以颜鲁公在接到自己的委任状之后，自己又写了一份，正是因为如此才让那份他自己抄写的委

任状现在还留存于世。韦述在《集贤注记》中，详细地记录了这件事，现在将原文记载在这里："开元二十三年七月，朝廷加封皇子荣王以下官爵，命令宰相及朝廷官员中擅长书法的，集中到集贤院将自己抄写的委任状呈献给皇上，其中以宰相张九龄、裴耀卿、李林甫，朝官太师萧嵩，尚书李暠，少保崔琳、黄门陈希烈，中书严挺之，兵部张均，太常韦陟，谏议诸庭诲等十三人的书法写得最为高超，他们每个人都抄写了一遍，装裱后呈给皇上过目，皇上看到之后十分满意，于是赏赐三位宰相每人三百匹绢，其他官员每人各二百匹绢。"根据《唐书》对这件事进行考证，当时，十三位有爵位的人一同被授予了开府仪同三司的职务，并接受了诏令去了东宫、尚书省。那天，文武百官前来相送，负责司仪的各部还特意设立了帷帐和乐队，他们都被任命为王府的官属，但是《唐书》里面却没有写这件事。

张浮休书

【原文】

张芸叟《与石司理书》云："顷游京师，求谒先达之门，每听欧阳文忠公、司马温公、王荆公之论，于行义文史为多，唯欧阳公多谈吏事。既久之，不免有请：'大凡学者之见先生，莫不以道德文章为欲闻者，今先生多教人以吏事，所未谕也。'公曰：'不然。吾子皆时才，异日临事，当自知之。大抵文学止于润身，政事可以及物。吾昔贬官夷陵，方壮年，未厌学，欲求《史》《汉》一观，公私无有也。无以遣日，因取架阁陈年公案，反覆观之，见其枉直乖错不可胜数，以无为有，以枉为直，违法徇情，灭亲害义，无所不有。且夷陵荒远褊小，尚如此，天下固可知也。当时仰天誓心曰：自尔遇事不敢忽也。’是时苏明允父子亦在焉，尝闻此语。”又有答孙子发书，多论《资治通鉴》，其略云：“温公尝曰：‘吾作此书，唯王胜之尝阅之终篇，自余君子求乞欲观，读未终纸，已欠伸思睡矣。书十九年方成，中间受了人多少语言陵藉[①]’”云云。此两事，士大夫罕言之，《浮休集》百卷，无此二篇，今豫章所刊者，附之集后。

【注释】

①陵藉（jiè）：践踏欺辱。

【译文】

张芸叟在《与石司理书》中说：“不久前，游览京城，到前辈官员家中拜访，每次听到欧阳文忠公、司马温公、王荆公这些先生的言论，大体上都以道德方面的文章为主，只有欧阳修经常说一些当官的事情。时间长了，不免有些人来向他请教：‘只要是读书人来求见先生，都是想要知道一些道德方面的文章，但是现在先生却总是教给人们当官的事情，我不明白其中的道理。’欧阳修说：‘不是这样的。你们现在的这些才子，日后定然要当官处理政务，应当了解这方面的知识。基本来讲，文学只能修养自身，而政事却能够影响其他事物。我过去曾经被贬官发配到夷陵，那时正是年轻气盛的时候，还没有厌烦学习，想要找来《史记》《汉书》这类书读一下，但是公家和我自己都没有。无法打发时间，于是取来了架子上的陈年公案卷宗，反复阅读，看到里面有很多冤假错案，数都数不过来，把没有的说成有的，把理亏的列为理直的，违反法律徇私情，灭亲害义，无所不有。况且夷陵不过是一个偏远荒芜的小县城，那里都如此恶劣，那么整个国家的情况也就可以知晓了。那时候，我对天发誓说：从此之后我如果处理这样的政务，一定不敢疏忽大意。’当时苏明允父子也在场，都听到了我说这些话。”还有答复给孙子发的信，在里面主要讨论了《资治通鉴》，大致是说：“司马光曾经说过：‘我编写《资治

通鉴》这本书，只有王胜之曾经读完了，其他人也都找这本书看，但是却都没有读完就已经哈欠连天昏昏欲睡了。这本书我用了十九年的时间才编成，中间承受了多少人的语言欺辱。'”这两件事，士大夫们都很少会提及，《浮休集》的百卷中也没有这两篇，现在豫章所刊刻的人，将它们附在了后面。

温公客位榜

【原文】

司马温公作相日[①]，亲书榜稿揭于客位[②]，曰："访及诸君，若睹朝政阙遗，庶民疾苦，欲进忠言者，请以奏牍闻于朝廷，光得与同僚商议，择可行者进呈，取旨行之。若但以私书宠谕，终无所益。若光身有过失，欲赐规正，即以通封书简分付吏人，令传入，光得内自省讼，佩服改行。至于整会官职差遣、理雪罪名，凡干身计，并请一面进状，光得与朝省众官公议施行。若在私弟垂访，不请语及。某再拜咨白[③]。"乾道九年，公之曾孙伋出镇广州，道过赣，获观之。

【注释】

①司马温公：即司马光，谥号文正，追封为温国公。②榜稿：告示。③咨白：禀告。

【译文】

司马光担任宰相时，亲手写了一张告示贴在会客的地方，说："来访的各位，如果看到朝廷的政事有所疏漏，百姓疾苦，想要提出忠告的，请用奏章的形式上报给朝廷，我会与同僚们一起商讨，选择可以实行的进呈给皇上，争取皇上的同意而实行。如果只是把私书给我，是对我的赞誉，但是却没有任何好处。如果我有所过失，请求告知并加以规正，写一封信交付吏员，让他们交给我就可以了，我会用心了解自省，随身携带以便改正过错。至于处理官职的委派、让冤案沉冤昭雪，让罪过得到处罚，只要是牵扯到百姓自身利益的，都请送来状纸，我和朝中的官员们会一起商讨施行。如果是到我家做私人拜访，那么请不要谈论这些公事。司马光再次禀告。”宋孝宗乾道九年，司马光的曾孙司马伋到广州上任，途经赣州，看到了这个榜文。

李颀诗

【原文】

欧阳公好称诵唐严维诗“柳塘春水慢，花坞夕阳迟”及杨衡“竹径通幽处，禅房花木深”之句，以为不可及。予绝喜李颀诗云[①]：“远客坐长夜，雨声孤寺秋。请量东海水，看取浅深愁。”且作客涉远，适当穷秋，暮投孤村古寺中，夜不能寐，起坐凄恻[②]，而闻檐外雨声，其为一时襟抱，不言可知，而此两句十字中，尽其意态，海水喻愁，非过语也。

【注释】

①李颀：开元二十三年（735年）进士，曾任新乡县尉。②凄恻（cè）：因为情景凄凉而感到伤心难过。

【译文】

欧阳公喜欢称颂唐朝严维的诗句“柳塘春水慢，花坞夕阳迟”和杨

衡的“竹径通幽处，禅房花木深”这样的诗句，认为无法达到它们的高度。我却独独喜欢李颀的诗句“远客坐长夜，雨声孤寺秋。请量东海水，看取浅深愁。”而且，在远方做客的时候，恰好又是到了暮秋，在傍晚的时候投宿到一个山村的古寺之中，晚上睡不着，只好起来却因场景凄凉而伤心不已，突然听到屋檐外下雨的声音，这样的心情，不说也能够知晓。而这两句诗里，将这种感觉表现得淋漓尽致，用海水来比喻当时的愁绪，这也不是什么过分的话。

马融皇甫规

【原文】

汉顺帝时，西羌叛，遣征西将军马贤将十万人讨之。武都太守马融上疏曰：“贤处处留滞[①]，必有溃叛之变。臣愿请贤所不用关东兵五千，裁假部队之号，尽力率厉，三旬之中必克破之。”不从。贤果与羌战败，父子皆没，羌遂寇三辅，烧园陵。诏武都太守赵冲督河西四郡兵追击。安定上计掾皇甫规上疏曰：“臣比年以来，数陈便宜：羌戎未动，策其将反；马贤始出，知其必败。愿假臣屯列坐食之兵五千，出其不意，与冲共相首尾。土地山谷，臣所晓习，可不烦方寸之印，尺帛之赐，可以涤患。”帝不能用。赵冲击羌不利，羌寇充斥，凉部震恐，冲战死，累年然后定。按马融、皇甫规之言晓然易见，而所请兵皆不过五千，然讫不肯从，乃知宣帝纳用赵充国之册为不易得[②]，所谓明主可为忠言也。

【注释】

①留滞：拖延，停留不动。②赵充国：字翁孙，西汉著名将领。为

人有胆识和谋略，熟悉匈奴和氐羌的习性，曾随李广出征匈奴，率七百壮士突出匈奴的重围。神爵元年（公元前61年），汉宣帝采用了他的计策，平定了羌人的叛乱，并实行屯田。第二年，诸羌人投降，赵充国病逝后，谥号壮。

【译文】

汉顺帝在位时期，西羌发生叛乱，汉顺帝派遣西将军马贤率领十万士兵对其进行讨伐。武都太守马融上奏说："马贤领军的话会处处拖延，一定会导致军队发生战败叛乱的事情。我愿意率领马贤所不用的五千名关东军，假借一个部队的番号，竭尽全力当表率来激励战士们，一个半月内一定能够克敌取胜。"汉顺帝没有同意。后来，马贤果然在与西羌的交战中战败，父子二人都战死了，西羌乘胜追击扰乱关中地区掠取财富，烧了汉帝的陵园。汉顺帝于是下诏命令武都太守赵冲率领河西四郡的官兵前去追击。安定上计掾皇甫规上奏说："我最近几年来，多次上书讨论边疆的事情：在西羌还没有动兵的时候，我就说他们要谋反；马贤刚开始要出兵的时候，我就知道他会战败。希望朝廷能够借我五千名屯列坐食之兵，出其不意，与赵冲前后夹击。那个地区的地形地貌，我都知晓，不用再赏赐我印绶和布帛，就可以清除祸患。"汉顺帝依旧没有采纳。最后赵冲攻击西羌失利，羌人大批集结，西凉也受到了波及，赵冲战死，经过几年的时间才被平定。我认为如果按照马融、皇甫规的建议去做，效果显而易见，况且他们要的只是不到五千的兵，皇上都没有答应，从而不难发现，汉宣帝能够完全采纳赵充国的计策是多么难得，这就是所说的只能对英明的君主才能进献忠言啊！

为文矜夸过实

【原文】

文士为文，有矜夸过实，虽韩文公不能免。如《石鼓歌》极道宣王之事伟矣，至云："孔子西行不到秦，掎摭星宿遗义娥①。陋儒编诗不收拾，二雅褊迫无委蛇②。"是谓三百篇皆如星宿，独此诗如日月也。"二雅褊迫"之语，尤非所宜言。今世所传石鼓之词尚在，岂能出《吉日》《车攻》之右？安知非经圣人所删乎？

【注释】

①掎摭（jǐ zhí）：摘取。义娥：日神御羲和与月神嫦娥的并称，这里借指日月。②褊（biǎn）迫：狭窄，不宽广。

【译文】

文人在写文章的时候，有过于夸张而导致言过其实的，就算是韩愈也无法幸免。例如，《石鼓歌》极力称赞周宣王的伟业，甚至说："孔子西行没有到秦国，采集诗歌不全就像是摘取了星星遗弃了日月。浅见儒士编诗却不收录，大雅小雅内容狭窄并不宽泛。"这是说三百篇都是星宿，只有这首诗才像是日月啊！"大雅小雅太过狭窄"这样的话，最不应该说。如今世上所传诵的石鼓文还都在，难道可以超过《吉日》《车攻》这样的诗吗？又如何知道《石鼓歌》不是圣人删减的呢？

王文正公

【原文】

祥符以后[1]，凡天书礼文、宫观典册、祭祀巡幸、祥瑞颂声之事，王文正公旦实为参政宰相，无一不预。官自侍郎至太保，公心知得罪于清议，而固恋患失，不能决去。及其临终。乃欲削发僧服以敛，何所补哉？魏野赠诗，所谓“西祀东封今已了[2]，好来相伴赤松游”，可谓君子爱人以德，其箴戒之意深矣。欧阳公神道碑，悉隐而不书，盖不可书也。虽持身公清，无一可议，然特张禹、孔光、胡广之流云。

【注释】

①祥符：宋真宗年号大中祥符的简称，公元1008—1016年。②西祀东封：指王旦跟着皇上西祀华山，东封泰山。

【译文】

宋真宗大中祥符之后，只要是天书礼文、宫观的典册、祭祀天地、巡游各地、祥瑞称颂的事情，文正公王旦作为处理政事的宰相，没有不参与其中的。王旦从侍郎一路做到太保的职位，他自己明白在公正的议论中对别人多有得罪，虽然患得患失，却不能坚决地辞掉官职离开。到了他将要过世的时候，想要剃发为僧并要求死后穿着僧人的衣服入殓，这个真的能够弥补他的过错吗？隐士魏野曾经赠诗给他说“西祀东封现在已经做完了，喜欢跟随皇上相伴赤松游”，可以说是君子爱人以德，其中所包含的劝诫的意思也十分深远。欧阳修先生在写神道的碑文时，上面的事情一点儿都没写，大概是他认为不能写吧。虽然王旦为官清廉，

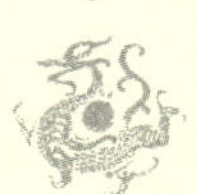

后人也对他没有任何非议，但是也不过像是汉代的张禹、孔光、胡广这样的人而已。

南夷服诸葛

【原文】

蜀刘禅时，南中诸郡叛，诸葛亮征之，孟获为夷汉所服[①]，七战七擒，曰："公，天威也，南人不复反矣。"《蜀志》所载，止于一时之事。国朝淳化中，李顺乱蜀，招安使雷有终遣嘉州士人辛怡显使于南诏，至姚州，其节度使赵公美以书来迎，云："当境有泸水，昔诸葛武侯戒曰：'非贡献征讨，不得辄渡此水；若必欲过，须致祭，然后登舟。'今遣本部军将赍金龙二条、金钱二千文并设酒脯，请先祭享而渡。"乃知南夷心服[②]，虽千年如初。呜呼！可谓贤矣！事见怡显所作《云南录》。

【注释】

①孟获：三国时期，南中一带少数民族的首领，曾起兵反叛蜀汉。②南夷：古代的少数民族。

【译文】

蜀国后主刘禅在位时，南中地区各郡发生了叛乱，诸葛亮率军征讨，孟获是当时被夷民汉人所拥护的首领，诸葛亮与他交战了七次，七次擒住了他，孟获于是说："先生，有着上天的威严，南夷的人再也不敢叛乱了。"《蜀志》中记载说，这只是蜀汉时期的事情。在宋太宗淳化年间，李顺在蜀地叛乱，招安使雷有终派遣嘉州士人辛怡显出使南诏，来到姚州的时候，姚州的节度使赵公美写书信来迎接，他对辛怡显说："本地境内有一条泸水，过去诸葛亮曾经告诫过说：'如果不是进贡或者去征讨，不能轻易跨过这条河；如果一定要过，需要先进行祭祀，然后才能登船过河。'现在我派遣了本部军将带着两条金龙、两千文金钱在那里设下了酒肉，请先行祭祀之后再渡河。"听到这番话之后，才知道南夷真的是对诸葛亮心服口服，虽然过了上千年依然像当初那样对他敬佩有加。哎！（诸葛亮）真的可以称为贤才啊！这件事记录在辛怡显所写的《云南录》中。

汉唐八相

【原文】

萧、曹、丙、魏、房、杜、姚、宋为汉、唐名相，不待诵说。然前六君子皆终于位，而姚、宋相明皇，皆不过三年。姚以二子及亲吏受赂，其罢犹有说，宋但以严禁恶钱及疾负罪而妄诉不已者，明皇用优人戏言而罢之①，二公终身不复用。宋公罢相时，年才五十八，后十七年乃薨。继之者如张嘉贞、张说、源乾曜、王晙、宇文融、裴光庭、萧嵩、牛仙客，其才可睹矣。唯杜暹、李元纮为贤，亦清介龊龊自守者。释骐骥而不乘②，焉皇皇而更索，可不惜哉！萧何且死，所推贤唯曹参；魏、丙同心辅政；房乔每议事，必曰非如晦莫能筹之；姚崇避位，荐宋公自代。唯贤知贤，宜后人之莫及也。

【注释】

①优人：古代以舞乐、戏谑为生的艺人。②骐骥：千里马，这里指的是贤能的人才。

【译文】

萧何、曹参、丙吉、魏征、房玄龄、杜如晦、姚崇、宋璟都是汉朝、唐朝的名相，这不用详细道来。不过前面的六位君子都是终身担任宰相之职，而姚崇、宋璟在唐明皇时都只担任了不到三年的宰相。姚崇因为自己的两个儿子及亲近的官吏收受了贿赂而被罢免了宰相之职，也算是事出有因。宋璟只是因为严格禁止使用劣质的钱币及嫉恨明明有罪却不断上诉的人，唐明皇因为优人的一句玩笑话就罢免了他的宰相之职，姚崇、宋璟这两个人终身都没有再被起用。宋璟被罢免宰相之位时，只有五十八岁，过了十七年才过世。后面继任宰相之职的人，如张嘉贞、张说、源乾曜、王晙、宇文融、裴光庭、萧嵩、牛仙客，他们的才能大家都能看到。只有杜暹、李元纮尚能被称为是贤能的，也是清廉刚正不阿的人。放弃了贤能的人不用，反而急急忙忙地任用其他人，怎么能不让人可惜呢！萧何快要去世的时候，所推荐的贤能之人只有曹参；魏相、丙吉两人一心辅佐国家政事；房玄龄每次商议国事的时候，一定会说如果没有杜如晦参加就不能筹划；姚崇离开相位的时候，举荐宋璟来代替自己。只有贤人能够了解贤人，后辈在这一点上是无法超过的！

晋之亡与秦隋异

【原文】

自尧、舜及今，天下裂而复合者四：周之末为七战国，秦合之；汉之末分为三国，晋合之；晋之乱分为十余国，争战三百年，隋合之；唐之后又分八九国，本朝合之。然秦始皇一传而为胡亥，晋武帝一传而为惠帝，隋文帝一传而为炀帝，皆破亡其社稷。独本朝九传百七十年，乃不幸有靖康之祸[①]，盖三代以下治安所无也。秦、晋、隋皆相似，然秦、隋一亡即扫地，晋之东虽曰“牛继马后[②]”，终为守司马氏之祀，亦百有余年。盖秦、隋毒流四海，天实诛之，晋之八王擅兵，孽后盗政，皆本于惠帝昏蒙，非得罪于民，故其亡也，与秦、隋独异。

【注释】

①靖康之祸：指的是北宋靖康二年，金军南下，攻陷了宋朝的都城汴京，宋徽宗、宋钦宗被俘虏，北宋从而灭亡。②牛继马后：说的是用牛姓代替司马氏来继承帝位。《晋书·元帝纪》中记载，宣帝得到了一幅《玄石图》，上面有“牛继马后”的图像，因此宣帝特别忌讳姓牛的人，用毒酒将大将牛金杀死。没想到，恭王妃竟然暗地里与一个姓牛的小吏私通，生下了一个孩子，就是元帝。这是当时的传闻并被记入正史。

【译文】

从尧、舜时期到现在，天下分裂之后又统一有四次：周朝末年时分为了战国七雄，秦朝最后统一；汉朝末年时分为了魏国、蜀国、吴国，形成了三国鼎立，晋朝最后将其统一；晋朝大乱之后分裂成了十多个小

国，征讨的战争一直持续了三百年，隋朝最后将其统一；唐朝之后又分裂成了八九个小国，本（宋）朝最后将其统一。不过秦始皇只传了一代到胡亥，晋武帝只传了一代到晋惠帝，隋文帝只传了一代到隋炀帝，这些朝代都这样终结了自己的江山。只有本朝传了九代一百七十年，才因为不幸遭遇了靖康之祸，大体上来讲三代以来没有像本朝这样治理得如此安定的。秦朝、晋朝、隋朝都有类似的地方，然而秦朝、隋朝一灭亡就彻底消失了，东晋虽然被称为是“牛继马后”，但是毕竟保持着司马氏的江山，也有百余年的历史。应该是秦朝、隋朝荼毒四海，上天都要讨伐它吧。晋朝的“八王之乱”，“孽后”贾南风盗取政权，都是因为晋惠帝的昏庸无能所导致的，并不是因为得罪了百姓，因此它的灭亡，与秦朝、隋朝的灭亡是不同的。

上官桀

【原文】

汉上官桀为未央厩令，武帝尝体不安，及愈，见马，马多瘦，上大怒：“令以我不复见马邪？”欲下吏，桀顿首曰：“臣闻圣体不安，日夜忧惧，意诚不在马。”言未卒，泣数行下。上以为忠，由是亲近，至于受遗诏辅少主。义纵为右内史，上幸鼎湖，病久，已而卒起幸甘泉，道不治，上怒曰：“纵以我为不行此道乎？”衔之[①]，遂坐以他事弃市。二人者其始获罪一也，桀以一言之故超用，而纵及诛，可谓幸不幸矣。

【注释】

①衔：存在心里，耿耿于怀。

【译文】

西汉时期，上官桀担任未央厩令一职，汉武帝曾经身体不适，痊愈之后到马厩去查看，看到里面的马大多都十分瘦弱，大怒说："厩令认为我不会再来查看马的情况了吗？"想要处罚他，上官桀跪下磕头说："我听闻圣上身体有恙，每天都十分担忧和恐惧，心思确实没有放在马上面。"话还没说完，眼泪就流了下来，皇上认为他十分忠诚，从此开始亲近他，甚至留下遗诏让他辅佐少主。义纵担任右内史时，皇上巡幸鼎湖，病了很长时间，后来康复了，起驾巡幸甘泉宫，看到道路没有清理干净，皇上大怒说："义纵认为我不会再走这条路了吗？"汉武帝自此对这件事耿耿于怀，于是借着其他事情给义纵定了罪将他斩首示众。这两个人刚获罪时情况是一样的，上官桀因为一句话而被提携重用，而义纵却被斩首，这要说上官桀幸运呢，还是义纵不幸呢？

韩信周瑜

【原文】

世言韩信伐赵，赵广武君请以奇兵塞井陉口①，绝其粮道，成安君不听。信使间人窥知其不用广武君策，还报，则大喜，乃敢引兵遂下，遂胜赵。使广武计行，信且成禽，信盖自言之矣。周瑜拒曹公于赤壁，部将黄盖献火攻之策，会东南风急②，悉烧操船，军遂败。使天无大风，黄盖不进计，则瑜未必胜。是二说者，皆不善观人者也。夫以韩信敌陈馀，犹以猛虎当羊豕尔。信与汉王语，请北举燕、赵，正使井陉不得进，必有它奇策矣。其与广武君言曰："向使成安君听子计，仆亦禽矣。"盖

谦以求言之词也。方孙权问计于周瑜，瑜已言操冒行四患，将军禽之宜在今日。刘备见瑜，恨其兵少。瑜曰："此自足用，豫州但观瑜破之。"正使无火攻之说，其必有以制胜矣。不然，何以为信、瑜？

【注释】

①广武君：楚汉之争的时候，赵国谋臣李左车。②会：正好遇到，正好赶上。

【译文】

世人都说韩信讨伐赵国时，赵国的广武君请求用一支出其不意的军队将井陉口堵住，断绝敌人的粮食供给，成安君并没有听从他的建议。韩信派出的间谍暗中探听到成安君没有采用广武君的计策，上报给韩信，韩信听后大喜，于是大胆地率兵去攻打赵国，最后战胜了赵国。如果当初成安君采用了广武君的计策，那么韩信一定会被擒住，这是韩信自己说的话。周瑜在赤壁抗击曹军的时候，部将黄盖献出用火攻打的计策，正好遇到猛烈的东南风，将曹军的船只全都烧光，曹军因此而大败。如果那天没有刮大风，黄盖也没有献出用火攻的计策，周瑜未必能够取得胜利。这两种说法，都是不善于观察人罢了。如果让韩信去攻打陈馀，就像是用猛虎去对付羊和猪一样。韩信曾经对汉王刘邦说，请求从北面攻打燕国和赵国，如果堵住了井陉口不得进，那么他一定会有其他巧妙的计谋来应对。他对广武君说："如果成安君能够听从你的计策，我一定会战败被擒。"这不过是谦虚想要让广武君尽情表达才说的话。当孙权向周瑜询问计谋的时候，周瑜已经说出了曹军草率进军的四种隐患，并指出曹操应该今天被擒获。刘备在看到周瑜之后，嫌弃周瑜的军队人太少。周瑜说："这已经够用了，您就在豫州看我是怎么战胜曹军的吧。"如果没有采用火攻的方法，他一定也有其他克敌制胜的策略。如果不是这样的话，他们怎么会是韩信、周瑜呢？

汉武赏功明白

【原文】

卫青为大将军，霍去病始为校尉，以功封侯，青失两将军[①]，亡翕侯[②]，功不多，不益封。其后各以五万骑深入，去病益封五千八百户，裨校封侯益邑者六人，而青不得益封，吏卒无封者。武帝赏功，必视法如何，不以贵贱为高下，其明白如此。后世处此，必曰青久为上将，俱出塞致命，正不厚赏，亦当有以慰其心，不然。他日无以使人，盖失之矣。

【注释】

①两将军：指的是前将军赵信，右将军苏建。元朔六年，大将军卫青出兵攻击定襄，赵信为前将军，苏建为右将军，李广为后将军，李沮伟强弩将军，杀了数千人归来。一个月后，再次出击定襄，斩首上万人。苏建、赵信带领三千部下，遭遇单于兵，战了一天多，在剩下残兵败将的情况下，原为胡人的赵信率军投降，苏建在军队全部战死之后，独自回来见卫青。卫青因为苏建弃军而打算将他斩首，后来听从别人的劝说将他贬为庶人。②翕（xī）侯：原指的是古代乌孙、月氏等部族中的一种贵族头衔，意即"首领"，其地位次于王。这里指的是匈奴小王赵信，他因战败投降汉朝，后改名为赵信，被封为翕侯。多次为汉朝立功，后兵败，复降匈奴，为自耻。

【译文】

卫青当大将军的时候，霍去病才是个校尉，因为立下战功被封侯，

卫青征讨匈奴的时候，失掉了两位将军，翕侯（赵信）逃亡（投降匈奴），因为所立下的战功不多，汉武帝没有增加对他的封户。这件事之后，两人各自率领了五万骑兵深入匈奴的腹地，霍去病又增加封赠五千八百户，旗下所带来的偏将、校尉被封侯增加食邑的一共有六个人，而卫青没有得到增加封户，手下的官吏士兵也没有得到封赠。汉武帝根据战功来进行赏赐，一定会按照法律来进行，不会因为高低贵贱的不同而有所差异，这是多么英明啊。后世的人在看待这件事情时，一定会说：卫青长期担任上将，与霍去病一起出塞征战卖命，即便得不到丰厚的赏赐，也应该赏赐一些来安慰将士之心，如果不这样做，那么他日后将无法指挥将士。这种说法是有失妥当的。

李后主梁武帝

【原文】

东坡书李后主去国之词云：“最是苍皇辞庙日，教坊犹奏别离歌，挥泪对宫娥。”以为后主失国，当恸哭于庙门之外，谢其民而后行，乃对宫娥听乐，形于词句。予观梁武帝启侯景之祸[①]，涂炭江左，以致覆亡，乃曰：“自我得之，自我失之，亦复何恨。”其不知罪己亦甚矣！窦婴救灌夫，其夫人谏止之。婴曰：“侯自我得之，自我捐之，无所恨。”梁武用此言而非也。

【注释】

①侯景之祸：指的是侯景之乱，南北朝时梁武帝太清二年八月，侯景与京城守将萧正德勾结，举兵反叛。

【译文】

苏东坡在写李后主的亡国之词时说："最是苍皇辞庙日，教坊犹奏别离歌，挥泪对宫娥。"认为李后主在亡国之后，应该到祖庙门外大哭一场，向民众谢罪之后才能启程前往东京开封，但是他却在听宫娥奏乐，还把这件事写进了诗词之中。我在史书上看到梁武帝引起的侯景之祸，让江东地区变成了一片生灵涂炭，最后导致国家灭亡，梁武帝自己却说："江山在我手上得到，又从我手上失去，也没什么可让人遗憾的。"他也太不把自己的过错当回事了！窦婴要救灌夫，他的夫人劝谏阻止了他，窦婴说："侯爵从我的手上得到，也从我手上丢失，没什么可遗憾的。"梁武帝引用的就是这句话，但是意义却全然不同。

字省文

【原文】

今人作字省文，以禮为礼，以處为处，以與为与，凡章奏及程文书册之类不敢用，然其实皆《说文》本字也。许叔重释礼字云①："古文。"处字云："止也，得几而止。或从处。"与字云："赐予也，与與同。"然则当以省文者为正。

【注释】

①许叔重：名慎，字叔重，撰有《说文解字》，是我国现存的首部文字学专著。

【译文】

现在的人在写字的时候都喜欢简化文字，将"禮"写为"礼"，将

“處”写为“处”，将“與”写为“与”。只有奏章及程文书册这类不敢使用简化字。然而，这些简化字其实都是《说文解字》中原本就有的文字。许慎解释“礼”字说：“古代的文字。”解释“处”字说：“止，就是快要停止的意思，或将要凝固了。”解释“与”字说：“赐给的意思，与‘與’同。”既然是这样，那么就可以认为简体字是正确的了。

孔子欲讨齐

【原文】

陈成子弑齐简公，孔子告于鲁哀公，请讨之。公曰：“告夫三子者①。”之三子告，不可。《左传》曰：“孔子请伐齐，公曰：‘鲁为齐弱久矣，子之伐之，将若之何？’对曰：‘陈常弑其君，民之不与者半，以鲁之众，加齐之半，可伐也。’”说者以为孔子岂较力之强弱，但明其义而已。能顺人心而行天讨，何患不克？使鲁君从之，孔子其使于周，请命乎天子，正名其罪。至其所以胜齐者，孔子之余事也。予以为鲁之不能伐齐，三子之不欲伐齐，周之不能讨齐，通国知之矣。孔子为此举，岂真欲以鲁之半，力敌之哉？盖是时三子无君与陈氏等，孔子上欲悟哀公，下欲警三子，使哀公悟其意，必察三臣之擅国，思有以制之，起孔子而付以政，其正君君、臣臣之分不难也。使三子者警，必将曰：鲁小于齐，齐臣弑君而欲致讨，吾三臣或如是，彼齐、晋大国，肯置而不问乎？惜其君臣皆不识圣人之深旨。自是二年，孔子亡。又十一年，哀公竟逼于三子而也于越，此之简公，仅全其身尔。

【注释】

①三子：指的是掌握了鲁国政权的三家贵族，也就是孟孙氏、叔孙氏、季孙氏。

【译文】

（齐简公四年）齐国的大臣陈成子杀害了齐简公（拥立齐平公作为国君，自称为国相）。孔子将这件事告知鲁国的国君鲁哀公，请求讨伐陈成子。鲁哀公说："这件事你去找孟孙氏、叔孙氏、季孙氏商量吧。"孔子将自己的想法告诉了"三子"，没有获得同意。《左传》中记载说："孔子请求征讨齐国，鲁哀公说：'鲁国比齐国的实力要弱是长期以来默认的事实了。你说要讨伐它，那么要如何讨伐呢？'孔子回答说：'陈成子（即陈常）杀害了自己的国君，齐国的老百姓有一半不会拥护他，现在用鲁国全部的兵力和齐国的一半力量，一起去讨伐，是可以取胜的。'"有人评价说：孔子哪里是在比较实力的强弱，他只是在申明自己的仁义罢了。如果顺应民心而代替上天去讨伐，哪里还用担心不获胜呢？如果鲁哀公批准了孔子的请求，派遣孔子去出使周朝，请求周天子，给陈成子定下罪名（天下一起去讨伐，事情很快就能解决了）。至于说是否具备战胜齐国的实力，在孔子看来是多余的。我认为，鲁国因为自己的实力弱小而不去讨伐齐国，孟孙氏、叔孙氏、季孙氏三家不想讨伐齐国，周国的天子因为失去了权威也无法讨伐齐国，这是全国都知道的事实。孔子的这个举动，难道真的是想要用鲁国的一半去与齐国相互对抗吗？不是的。孔子这样做的目的不是真的要去打仗，而是这样做上可以让鲁哀公有所警醒，下可以警告"三子"，如果鲁哀公了解了孔子的原本的用意，就会认真地对待三臣谋权，意图不轨的事实，然后想方设法对其加以控制，并且任用孔子来帮助自己管理朝政，那么纠正君臣之间的关系就不难了。如果"三子"因为孔子的举动而自警，必然会说：鲁国比齐国要小，齐国的大臣杀了自己的君主，人们都去讨伐；我们三家如果杀君主的话，像齐国、晋国这样的大国，怎么会置之不理呢？可惜的是鲁国的

君臣都没能明白孔子的这番用心。两年之后，孔子去世了。又过了十一年，鲁哀公竟然在三位大臣的胁迫之下流亡到了越国，与齐简公相比，只是免于一死而已。

韩退之

【原文】

《旧唐史·韩退之传》[①]，初言："愈常以为魏、晋以还，为文者多拘偶对，而经诰之指归[②]，不复振起。故所为文，抒意立言，自成一家新语，后学之士，取为师法。当时作者甚众，无以过之，故世称'韩文'。"而又云："时有恃才肆意，亦盭孔、孟之旨[③]。若南人妄以柳宗元为罗池神，而愈撰碑以实之。李贺父名晋，不应进士，而愈为贺作《讳辩》，令举进士。又为《毛颖传》，讥戏不近人情。此文章之甚纰缪者。撰《顺宗实录》，繁简不当，叙事拙于取舍，颇为当代所非。"裴晋公有《寄李翱书》曰："昌黎韩愈，仆识之旧矣，其人信美材也。近或闻诸侪类云[④]：恃其绝足，往往奔放，不以文立制，而以文为戏。可矣乎？今之不及之者，当大为防焉尔。"《旧史》谓愈为纰缪，固不足责，晋公亦有是言，何哉？考公作此书时，名位犹未达，其末云："昨弟来，欲度及时干进，度昔岁取名，不敢自高。今孤茕若此，游宦谓何！是不能复从故人之所勉耳！但置力田园，苟过朝夕而已。"然而，公出征淮西，请愈为行军司马，又令作碑，盖在此累年之后，相知已深，非复前比也。

【注释】

①《旧唐史·韩退之传》：这里指的是《旧唐书·韩愈列传》。②经

诰之指归：指经典的文章主旨或者意向。③盭（lì）：违背、远离、背离。④侪（chái）类：同辈，这里指朋友。

【译文】

《旧唐书·韩愈列传》的开篇写道："韩愈经常认为从魏、晋以来，写文章的人大多都拘束于对仗，而对于经典文章的主旨都不再提倡。因此，写文章的时候韩愈开始表明自己的意见，让自己成为一家的新说法，后面的学者多将他作为榜样。当时写文章的人很多，没有能够超越他的，因此（韩愈的文章）被世人称为'韩文'。"而又有人说："韩愈经常会仗着自己有才华胡乱写文章，背离了孔子、孟子的精神主旨。就像是南方人胡乱地将柳宗元叫作'罗池神'，而韩愈就撰写碑文记录了下来，让这件事成为事实。李贺的父亲叫李晋，没有考中进士，而韩愈为李贺写了《讳辩》，称他考中了进士。又写了《毛颖传》讽刺世间人情淡薄，这些文章都存在着很多错误。所写的《顺宗实录》，繁简字的使用也不恰当，在记录事件方面取舍也不当，饱受现在的人的非议。"裴晋公（裴度）的《寄李翱书》中说："昌黎韩愈，我早就知道这个人了，这个人确实很有才华。最近经常听朋友提起：他仗着自己有出众的才华，常常肆意表现自己的才能，不用文章去建立法制，而把文章当成游戏。可以这样吗？现在一些比不上他的人，应该小心防范他啊。"《旧唐书》中说韩愈有错误，但还尚未到责罚的地步，裴晋公写这封信的时候，名声地位还不显赫，他在最后说："昨天小弟过来，想要尽快取得一些功名成就。我虽然名字叫'度'，但是也不敢自恃清高。现在孤苦潦倒到这种地步，外出做官为了什么呢？因此，我没有再次听从老友的劝说，将要致力于耕种田园，苟且地过日子算了。"可是到了后来，裴度征讨淮西的时候，请韩愈担任他的行军司马，还让他写过碑文。这些事情都是很多年之后了，那时两人已经相交十分深厚，与之前的关系无法相比了。

狐突言词有味

【原文】

晋侯使太子申生伐东山皋落氏，以十二月出师，衣之偏衣[①]，佩之金玦[②]。《左氏》载狐突所叹八十余言，而词义五转。其一曰："时，事之征也。衣，身之章也。佩，衷之旗也。"其二曰："敬其事，则命以始。服其身，则衣之纯。用其衷，则佩之度。"其三曰："今命以时卒，閟其事也。衣之尨服[③]，远其躬也。佩以金玦，弃其衷也。"其四曰："服以远之，时以閟之。"其五曰："尨凉，冬杀，金寒，玦离。"其宛转有味，皆可咀嚼。《国语》亦多此体，有至六七转，然大抵缓而不切。

【注释】

①偏衣：两种颜色合成的衣服。②金玦（jué）：有缺口的青铜环，古代经常用来当佩饰。③尨（máng）：古通"尨"。杂色。

【译文】

晋侯派遣太子申生对东山的皋落氏进行讨伐，命他十二月的时候率兵出征，穿上颜色不同的衣服，佩戴有缺口的青铜环。《左氏》中记载了狐突所说的八十多个字，感叹内容竟然有五层不同的意思。第一层意思是："时间是事情的征兆。衣服是身体的花纹。玉佩是内心的旗帜。"第二层意思是："真的郑重其事，就应该命令他在一年之初的时候就行动。想要让他驯服，就应该穿纯色的衣服。想要让他忠心，就应该让他佩戴合乎礼节的饰品。"第三层意思是："现在让他年末出征，就是想让他的事业不顺利。让他穿杂色的衣服，就是想要说明和他关系疏远。让他佩戴有缺口的青铜环，就是想要丢弃他内心的忠诚。”第四层意思是：“让他穿杂色的衣服说明要疏远他，他出征的时间也表明是想让他不顺利。”这五层意思是：“杂色代表了凄凉，冬代表了肃杀，金代表了寒气，玦佩表明了燥热。”这里说得委婉有味，让人咀嚼品鉴。《国语》也经常会采用这种体式的文字，甚至会有六七层的转折，不过大多都语气婉转，不太贴近主题。

孟子书百里奚

【原文】

柳子厚《复杜温夫书》云：“生用助字①，不当律令，所谓乎、欤、耶、哉、夫也者，疑辞也。矣、耳、焉也者，决辞也。今生则一之，宜考前闻人所使用②，与吾言类且异，精思之则益也。”予读《孟子》百里奚一章曰：“曾不知以食牛干秦缪公之为污也③，可谓智乎？不可谏而不谏，可谓不智乎？知虞公之将亡而先去之，不可谓不智也。时举于秦，知缪公之可与有行也而相之，可谓不智乎？”味其所用助字，开阖变化，使人之意飞动，此难以为温夫辈言也。

【注释】

①生：指的是杜温夫。②闻人：名人，有名气的人。③秦缪公：指的是秦穆公。

【译文】

柳宗元在《复杜温夫书》中写道：“你写文章使用助字时，不符合使用的规范。常用的所谓的乎、欤、耶、哉、夫这些疑问字，是表示疑问

的意思。所说的矣、耳、焉等判断字，是表示判断的意思。而现在，你将这些混为一谈，最好去认真考查一下名人在这些字上的使用方法。如果和我说的不一样，认真的思考分析一下也是有好处的。”我在读《孟子》中的百里奚一章时，上面记载说：有人说百里奚将自己卖给秦国养牲畜的人，以此来（寻找机会）求得秦穆公的任用，这句话可信吗？他的回答是：“他怎么能不知道以给人养牛的身份来求得秦穆公的任用是对自身的一种玷污呢？这难道不是聪明的表现吗？他猜到（虞国公）不会听取劝谏，便没有去劝谏他，这难道不是聪明的表现吗？他预见了虞国将要灭亡而提早离开，这难道不是说他很有才智吗。当时他在秦国被推举出来的时候，就知道秦穆公是一位英明的君主而去辅佐他，怎么能说他不聪明呢？仔细分析这里所使用的助词，开合变化，让人思绪随之波动，这是杜温夫这类人很难理解的。

李习之论文

【原文】

李习之《答朱载言书》论文最为明白周尽[①]，云：“《六经》创意造言，皆不相师。故其读《春秋》也，如未尝有《诗》也；其读《诗》也，如未尝有《易》也；其读《易》也，如未尝有《书》也；其读屈原、庄周也，如未尝有《六经》也。如山有岱、华、嵩、衡焉，其同者高也，其草木之荣，不必均也。如渎有济、淮、河、江焉，其同者出源到海也[②]，其曲直浅深，不必均也。天下之语文章有六说焉：其尚异者曰，文章词句，奇险而已；其好理者曰，文章叙意，苟通而已；溺于时者曰，文章必当对[③]；病于时者曰，文章不当对；爱难者曰，宜深，不当易；爱易者曰，宜通，不当难。此皆情有所偏滞，未识文章之所主也。义不深不至于理，而辞句怪丽者有之矣，《剧秦美新》、王褒《僮约》是也。其理往往有是者，而词章不能工者有之矣，王氏《中说》、俗传《太公家教》是也。古之人能极于工而已，不知其辞之对与否、易与难也。'忧心悄悄，愠于群小'，非对也；'遘闵既多，受侮不少'，非不对也；'朕塈谗说殄行，震惊朕师'，'菀彼桑柔，其下候旬，捋采其刘'，非易也；'光被四表，格于上下'，'十亩之间兮，桑者闲闲兮'，非难也。《六经》之后，百家之言兴，老聃、列、庄至于刘向、扬雄，皆自成一家之文，学者之所师归也。故义虽深，理虽当，词不工者不成文，宜不能传也。"其论于文者如此，后学宜志之。

【注释】

①李习之：名翱，字习之。历任国子博士，史馆修撰，官至山南东道节度使。著有《李文公集》。本集题下有注云："一本作梁载言。"②渎（dú）：入海之河，也泛指河川。济：济水。淮：淮河。河：黄河。江：长江。③溺于时：顺应世俗。

【译文】

李习之所著的《答朱载言书》阐述文章最清楚详细，里面说："《诗经》《书

经》《礼记》《乐经》《周易》《春秋》六经，立意用语，都有各自的特点，都没有互相仿效引用。因此，在读《春秋》的时候，就找不到引用《诗经》的地方。在读《诗经》的时候，就找不到引用《易经》的地方，在读《易经》的时候，就找不到引用《书经》的地方。甚至，在读屈原、庄周的文章时，都找不到里面有引用《六经》的地方。例如，高山，有泰山、华山、嵩山、衡山，它们的共同点就是高，而说到草木的繁盛，那么就全然不同了。又如河川，有济水、淮河、黄河、长江，它们的共同点就是从发源地流出，都会流入大海，至于说到河道的曲直、深浅，则是全然不同了。现在评判文章有六种说法：崇尚怪异的人说，文章的词句，一定要奇特惊险；喜欢辩论的人说，文章叙述表明立意，一定要顺畅；顺应世俗的人说，文章一定要对仗工整；厌恶世俗的人说，文章不能讲究对仗工整；喜欢深奥的人说，文章应该深奥，不能浅薄；喜欢简单的人说，文章应当通顺不能太深奥。这六种情况，都是因为每个人的情感喜怒哀乐不同，并没有认识到文章的主题宗旨到底是什么。有的文章义理说得浅显不够通透，但是词句的运用却异常华美，像《剧秦美新》、王褒的《僮约》，就是这样的。有的文章道理讲得很好，但是不注重文辞的修饰，语句粗俗，如王通的《中说》、俗传《太公家教》，就是这样的。古人能够在文章文字上尽心，但是不清楚词句是否对仗，语言是易是难。'忧心悄悄，愠于群小'，是不对仗的；'遘闵既多，受侮不少'，是对仗的；'朕塈谗说殄行，震惊朕师'，'菀彼桑柔，其下侯旬，捋采其刘'，是不容易看懂的；而'光被四表，格于上下'，'十亩之间兮，桑者闲闲兮'，是简单易懂的。自《六经》之后，百家的观点开始陆陆续续传播开来，老聃、列子、庄子，以至于刘向、扬雄，在文学界都开始自成一家，学习写文章的人开始将他们作为老师。因此，虽然道理讲得深奥，但是说理也要恰当，词句不工整不能成为好文章，最好不要流传。"李习之关于文章的论述就是这样，后面学习的人应该了解一下他的论述。

洛中盱江八贤

【原文】

司马温公《序赙礼》，书闾阎之善者五人[①]，吕南公作《不欺述》，书三人，皆以卑微不见于史氏。予顷修国史[②]，将以缀于孝行传而不果成，聊纪之于此[③]。温公所书皆陕州夏县人。曰医刘太，居亲丧，不饮酒食肉终三年，以为今世士大夫所难能。其弟永一，尤孝友廉谨。夏县有水灾，民溺死者以百数，永一执竿立门首，他人物流入门者，辄擿出之[④]。有僧寓钱数万于其室而死，永一诣县自陈，请以钱归其弟子。乡人负债不偿者，毁其券。曰周文粲，其兄嗜酒，仰弟为生，兄或时酗殴粲，邻人不平而唁之，粲怒曰："兄未尝殴我，汝何离间吾兄弟也！"曰苏庆文者，事继母以孝闻，常语其妇曰："汝事吾母小不谨，必逐汝！"继母少寡而无子，由是安其室终身。曰台亨者，善画，朝廷修景灵宫，调天下画工诣京师，事毕，诏选试其优者，留翰林授官禄，亨名第一。以父老固辞，归养于田里。

南公所书皆建昌南城人。曰陈策，尝买骡，得不可被鞍者，不忍移之他人，命养于野庐，俟其自毙。其子与猾驵计[⑤]，因经过官人丧马，即磨破骡背，以炫贾之。既售矣，策闻，自追及，告以不堪。官人疑策爱也，秘之。策请试以鞍，亢亢终日不得被，始谢还焉。有人从策买银器若罗绮者，策不与罗绮。其人曰："向见君帑有之，今何靳[⑥]？"策曰："然，有质钱而没者，岁月已久，丝力糜脆不任用，闻公欲以嫁女，安可以此物病公哉！"取所当与银器投炽炭中，曰："吾恐受质人

或得银之非真者，故为公验之。”曰危整者，买鲍鱼，其驵舞秤权阴厚整。鱼人去，身留整傍，请曰：“公买止五斤，已为公密倍入之，愿畀我酒[7]。”整大惊，追鱼人数里返之，酬以直[8]。又饮驵醇酒，曰：“汝所欲酒而已，何欺寒人为？”曰曾叔卿者，买陶器欲转易于北方，而不果行。有人从之并售者，叔卿与之，已纳价，犹问曰：“今以是何之？”其人对：“欲效公前谋耳。”叔卿曰：“不可，吾缘北方新有灾荒，是故不以行，今岂宜不告以误君乎？”遂不复售。而叔卿家苦贫，妻子饥寒不恤也。

鸣呼，此八人者贤乎哉！

【注释】

①闾阎（lǘyán）：这里指平民百姓。②顷：最近，近来。③聊纪：暂且记录。聊，暂时、暂且；纪，通“记”。④辄擿（tī）：捞出，拣出。⑤猾驵（zǎng）：马市上狡诈的经纪人。⑥靳：吝惜，不愿意给予。⑦畀（bì）：给予。⑧直：通“值”，等价的财物。

【译文】

司马光在《序赙礼》中记载说民间有善行的五个人，吕南公在所著的《不欺述》中，又写了三个人，他们都是因为身份卑微而没有被记载的。最近，我在编修国史时，打算将这些人记录在孝行传中，而没有成功，于是只好暂时记录在这里。司马光所说的五个人，都是陕州夏县（今山西夏县）人。有一个叫做刘太的郎中，为了给父母守丧，三年都没有喝酒吃肉，我认为这是现在的士大夫很难做到的。他的弟弟刘永一，特别孝顺、友善、廉洁、谨慎。夏县暴发了水灾，有数以百计的百姓溺水而亡，刘永一于是就拿着一根竹竿站在门口，只要看到有人或者东西漂到了自家门口，就会把这些全部打捞上来。有一位僧人将数万钱寄存到永一的家里，之后就去世了，永一将这件事汇报给了县里，请求将这些钱还给僧人的弟子。乡民向他借款，因为贫困无法如期偿还的，他就把借贷契约烧掉。第三个人是周文粲，他的哥哥特别贪酒，仰仗着弟弟文粲来养活他。他的哥哥在喝醉的时候经常会毒打文粲，邻居为他打抱不平并安慰他，文粲（遇到这件事）会生气地对邻居说："我的哥哥从来没有打过我，你们为什么要挑拨我们兄弟之间的感情呢？"第四个人是苏庆文，因为照顾继母十分孝顺而闻名，他时常对妻子说："你照顾我的母亲如果不够小心谨慎的话，我就把你赶出家门。"继母年轻时就守了寡，没有子嗣，之后与苏庆文相依为命，最后终老。第五个人是台亨，擅长绘画，当时朝廷打算修建景灵宫，就征调了各地有名的画工来到京师。这个工程完毕，朝廷选取其中优秀的人留在翰林院，授予他们官职并发放俸禄，台亨在这些人中排名第一。但是由于他的父亲已经年迈，他坚决辞掉了官职，回到家乡侍奉双亲。

吕南公所写的三个人都是建昌南城（今江西南城）人。其中之一叫陈策，曾经买了一匹骡子，买了之后发现这匹骡子不能安装鞍具，因此不能驮东西或者让人骑，但是陈策不忍心将这匹骡子转卖给其他人，于是就让人把它养在村外草屋中，等它老死。他的儿子与狡诈的马匹商人合谋，路过这里的官人有马突然死去急着再买，他们就借此机会将骡子的脊背磨破，并对这匹骡子大加夸奖。就这样把这匹骡子卖了出去，陈策听说这件事后，赶紧前去追赶，将这匹骡子不能让人骑乘驮运的情况告诉了那位买主。那位买主反而怀疑陈策是因为喜爱这匹骡子（才如此说），于是把骡子藏了起来。陈策让官人试着将鞍具放在骡背上，折腾了一天也没有成功，官人这才把骡子退还给了陈策并对他十分感激。曾经有人从陈策这里买质地轻软带有椒眼文饰的银器，陈策不卖。这个人说："我看到你家里有这种东西，为什么不愿意卖给我呢？"陈策回答说："没错，我的家里确实有银器，但是那是别人向我借钱的时候抵押给我的，已经过了很长时间了，银器变得又旧又脆，所以不能再用了。我听闻你是想用这个银器作为女儿的陪嫁，我怎么能用这种将要报废的银器来坑害你？"说完，就把家里的全部银器投入炽热的炭火盆中烧掉了，并对买主说："我担心被抵押人欺骗或者让买银器的人上当，因此为您验

证一下它的真假。”第二个人是危整，他在买鱼的时候，经纪人在商贩的秤锤上做了手脚，故意给他多秤了几斤。卖鱼的人走了之后，经纪人对危整说：“你只买五斤，我悄悄给你称了十斤，你得请我喝酒。”危整听了十分惊讶，赶紧去追赶那个卖鱼的人，跑了几里才追上，将多给他的鱼按照等价把钱交给了卖鱼的人。然后又把那位经纪人请去喝酒，并对他说：“你想喝酒，怎么能去欺负那些卖鱼的穷苦人呢？”第三个人是曾叔卿，他购买了一些陶器准备贩卖到北方，但是却一直不向北方转运。一次，和他一样在做陶器生意的人到他那里买货，叔卿答应卖给他，而且那个人付了款，他顺便问道：“现在你购买这些陶器做什么？”回答说：“我就是要按照你之前的想法去做。”叔卿马上对他说：“你可不能这么做。我是因为北方最近遭遇了灾害，所以才决定不把这些陶器运到北方去卖的，现在我怎么能不告知你这一点而害了你呢？”因此不再把陶器卖给那个人。而当时叔卿家中已经十分贫苦，他和妻子的饥寒温饱都难以顾全。

哎，这八个人，真的可以称为善人贤人啊！

名世英宰

【原文】

曹参为相国，日夜饮醇酒不事事，而画一之歌兴①。王导辅佐三世，无日用之益，而岁计有余，末年略不复省事，自叹曰：“人言我愦愦②，后人当思我愦愦。”谢安石不存小察，经远无竞。唐之房、杜，传无可载之功。赵韩王得士大夫所投利害文字，皆置二大瓮，满则焚之。李文靖以中外所陈一切报罢，云："以此报国。"此六七君子，盖非扬己取名，了然使户晓者，真名世英宰也！岂曰不事事哉？

【注释】

①画一：一致，一律。②愦愦（kuì）：糊涂。

【译文】

曹参在担任相国的时候，整日沉浸在饮酒作乐之中，无所事事，而一致称颂他的歌谣在民间广为传颂。东晋的王导曾经辅佐过三代皇帝，却从来没有取得过任何成绩，但是他在位的时候，国家的赋税每年都会有剩余，到了晚年不再处理朝政的时候，他自己感叹说："别人都说我人糊涂，后代的人应该好好考虑我为什么糊涂。"谢晋在朝中当官时，从来不拘小节，志向高远却又表现为无所作为。唐朝的房玄龄、杜如晦，在他们的传记中没有记载什么盖世的功绩。我朝的韩王赵普，在处理奏章时将那些士大夫之间相互攻击、陈述利害关系的文章都放进了两个大瓮中，满了之后就烧掉。李文靖则将朝廷内外上报的一些无事生非的奏章都置之不理，说："要用这种方法来报效国家。"这六七个君子，都没有为自己扬名，但是他们的英明却家喻户晓，真不愧是英明的宰相啊！怎么能够说他们是无所事事的无用之臣呢？

诸葛公

【原文】

诸葛孔明千载人[1]，其用兵行师，皆本于仁义节制，自三代以降，未之有也。盖其操心制行[2]，一出于诚，生于乱世，躬耕陇亩，使无徐庶之

一言，玄德之三顾，则苟全性命，不求闻达必矣。其始见玄德，论曹操不可与争锋，孙氏可与为援而不可图，唯荆、益可以取，言如蓍龟[③]，终身不易。二十余年之间，君信之，士大夫仰之，夷夏服之[④]，敌人畏之。上有以取信于主，故玄德临终，至云："嗣子不才，君可自取"；后主虽庸懦无立，亦举国听之而不疑。下有以见信于人，故废廖立而立垂泣，废李严而严致死。后主左右奸辟侧佞，充塞于中，而无一人有心害疾者。魏尽据中州，乘操、丕积威之后，猛士如林，不敢西向发一矢以临蜀，而公六出征之，使魏畏蜀如虎。司马懿案行其营垒处所，叹为天下奇才。钟会伐蜀，使人至汉川祭其庙，禁军士不得近墓樵采，是岂智力策虑所能致哉？魏延每随公出，辄欲请兵万人，与公异道会于潼关，公制而不许，又欲请兵五千，循秦岭而东，直取长安，以为一举而咸阳以西可定。史臣谓公以为危计不用，是不然。公真所谓义兵不用诈谋奇计，方以数十万之众，据正道而临有罪，建旗鸣鼓，直指魏都，固将飞书告之，择日合战，岂复翳行窃步[⑤]，事一旦之谲以规咸阳哉[⑥]！司马懿年长于公四岁，懿存而公死，才五十四耳，天不祚汉，非人力也。"霸气西南歇，雄图历数屯。"杜诗尽之矣。

【注释】

①千载人：千年的伟人。②操心制行：理念与行为。③蓍龟（shī）：蓍草、龟壳，这两个都是用来占卜的，因此这里代指占卜算卦。④夷夏：少数民族与中原人。⑤翳（yì）行窃步：指的是暗中出兵偷袭。⑥谲（jué）：欺诈。

【译文】

诸葛孔明是千百年来的伟人，他在行军用兵方面，都是本着仁义的原则，从三代以来，从来没有过这样的人。他的思想与行为，都出自对国家的忠心，出生在乱世之中，以耕种农田为生，如果没有徐庶的推荐，刘备的三顾茅庐，那么他将一直苟且地保全性命，不去追求名声显达。他第一次看到刘备的时候，就提出了不能与曹操一较高低，对于孙权可以互为援军，但是不能对其有所图谋，只有荆州、益州是可以攻取的，这些言论就像是占卜算卦的预言一样，果然观其一生政治主张都没有改变。在他掌权的二十多年中，刘备信任他，士大夫仰慕他，中原与少数民族的百姓对他十分服从，敌人惧怕他。对上，他能够获得君主的信任，因此刘备临死时，对他说："我的儿子没有才能，你可以取代他"；后主刘禅虽然平庸懦弱没有立国的志向，但是却放心地把国家交给他，听他的建议而没有怀疑。对下，他的才能可以让人信服，因此廖立和李严虽然被诸葛亮免去了官职贬为庶民，在听说他去世的消息之后，廖立痛哭流涕，李严更是病发去世。后主的身边有很多奸臣，却没有一个人怀着陷害诸葛亮的心思。当魏国完全占据了中州地区之后，还带有曹操、曹丕父子生前积下的威严，军中勇猛的将士有很多，却不敢向西对着蜀国发一箭，而诸葛亮却敢率军六次出征，让魏国上下像害怕老虎一样害怕蜀国。司马懿仔细地观察诸葛亮的营寨之后，惊叹他是天下奇才。钟会征讨蜀国的时候，曾经派人到汉川祭祀诸葛亮庙，禁止军士在诸葛亮的墓碑附近砍柴，这岂是智力策略考虑周到就能够办到的？魏延每次跟随出征，总是请求带领一万兵士，他打算从暗道与诸葛亮在潼关会师，诸葛亮一直都没有准许他的请求，魏延又想请求诸葛亮给他五千名精兵，他打算沿着秦岭向东走，直取长安，他认为这样可以平定咸阳以西地区。史官记载说，诸葛亮认为魏延的计策太过冒险，因此并没有采纳。其实并不是这样。诸葛公认为正义的军队是不能用狡诈的阴谋的，因此他就率领着几十万大军，占据了重要的关口去正面讨伐敌人，他立起大旗，高鸣战鼓，向魏国的京都发起了直接挑战，他原本打算派人给魏军送去战书，告诉对方选择日期交战，怎么能够悄悄地出兵，用奸诈的计谋来占据咸阳呢！司马懿比诸葛亮年长四岁，但是最后司马懿尚在人世，而诸葛亮却离世了，享年只有五十四岁。上天不庇佑汉室，这不是人力能够扭转的。"霸气西南歇，雄图历数屯。"杜甫在诗中已经把这件事全部交代明白了。

陶渊明

【原文】

陶渊明高简闲靖，为晋、宋第一辈人。语其饥则箪瓢屡空，瓶无储粟；其寒则短褐穿结，絺绤冬陈[①]；其居则环堵萧然，风日不蔽。穷困之状，可谓至矣。读其《与子俨等疏》云："恨室无莱妇[②]，抱兹苦心。汝等虽不同生，当思四海皆兄弟之义，管仲、鲍叔，分财无猜，他人尚尔，况同父之人哉！"然则犹有庶子也。《责子》诗云："雍、端年十三。"此两人必异母尔。渊明在彭泽，悉令公田种秫，曰："吾常得醉于酒足矣。"妻子固请种粳，乃使二顷五十亩种秫，五十亩种粳。其自叙亦云："公田之利，足以为酒，故便求之。"犹望一稔而逝，然仲秋至冬，在官八十余日，即自免去职。所谓秫粳，盖未尝得颗粒到口也，悲夫！

【注释】

①絺绤（chī xì）：葛布的统称，可引申为葛服，也就是夏天的衣服。

②莱妇：也就是春秋时楚国隐士老莱子的妻子，后来借指贤妻。

【译文】

陶渊明性情超然，淡泊，闲静，是晋宋年间首屈一指的人物。谈到饥饿，他的饭瓢经常会亏空，家里没有存储的粮食；说到寒冷，他总是穿着粗布短衣，冬天还穿着夏天的葛衣，没有可以供他替换的衣裳；他的住房就是空空的四面墙壁，难以遮风挡阳。贫穷的情况，可以说已经到达了极点。读他的《与子俨等疏》说："经常悔恨家中没有像老莱子的妻子这样的贤妻，只有自己经常操着苦心。你们虽然不是一个母亲所生，但是应当考虑到四海之内都是兄弟的道理，齐国的管仲、鲍叔两个人，分财物的时候，没有丝毫猜忌，对待外人尚且如此，更何况你们是同父的亲兄弟呢！”如此看来，陶渊明应该是妾生的儿子。他在《责子》一诗中说：“雍、端两人都是十三岁。”从这里看来，这两个人必定是异母的弟兄了。陶渊明在担任彭泽县县令时，下令将公田全都种上高粱，并说：“这样我就能经常饮酒，也就心满意足了。”但妻子和儿子执意请求种上粳稻，于是他就下令用二顷五十亩种植高粱用来酿酒，五十亩种上粳稻用来供食用。他在《归去来兮辞》中自己陈述说：“公田的收成，足够用来买酒了，所以我就求了彭泽令这个小官。”他原本希望种植一年的粮食成熟之后就离职。可是从仲秋到冬天，他只做了八十多天的官，就自动免去了官职。而那些高粱粳稻，大概一颗一粒都没有尝到吧，真是让人伤心啊！

论韩公文

【原文】

刘梦得、李习之、皇甫持正、李汉[①]，皆称诵韩公之文，各极其挚。刘之语云：“高山无穷，太华削成。人文无穷，夫子挺生。鸾风一鸣，蜩螗革音[②]。手持文柄，高视寰海。权衡低昂，瞻我所在。三十余年，声名塞天。”习之云：“建武以还，文卑质丧。气萎体败，剽剥不让。拨去其华，得其本根。包刘越嬴，并武同殷。《六经》之风，绝而复新。学者有归，大变于文。”又云：“公每以为自扬雄之后，作者不出，其所为文，未尝效前人之言而固与之并，后进之士有志于古文者，莫不视以为法。”

皇甫云："先生之作，无圆无方，主是归工，抉经之心，执圣之权，尚友作者，跂邪觝异，以扶孔子，存皇之极。茹古涵今，无有端涯。鲸铿春丽，惊耀天下，栗密窈眇，章妥句适，精能之至，鬼入神出，姬氏以来，一人而已。"又云："属文意语天了，业孔子、孟轲而侈其文，焯焯烈烈，为唐之章。"又云："如长江秋注，千里一道，然施于灌激（溉），或爽于用。"此论似为不知公者。汉之语云："诡然而蛟龙翔，蔚然而虎凤跃，锵然而韶钧鸣，日光玉洁，周情孔思，千态万貌，卒泽于道德仁义，炳如也。"是四人者，所以推高韩公，可谓尽矣。及东坡之碑一出，而后众说尽废。其略云："匹夫而为百世师，一言而为天下法，是皆有以参天地之化，关盛衰之运。自东汉以来，道丧文弊，历唐贞观开元而不能救，独公谈笑而麾之，天下靡然从公，复归于正。文起八代之衰，道济天下之涨，岂非参天地而独存者乎？"骑龙白云之诗，蹈厉发越，直到《雅》《颂》，所谓若捕龙蛇、搏虎豹者，大哉言乎！

【注释】

①刘梦得：即刘禹锡，字梦得。李习之，即李翱。皇甫持正，名湜，字持证。李汉，字南纪。②蜩螗（tiáo táng）：对蝉的另一种称呼。

【译文】

刘禹锡、李翱、皇甫持正、李汉，都十分真诚地对韩愈的文章进行了赞美。刘禹锡称赞说："不计其数的高山，只有华山最为险峻。无数的文人才子，诞生了韩夫子。鸾鸟一声长鸣，蝉就改变了声音。你手里拿着文柄，俯视着天下。你评价高低，一举一动都被世人瞻仰。三十多年来，你的声名已经充斥在了天地之间。"李翱称赞说："从东汉光武帝建国以来，文风卑弱、文章的本质已经丧失。文气衰微，文体开始败落，剽窃吞剥的人大有人在。而文公你能够剥去其华丽的外表，得到它的本根，文章体式不仅带有西汉的磅礴大气，超过了秦朝时文章的成就，而且完全能够跟周、商时期的文章相提并论。让《六经》的朴实文风能够重新恢复生机。天下学习写文章的人也有了遵循的法则，改变了当代的文风。”他又说：“韩公经常认为从扬雄之后，就没有真正的作家出现，他所写的文章从来没有效仿过前人，却能够跟前人齐名。后面有志向学习写文章的年轻人，没有不把他的文章当作范本的。”皇甫持正说：“先生写的文章，不管是什么形式，都十分高超，他对《六经》的精髓进行了深入研究，掌握圣人权衡事物的观点，和天下的作家交朋友，坚定地抵制异端邪说，以辅助孔子，来守卫伟大的儒家的四项标准。他的思想包罗古今，没有边际。他的文笔苍劲有力，辞藻华美，让天下震惊，内容丰富充实缜密，章句恰当美妙，已经到了出神入化的地步，自周代以来，只有这么一个人啊。”又说：“先生写文章，立意、语言似乎都浑然天成。他学习孔子、孟子的思想并用文章来宣扬他们的思想，鲜明壮美，是唐代散文中的大家。”又说：“先生的文章，就像是长江秋天的洪流，一泻千里，气势雄壮，不过如果用来灌溉，可能就不太适合了。”这一点似乎有些不太了解韩愈。李汉说：“韩愈的文章奇诡就像是蛟龙在飞翔，文采就像是虎凤在跳跃，语言铿锵有力就像是在演奏韶乐，文章就像是太阳光一样光芒四射，像宝玉一样晶莹璀璨，表现出了周代《六经》中的感情，孔子的思想，各种各样，最后还是对道德、仁义的润泽、表现，这是十分明显的。”这四个人推崇韩愈文章的点评，可以说是到了极点。不过苏东坡的《韩文公庙碑》一文问世，所有的点评都显得苍白无力。苏东坡说：“一个普通的人却能够成为千秋百代的一

代宗师，说一句话就能够成为天下人效仿的准则，这是因为他的成就已经可以和天地孕育了万物来相提并论了，和国家命运的盛衰有着密切的关系。从东汉以来，儒道衰丧，文风败坏，经过唐朝贞观、开元两个兴盛时期都无法挽救，只有韩文公自己谈笑着挥斥邪说，天下人狂热地追随他，让思想与文风又重新步入了正轨。他的文章使东汉、魏、晋、宋、齐、梁、陈、隋八代以来衰微的文章得到了振兴，宣扬儒道，将天下人从沉迷中解救出来，这难道不是帮助天地、关系着天下盛衰的浩大独立的正气吗？”后来，苏东坡又写了一首“骑龙遨游白云乡”的诗来纪念韩愈，慷慨激昂，直追《诗经》中雅、颂的风格，就像是捕捉龙蛇、与虎豹相搏一样，大气磅礴的语言啊！

朋友之义

【原文】

朋友之义甚重。天下之达道五：君臣、父子、兄弟、夫妇而至朋友之交。故天子至于庶人，未有不须友以成者。“天下俗薄，而朋友道绝”见于《诗》；“不信乎朋友，弗获乎上”见于《中庸》《孟子》；“朋友信之”，孔子之志也；“车马衣裘，与朋友共”，子路之志也；“与朋友交而信”，曾子之志也。《周礼》六行，五曰任，谓信于友也。汉、唐以来，犹有范张、陈雷、元白、刘柳之徒①，始终相与，不以死生贵贱易其心。本朝百年间，此风尚存。呜呼，今亡矣！

【注释】

①范：范式，字巨卿。张：张劭，字元伯，因与范式是至交，世人

将二人称为“范张”。陈：陈重，字景公。雷：雷义，字仲公，曾举茂才，想要让给陈重，刺史没有批准，所以就散着头发假装疯癫，出走没有接受任命，世人将他和陈重合称为“陈雷”。元：元稹，与白居易交情很好，世人将二人称为“元白”。刘柳：指刘禹锡和柳宗元。

【译文】

朋友之间的道义十分重要，天下都要一起遵循五个关系：君臣之道、父子之道、兄弟之道、夫妇之道及朋友之道。所以上至天子下到黎民百姓，没有不需要朋友的帮助而成功的人。“天下的世俗中情义淡薄，而朋友之间的道义也开始断绝了”，这句话出自《诗经》；“无法获得朋友的信任，就不能获得主上的恩宠”，这话出自《中庸》《孟子》；“朋友要信任”，这是孔子的观点；“车辆、马匹、衣裳、皮裘，都可以与朋友分享”，这是子路的观点；“跟朋友交往要有诚信”，这是曾子的观点。《周礼》中有六种良好的品行，第五种就是信任，说要信任朋友。汉朝、唐朝以来，像范式和张劭、陈重与雷义、元稹与白居易、刘禹锡与柳宗元这些人，一直与朋友交情深厚，不会因为死生贵贱而改变他们的内心。本朝建立一百多年间，还存有这样好的风气。哎，现在已经消亡了。

唐扬州之盛

【原文】

唐世盐铁转运使在扬州①，尽斡利权②，判官多至数十人，商贾如织。故谚称“扬一益二”，谓天下之盛，扬为一而蜀次之也。杜牧之有

“春风十里珠帘”之句。张祜诗云：“十里长街市井连，月明桥上看神仙。人生只合扬州死，禅智山光好墓田。”王建诗云：“夜市千灯照碧云，高楼红袖客纷纷。如今不似时平日，犹自笙歌彻晓闻。”徐凝诗云：“天下三分明月夜，二分无赖是扬州。”其盛可知矣。自毕师铎、孙儒之乱，荡为丘墟。杨行密复葺之，稍成壮藩，又毁于显德。本朝承平百七十年，尚不能及唐之什一，今日真可酸鼻也！

【注释】

①盐铁转运使：官职名，负责盐铁的管理与运输。②斡（guǎn）：通“管”，掌管，负责。

【译文】

唐朝时期，盐铁转运使的官衙设在扬州，这些人掌握了那里的全部财政大权，判官有数十人之多，商人往来如梭。因此，这里就有了一句谚语“扬一益二”，说的是四海之内最繁华的地方，扬州是第一，四川的益州是第二。杜牧有“春风十里珠帘”这样的诗句，张祜有诗说：“十里长街市井连，月明桥上看神仙。人生只合扬州死，禅智山光好墓田。”王建有诗说：“夜市千灯照碧云，高楼红袖客纷纷。如今不似时平日，犹自笙歌彻晓闻！”徐凝有诗说：“天下三分明月夜，二分无赖是扬州。”扬州繁华的景象从这些诗里便能知晓。自从毕师铎、孙儒发生了战乱，扬州被扫荡之后变成了废墟。杨行密重新修葺，渐渐恢复成了壮大的藩镇，但是没过多久，就又在周显德年间被烧毁。本朝太平已经有一百七十年，却不及唐朝的十分之一，现在想来真是让人心酸啊！

唐书判

【原文】

唐铨选择人之法有四[①]：一曰身，谓体貌丰伟；二曰言，言辞辩正；三曰书，楷法遒美；四曰判，文理优长。凡试判登科谓之入等，甚拙者谓之蓝缕，选未满而试文三篇谓之宏辞，试判三条谓之拔萃。中者即授官。既以书为艺，故唐人无不工楷法，以判为贵，故无不习熟。而判语必骈俪，今所传《龙筋凤髓判》及《白乐天集·甲乙判》是也。自朝廷至县邑，莫不皆然，非读书善文不可也。宰臣每启拟一事，亦必偶数十语，今郑畋敕语、堂判犹存。世俗喜道琐细遗事，参以滑稽，目为花判，其实乃如此，非若今人握笔据案，只署一字亦可。国初尚有唐余波，久而革去之。但体貌丰伟，用以取人，未为至论。

【注释】

①铨（quán）选：选才授官。

【译文】

唐朝选取人才授予官职的评定标准有四条：第一是身材，要求身材丰满伟岸；第二是言谈，说话要能雄辩公正；第三是书法，楷书法式要刚劲优美；第四是判状，文辞条款要优美顺畅。只要是通过吏部考试录取的叫作“入等”，表现十分笨拙的叫作“蓝缕”，没有通过吏部考选而通过三篇判状的叫作“宏辞”，通过三条判状的叫作“拔萃”，被选中就会授予官职。既然能够凭借书法作为艺业，所以唐朝人没有不擅长楷书法式的；既然将判状作为重要的技能，所以没有不学习熟练判

状的。而判状的语言必须讲究对仗工整，现在世上流传的《龙筋凤髓判》及《白乐天集·甲乙判》就是这样的。从朝廷到县城，没有不是这样的，不读书、不擅长写文章是不行的。朝中辅政的大臣每次要草拟报告一件事情，一定有几十句是对仗工整的句式，现在郑畋所写的敕书、堂判依然保留着。世间大多喜欢谈论一些零碎的古代遗事，中间掺杂着一些幽默滑稽的语言，被看成“花判”，那么事实就是这样，不像是现在的人拿着笔靠着书案，只要签一个字也可以。宋朝初年还保存有唐朝的遗风，时间一久就改变消亡了。这里面只有要求身材、相貌丰满高大这个标准，用来选取人才，不是恰当的评定标准。

司空表圣诗

【原文】

东坡称司空表圣诗文高雅，有承平之遗风，盖尝自列其诗之有得于文字之表者二十四韵，恨当时不识其妙。又云：“表圣论其诗，以为得味外味，如‘绿树连村暗，黄花入麦稀’，此句最善。又‘棋声花院闭，幡影石坛高’，吾尝独入白鹤观，松阴满地，不见一人，惟闻棋声，然后知此句之工，但恨其寒俭有僧态。”予读表圣《一鸣集》，有《与李生论诗》一书，乃正坡公所言者，其余五言句云：“人家寒食月，花影午时天[①]”，“雨微吟足思，花落梦无憀”，“坡暖冬生笋，松凉夏健人”，“川明虹照雨，树密鸟冲人”，“夜短猿悲减，风和鹊喜灵[②]”，“马色经寒惨，雕声带晚饥”，“客来当意惬，花发遇歌成”。七言句云：“孤屿池痕春涨满，小栏花韵午晴初”，“五更惆怅回孤枕，由自残灯照落花”，皆可称也。

【注释】

①人家寒食月，花影午时天：全篇已经遗失。②夜短猿悲减，风和鹊喜灵：全篇已经遗失。

【译文】

苏东坡称赞司空图的诗文高尚雅致，大有承平时期的遗风，曾经想要亲自将他诗文中语言方面极其优美的部分列出二十四韵，遗憾当初没能看出其中的妙处。又说：“司空图在谈论自己的诗句时，认为自己得到了诗句韵味之外的韵味，如‘绿树连村暗，黄花入麦稀’，这两句诗最为精彩。又如‘棋声花院闭，幡影石坛高’，我曾经自己独自进入白鹤观，松树的树荫铺满了整个白鹤观的地面，看不到一个人，只听到了下棋的声音，这之后才知晓了这句诗的绝妙之处，不过遗憾的是诗句中清寒俭薄带有僧人的意态。”我读司空图的《一鸣集》时，里面有《与李生论诗》这样一封书信，所讨论的正是苏东坡所说的这些话，其余的五言诗句有：“人家寒食月，花影午时天”“雨微吟足思，花落梦无谬”“坡暖冬生笋，松凉夏健人”“川明虹照雨，树密鸟冲人”“夜短猿悲减，风和鹊喜灵”“马色经寒惨，雕声带晚饥”“客来当意惬，花发遇歌成。”七言诗句有：“孤屿池痕春涨满，小栏花韵午晴初”“五更惆怅回孤枕，由自残灯照落花”，这些都是值得被称赞的。

汉二帝治盗

【原文】

汉武帝末年，盗贼滋起，大群至数千人，小群以百数。上使使者衣绣衣，持节虎符[①]，发兵以兴击，斩首大部或至万余级。于是作“沈命法”，曰：“群盗起不发觉，觉而弗捕满品者[②]，二千石以下至小吏主者皆死。”其后小吏畏诛，虽有盗，弗敢发，恐不能得，坐课累府，府亦使不言。故盗贼寖多，上下相为匿，以避文法焉。光武时，群盗处处并起。遣使者下郡国，听群盗自相纠擿，五人共斩一人者除其罪。吏虽逗留回避故纵者，皆勿问，听以禽讨为效。其牧守令长坐界内有盗贼而不收捕者，及以畏懦捐城委守者，皆不以为负，但取获贼多少为殿最[③]，唯蔽匿者乃罪之。于是更相追捕，贼并解散。此二事均为治盗，而武帝之严，不若光武之宽，其效可睹也。

【注释】

①持节虎符：拿着符节凭证。虎符，古代君王调配军队所用的兵符，用青铜或黄金做成伏虎的形状，令牌一分为二，一块交给将帅，一块交给帝王。只有两块同时使用时，才能调兵遣将。②觉：揭发，上报。③殿最：评定好坏。

【译文】

汉武帝末年，盗贼变得越来越多，大的盗匪团伙有几千人之多，小的盗匪团伙也有几百人。皇上委派使者穿着绣衣，手里拿着符节凭证，派遣军队攻打他们，杀死了大部分盗匪，有时候会杀死上万人。于是建立了“沈命法”，法律规定：“成群的盗匪出没而没有被发现，发现了却没有捕获达到标准的人数时，二千石以下的官员和负责这件事的下级官吏都要被判处死刑。”在这个法律颁布之后，下级的官吏因为害怕被杀，即便有了盗贼也不敢上报，只担心自己没有按照规定捕获盗贼，而连累了上级，上级也让他们不要上报。于是盗贼变得越来越多，上下级之间共同隐瞒这件事，以便躲过法律的制裁。汉光武帝时期，成群的盗贼到处兴起，汉光武帝委派使者到各郡国去，任由盗贼们自己互相揭发，五个人共同斩杀一个人的便可以将他们的罪行免去。官吏们即便拖延办案、逃避这件事、故意放任盗贼的，都不予以追问，只根据捉补的成果来处理。那些郡守、县令触犯了管辖区域内有盗贼却不予以捕捉的罪过的，以及因为害怕懦弱而丢失城池和职守的人，都不认为是过失，都只根据捕获盗贼的多少来评判好坏，只有包庇隐藏盗匪的人才会被判罪。因此盗贼们互相追捕，最终盗匪团伙全部逃散了。这两件事都是关于整治盗贼的，但是汉武帝的严厉比不上汉光武帝的宽容，最后的效果都是有目共睹的。

唐诗戏语

【原文】

士人于棋酒间，好称引戏语，以助谭笑，大抵皆唐人诗，后生多不知所从出，漫识所记忆者于此。“公道世间惟白发，贵人头上不曾饶”，杜牧《送隐者》诗也。“因过竹院逢僧话，又得浮生半日闲”，李涉诗也[①]。“只恐为僧僧不了，为僧得了尽输僧”，“啼得血流无歇处，

不如缄口过残春”，杜荀鹤诗也。“数声风笛离亭晚，君向潇湘我向秦”，郑谷诗也。“今朝有酒今朝醉，明日愁来明日愁”，“劝君不用分明语，语得分明出转难”，“自家飞絮犹无定，争解垂丝绊路人”，“明年更有新条在，挠乱春风卒未休”，“采得百花成蜜后，不知辛苦为谁甜”，罗隐诗也。高骈在西川，筑城御蛮，朝廷疑之，徒镇荆南，作《风筝》诗以见意曰：“昨夜筝声响碧空，官商信任往来风。依稀似曲才堪听，又被吹将别调中。”今人亦好引此句也。

【注释】

①李涉：自号清溪子，曾为避战乱，和弟弟隐居，后来跟随陈许辟命行军，官至太子舍人。遭贬官，隐居。太和年间，因宰相推举，起为太学博士。

【译文】

士人们在下棋喝酒的时候，喜欢引用一些戏谑的话语，来为谈笑增加氛围，大部分引用的都是唐朝的诗句，晚辈中大部分都不知道这些诗句是出自哪里，我在这里随便记录一下我所记得的。“公道世间惟白发，贵人头上不曾饶”，这是出自杜牧《送隐者》一诗。“因过竹院逢僧话，又得浮生半日闲”，这是出自李涉的诗句。“只恐为僧僧不了，为僧得了尽输僧”“啼得血流无歇处，不如缄口过残春”，这是出自杜荀鹤的诗句。“数声风笛离亭晚，君向潇湘我向秦”，这是出自郑谷的诗。“今朝有酒今朝醉，明日愁来明日愁”“劝君不用分明语，语得分明出转难”“自家飞絮犹无定，争解垂丝绊路人”“明年更有新条在，挠乱春风卒未休”“采得百花成蜜后，不知辛苦为谁甜”，这些都是出自罗隐的诗。高骈在西川的时候，筑造城墙来抵御蛮族，朝廷怀疑他要造反，于是把他调到荆南去镇守，他写了《风筝》一诗来表明自己的心意，诗中说：“昨夜筝声响碧空，宫商信任往来风。依稀似曲才堪听，又被吹将别调中。”现在的人也喜欢引用这首诗。

曹操用人

【原文】

曹操为汉鬼蜮①，君子所不道。然知人善任使，实后世之所难及。荀彧、荀攸、郭嘉，皆腹心谋臣，共济大事，无待赞说。其余智效一官，权分一郡，无小无大，卓然皆称其职。恐关中诸将为害，则属司隶校尉钟繇以西事②，而马腾、韩遂遣子入侍。当天下乱离，诸军乏食，则以枣祗、任峻建立屯田，而军国饶裕，遂芟群雄③。欲复盐官之利，则使卫觊镇抚关中，而诸将服。河东未定，以杜畿为太守，而卫固、范先束手禽戮④。并州初平，以梁习为刺史，而边境肃清。扬州陷于孙权，独有九江一郡，付之刘馥而恩化大行。冯翊困于鄜盗，付之郑浑而民安寇灭。代郡三单于恃力骄恣，裴潜单车之郡，而单于詟服。方得汉中，命杜袭督留事，而百姓自乐，出徙于洛、邺者至八万口。方得马超之兵，闻当发徙，惊骇欲变，命赵俨为护军，而相率还降，致于东方者亦二万口。凡此十者，其为利岂不大哉！张辽走孙权于合肥，郭淮拒蜀军于阳平，徐晃却关羽于樊，皆以少制众，分方面忧。操无敌于建安之时，非幸也。

【注释】

①鬼蜮（yù）：阴险的人。②以西事：管理西边边防的事务。③芟（shān）：消灭，削平。④禽戮：被擒住被杀害。

【译文】

曹操是汉朝阴险的小人，是君子所不齿的。但是他了解并善于任用

手下的人才，实在是后代的人难以超越的。荀彧、荀攸、郭嘉都是他的心腹谋臣，一起成就大业，这就不用称赞和评说了。至于其他人，有智慧的就授予一个官职，有权变的就让他分管一个郡，不管官职的大小，都能让他们卓然有成，各司其职。曹操担忧关中的将领们祸害关中，就派司隶校尉钟繇去管理西边边防的事务，结果马腾、韩遂派他们的儿子进入宫中侍奉。当时天下大乱，军队缺少粮食，就让枣祗、任峻开垦耕种农田，最后国家富饶丰裕，于是将群雄消灭。恢复盐务管理的利益时，就派遣卫觊去镇守安抚关中，结果将领们都十分信服。河东还没有平定时，就派遣杜畿去那里担任太守，让卫固、范先无法抵抗而被擒被杀。并州刚刚平定时，就派遣梁习去那里担任刺史，让边境因此而得以安定。扬州被孙权占据时，只剩下九江一个郡，曹操将权力全部交付给了刘馥，结果恩德教化得到了广泛施行。冯翊被鄜州的盗寇困住时，曹操让郑浑去处理这件事，结果百姓得以安定，盗贼被消灭。匈奴单于的军队入侵代郡，依仗着无理骄横恣意生事，裴潜只乘坐着一辆车进入代郡，让单于心中十分佩服。刚到汉中时，就委派杜袭负责留守事宜，结果百姓能够安居乐业，有八万多人从洛阳、邺地搬到了这里居住。得到马超的军队没多久，马超军队听说要把他们发配到其他地区，都十分惶恐打算兵变，曹操将赵俨任命为护军，结果马超的军队都互相带领回来归降，送到东方的人口也有两万之多。上面所描述的十件事所带来的益处难道不够大吗？张辽在合肥将孙权打跑，郭淮在阳平抵御了蜀国的军队，徐晃在樊城打败了关羽，这些都是以少胜多，解决了一部分忧患。曹操在建安时期没有对手，不只是侥幸而已。

古人重国体

【原文】

古人为邦，以国体为急，初无小大强弱之异也。其所以自待，及以之待人，亦莫不然。故执言修辞，非贤大夫不能尽。楚申舟不假道于宋而聘齐[1]，宋华元止之曰[2]："过我而不假道，鄙我也。鄙我，亡也。杀其使者，必伐我。伐我，亦亡也。亡，一也。"乃杀之。及楚子围宋既急，犹曰："城下之盟，有以国毙，不能从也。"郑三卿为盗所杀[3]，余盗在宋，郑人纳赂以请之。师慧曰："以千乘之相，易淫乐之矇，宋无人焉故也。"子罕闻之，固请而归其赂。晋韩宣子有环在郑商，谒诸郑伯，子产弗与，曰："大国之求，无礼以斥之，何厌之有？吾且为鄙邑，则失位矣。若大国令而共无艺，郑鄙邑也，亦弗为也。"晋合诸侯于平丘，子产争贡赋之次，子大叔咎之。子产曰："国不竞亦陵，何国之为！"郑驷偃娶于晋，偃卒，郑人舍其子而立其弟。晋人来问，子产对客曰："若寡君之二三臣，其即世者，晋大夫而专制其位，是晋之县鄙也，何国之为！"楚囚郑印堇父，献于秦，郑以货请之。子产曰："不获。受楚之功而取货于郑，不可谓国，秦不其然。若曰郑国微君之惠，楚师其犹在敝邑之城下。"弗从，秦人不予。更币，从子产而后获之。读此数事，知春秋列国各数百年，其必有道矣。

【注释】

①楚申舟不假道于宋而聘齐：出自《左传·宣公十四年》。申舟：战国时期楚国的大夫，也就是文无畏。②华元：春秋时期宋国大夫，辅佐

了文、共、平三公。③郑三卿为盗所杀：出自《左传·襄公十年》。

【译文】

古人在治理国家方面，十分看重国家的体面，最开始的时候没有大小强弱的区别。他国如何看待自己，就会用同样的态度来对待他国，没有国家不是这样的。因此，在发表言论时要特别注重修辞，不是贤明的大夫就无法表述详尽。楚国的申舟不借道于宋国而派使者问候齐国，宋国的华元阻止他说："路过我国却不向我国借路，这是在轻视我国。对我国轻视就是从侧面告诉我们，我国就要灭亡了。杀掉楚国的使者，楚国必然会对我国发起进攻。攻打我国，我国也是会灭亡，都是要亡国，结果都是一样的。"于是就杀掉了那个使者。到了楚子围攻宋国，形势变得十分危急的时刻，宋国的华元依然说："兵临城下被迫签订的盟约，会让国家毁灭，不能听从。"郑国的三位大卿被盗贼所杀，剩下的盗贼逃到了宋国，郑国人给宋国交纳赠礼要求将这些盗贼抓住，郑国的师慧说："用千乘大

国的国相，来交换一个沉迷于音乐中的瞎子，宋国是没人愿意这样的。”宋国的子罕听到之后，坚持要求宋国把郑国的礼物退回去了。晋国的韩宣子有一个玉环在郑国商人手里，想要拜见郑伯（讨回玉环），郑国的子产不愿意给他，说：“大国提出的要求，非但不遵从礼仪还大声训斥别人，他们还有满足的时候吗？如果满足他们，我们郑国就要成为他们的边远城邑了，郑国国君也将会因此而失去君位了。如果大国都这样强横而不讲究法制，那么郑国甚至连一个其他国家边远的城邑都做不了了。”晋国在平丘与诸侯联合，子产因为贡赋的顺序而争吵不已，子大叔就训斥他，子产说：“国家不竞争也会被人欺凌，那时候哪里还是什么国家啊！”郑国驷偃在晋国迎娶了妻子，驷偃去世之后，郑国人舍弃了他的儿子而拥立了他的兄弟为国君，晋国派人来询问，子产对来使说：“如果我们国君身边的几个重要臣子都去世的话，晋国的大夫就来我国专制地占领他们的位置，那么我国岂不就是晋国的偏远县邑了，哪里还算得上一个国家呢！”楚国将郑国的印堇父囚禁了起来，将他送给了秦国，郑国打算用钱财要求秦国将印堇父放回，子产说：“不会有什么结果的。接受了楚国的帮助，却从郑国获得了钱财，不是一个国家的作为，秦国一定不会这样干。如果说秦国能从郑国国君那里拿到一些好处，但是不要忘了楚国军队还驻扎在我国的城下呢！”郑国并没有听从子产的话，结果秦国果然不愿意放人；于是又派使者拿着礼物，按照子产的话去做，这才得到印堇父。读了这些事情，了解了春秋列国各自几百年的历史，他们都有各自的治理国家的方法啊。

谏说之难

【原文】

韩非作《说难》，而死于说难，盖谏说之难，自古以然。至于知其所欲说，迎而拒之，然卒至于言听而计从者，又为难而可喜者也。秦穆公执晋侯，晋阴饴甥往会盟，其为晋游说无可疑者。秦伯曰："晋国和乎？"对曰："不和。小人曰必报仇，君子曰必报德。"秦伯曰："国谓君何？"曰："小人谓之不免，君子以为必归；以德为怨，秦不其然。"秦遂归晋侯。秦伐赵，赵求救于齐，齐欲长安君为质。太后不肯，曰："复言者，老妇必唾其面。"左师触龙愿见，后盛气而揖之入，知其必用此事来也。左师徐坐，问后体所苦，继乞以少子补黑衣之缺。后曰："丈夫亦爱怜少子乎？"曰："甚于妇人。"然后及其女燕后，乃极论赵王三世之子孙无功而为侯者，祸及其身。后既寤[①]，则言："长安君何以自托于赵？"于是后曰："恣君之所使。"长安君遂出质。范雎见疏于秦，蔡泽入秦，使人宣言感怒雎，曰："燕客蔡泽，天下辩士也。彼一见秦王，必夺君位。"雎曰："百家之说，吾既知之，众口之辩，吾皆摧之[②]，是恶能夺我位乎？"使人召泽，谓之曰："子宣言欲代我相，有之乎？"对曰："然。"即引商君、吴起、大夫种之事。雎知泽欲困己以说，谬曰："杀身成名，何为不可？"泽以身名俱全之说诱之，极之以闳夭、周公之忠圣。今秦王不倍功臣，不若秦孝公、楚越王，雎之功不若三子，劝其归相印以让贤。雎竦然失其宿怒，忘其故辩，敬受命，延入为上客。卒之代为秦相者泽也。秦始皇迁其母，下令曰："敢以太后事谏者杀之。"

死者二十七人矣，茅焦请谏，王召镬将烹之。焦数以桀、纣狂悖之行，言未绝口，王母子如初。吕甥之言出于义，左师之计伸于爱，蔡泽之说激于理，若茅焦者真所谓劘虎牙者矣。范雎亲困穰侯而夺其位，何遽不如泽哉！彼此一时也。

【注释】

①寤：同“悟”，领悟，知晓。②摧：挫败。这里有“驳倒”“批驳”的意思。

【译文】

韩非写了《说难》一文，却因为劝谏君王而死于非命。看来劝谏是一件难度很大的事情，从古代到现在一直都是这样。对于国君知晓臣子要规劝的内容，愿意接见他却不准备采纳他的意见，可是最后却听从了臣子的意见，这是极其困难却让人欣喜的事情。秦穆公擒获了晋惠公，晋国的阴饴甥赶往秦国参加会盟，他将代表晋国进行游说是毋庸置疑的。秦穆公问：“晋国和谐吗？”阴饴甥回答说：“不和谐。小人说定然要报仇，君子说一定要报答恩德。”秦穆公问：“那么全国的百姓认为你们的国君会有怎样的命运呢？”阴饴甥回答：“小人认为他不会被赦免，君子认为他必定会归来；以德报怨的事情，秦国一定不会这样做的。”秦国最终放回了晋惠公。秦国讨伐赵国，赵国向齐国求救，齐国提出要让长安君作为人质，赵太后不肯答应，说：“有再说要把长安君作为人质的，老妇一定会向他脸上吐唾沫！”左师触龙想要觐见太后，太后生气地请他进来，知道他一定是为了这件事来的。左师缓缓地坐下来，先问候了太后的身体状况，接着请求赵太后让自己的小儿子在宫廷中谋得个黑衣卫士的职位。太后说：“男人也疼爱自己的小儿子吗？”触龙答：“比女人们更加疼爱。”后来提起了太后的女儿燕后，接着又讨论到了赵王三代以下的子孙虽然没有功绩却都被封了侯，以致最终招致了祸患。看太后领悟了触龙的意思，触龙就询问说：“长安君要依靠什么来统治赵国呢？”赵太后说：“听凭您来安排他吧！”于是

长安君到了齐国做人质。范雎被秦王疏远，这时候蔡泽来到秦国，让人散播了一些激怒范雎的话，说："燕国的客卿蔡泽是天下最能言善辩的人。他只要与秦王见到面，就一定能够夺走范雎的相位。"范雎说："诸子百家的学说，我全都知晓，与众人辩论，我都能击败他们，这样如何能够夺走我的相位呢？"于是叫人将蔡泽召来，问他："您扬言说要顶替我担任相国，有这件事吗？"蔡泽回答说："有。"接着又引用了商君、吴起、大夫种（越国大夫文种）的故事。范雎知道蔡泽在用游说的话来为难自己，就说：'牺牲性命来成就自己的名声，这样做有什么不可以的？'蔡泽于是就拿生命、名声要保全的道理来诱导他，列出了闳夭、周公的忠贞圣明来为他树立榜样。劝告他说现在的秦王不像秦孝公、楚越王那样会厚待贤臣，而你范雎的功劳也无法与商君等三人的功劳相比。劝他最好交还相印，将相位让给贤能的人。范雎因此对蔡泽十分敬佩，将原本的恼怒抛之脑后，丧失了原本的辩才，恭敬地听取他的意见，将他请到家中像对待贵宾那样对待他。最后蔡泽就取代了范雎做了秦国的相国。秦始皇（统一前为秦王时，生母曾经帮助嫪毐发动叛乱）将母亲赶出秦朝的都城，并下令说："敢为太后的事情劝谏的，一定会处死！"为了这件事劝谏而死的人已经有二十七人。茅焦请求进宫劝谏，秦王命人抬来大锅打算煮死他。茅焦拿夏桀、殷纣狂乱违背伦理的行为来责怪秦王，话还没说完，秦王母子就和好如初了。吕甥（阴饴甥）的话出于正义，左师的谋略发自爱心，蔡泽的劝告都是被情理所激发，至于茅焦，真的可以称为虎口里拔牙的人了。范雎曾经让独掌政权三十多年的秦昭王的舅父穰侯遭遇了厄运，将他的相位夺了过去，为什么一下子却辩不过蔡泽了呢？这就叫此一时彼一时啊！

孙膑减灶

【原文】

孙膑胜庞涓之事，兵家以为奇谋，予独有疑焉，云：“齐军入魏地为十万灶，明日为五万灶，又明日为二万灶。”方师行逐利，每夕而兴此役，不知以几何人给之，又必人人各一灶乎？庞涓行三日而大喜曰：“齐士卒亡者过半。”则是所过之处必使人枚数之矣，是岂救急赴敌之师乎？又云：“度其暮当至马陵①，乃斫大树，白而书之②，曰：‘庞涓死于此树之下。’遂伏万弩，期日暮见火举而俱发。涓果夜至，斫木下，见白书，钻火烛之③。读未毕，万弩俱发。”夫军行迟速，既非他人所料，安能必其以暮至，不差晷刻乎④？古人坐于车中，既云暮矣，安知树间之有白书？且必举火读之乎？齐弩尚能俱发，而涓读八字未毕。皆深不可信。殆好事者为之，而不精考耳。

【注释】

①度其暮：估量着快天黑了。②白而书之：将树皮削去，然后在白色的树干上写上字。③烛：动词，照亮。④不差晷刻：时间不差分毫。

【译文】

孙膑打败庞涓这件事，很多军事家都认为是运用了巧妙的计谋，我却对这件事有所疑问，史书记载：“齐国的军队进入魏国的境内，建造了十万个炉灶，第二天又建造了五万个炉灶，第三天又建造了两万个炉灶。”在军队行进追逐的时候，齐国的军队每天都在做同样的事情，不知道要用多少人来供给，难道每个人都要建造一个灶台吗？庞涓行军三天

后而高兴地说："齐国的士兵已经有一半战亡了。"那么就是说，军队所经过的地方一定会派人去清点这些灶台的数量，这难道是拯救危难而追赶敌人的军队该做的事吗？史书又说："估量着天快黑的时候庞涓的军队将会到达马陵，于是砍去了大树的外皮，在上面写道：'庞涓死在这棵树下'。接着埋伏了万名弓箭手在这里，命令晚上看到火把就射箭。庞涓果然在夜幕降临的时候来到了那棵被砍去外皮的树木之下，看到了上面写的字，点火照着查看。还没有读完，万箭齐发。"军队行军的速度，是他人无法预料的，孙膑又如何知道庞涓的军队将会在傍晚的时候到达，在时间上做到不差分毫的呢？古人坐在车里，既然说是天黑的时候，又怎么知道树上有字，而且一定会举着火把看这些字呢？齐国的弓箭手能够同时发射弓箭，而庞涓却连八个字都读不完。这些都让人不能深信。应该是好事的人编造的，经不起认真地考证。

唐诗人有名不显者

【原文】

《温公诗话》云："唐之中叶，文章特盛，其姓名湮没不传于世者甚众，如：河中府鹳雀楼有王之奂、畅诸二诗。二人皆当时所不数，而后人擅诗名者，岂能及之哉！"予观《少陵集》中所载韦迢、郭受诗，少陵酬答，至有"新诗锦不如""自得隋珠觉夜明"之语，则二人诗名可知矣，然非编之杜集，几于无传焉。又有严恽《惜花》一绝云："春光冉冉归何处，更向花前把一杯。尽日问花花不语，为谁零落为谁开？"前人多不知谁作，乃见于皮、陆《唱和集》中。大率唐人多工诗①，虽小说戏剧，鬼物假托，莫不宛转有思致，不必颛门名家而后可称也②。

【注释】

①工：善于，擅长。②颛（zhuān）门：自成一家，独立门户。颛，通"专"。

【译文】

《温公诗话》说："唐代中期，文学创作十分盛行，籍籍无名，没有作品在世上流传的作家有很多。例如：河中府鹳雀楼中有王之奂、畅诸二人的两首诗。这两个人在当时都是无名之辈，但是后代那些擅长写诗的名家，难道就比得上他们吗！"我看到《少陵集》中上面记载的韦迢、郭受的诗，杜甫酬答的诗中，有"新诗锦不如""自得隋珠觉夜明"这样的句子，如此看来两个人在当时的名气是可以知晓的，但是如果不是因

为编入了杜甫的文集中，那么可能就不会流传下来了。还有严恽的一首绝句《惜花》中写道："春光冉冉归何处，更向花前把一杯。尽日问花花不语，为谁零落为谁开？"前人大部分都不知道这是谁写的，原来是在皮日休、陆龟蒙的《唱和集》中看到了。粗略来讲，唐代人大部分都十分擅长写诗，即便是创作小说戏剧，用假话鬼物来影射现实，也无不情节曲折、富于情趣，不一定非要专业的作家才是值得称赞的。

孔氏野史

【原文】

世传孔毅甫《野史》一卷，凡四十事，予得其书于清江刘靖之所，载赵清献为青城宰，挈散乐妓以归，为邑尉追还[①]，大恸且怒，又因与妻忿争，由此惑志。文潞公守太原，辟司马温公为通判，夫人生日，温公献小词，为都漕唐子方峻责。欧阳永叔、谢希深、田元均、尹师鲁在河南，携官妓游龙门，半月不返，留守钱思公作简招之[②]，亦不答。范文正与京东人石曼卿、刘潜之类相结以取名，服中上万言书，甚非言不文之义。苏子瞻被命作《储祥宫记》，大貂陈衍干当宫事，得旨置酒与苏高会，苏阴使人发，御史董敦逸即有章疏，遂坠计中。又云子瞻四六表章不成文字。其他如潞公、范忠宣、吕汲公、吴冲卿、傅献简诸公，皆不免讥议。予谓决非毅甫所作，盖魏泰《碧云騢》之流耳。温公自用庞颖公辟，不与潞公、子方同时，其谬妄不待攻也。靖之乃原甫曾孙，佳士也，而跋是书云[③]："孔氏兄弟曾大父行也，思其人欲闻其言久矣，故录而藏之。"汪圣锡亦书其后，但记上官彦衡一事，岂弗深考云。

【注释】

①邑尉：县尉。负责一个县的治安，职权在县令之下。②作简：写信。③跋：古代问题的一种，附在正文之后，相当于后序。

【译文】

在世间传诵的孔毅甫所写的《野史》一卷中，一共记载了四十件事，我从清江刘靖的家里得到了这本书，上面记载了当时赵清献作为青城县宰时，曾经带着一个民间的乐妓回家，被当地的县尉追回，十分生气，又因为和妻子有争吵，于是在这件事上迷失了自己的志向。文潞公在太原担任太守期间，提拔司马光担任通判，夫人生辰的时候，司马光献上了一首小词祝寿，被都漕唐子方严厉地指责。欧阳永叔、谢希深、田元均、尹师鲁在河南的时候，带着官妓游览龙门，半个月都不知道回来，留守的钱思公写信让他们回来，也没有理睬。范文正与京东的石曼卿、刘潜这些人相互结交并获取了名誉，服丧期间向皇上呈上了万言书，实在是不符合在服丧期间不能有文采的规定。苏子瞻被命令创作《储祥宫记》，大太监陈衍当时掌管着宫中事务，得到皇上的圣旨说要置办酒席与苏子瞻共饮，苏子瞻暗中派人揭发了这件事，御史董敦逸随即写了奏章弹劾陈衍，于是就中了陈衍的圈套。还说，子瞻写的四六表章不符合规定。其他人，如潞公、范忠宣、吕汲公、吴冲卿、傅献简诸公，都没有免去被讥讽评论的命运。我说这绝对不是毅甫所写的，大概是出自魏泰《碧云騢》之类的东西。司马光被朝廷征用是因为庞颍公的举荐，与潞公、子方并不是同一时期，这本书的荒谬错误不攻自破。刘靖之是原甫的曾孙，是一位德才兼备的佳士，可是为这本书写的跋语却说："孔氏兄弟是我曾祖父的同辈，怀念他们的为人，又想要听他们的言语已经很长时间了，因此收录并保存下来。"汪圣锡也在书后写了跋语，但是只记录了上官彦衡这一件事，难道他们都对书的内容没有进行深入的考证吗？

连昌宫词

【原文】

元微之、白乐天，在唐元和、长庆间齐名。其赋咏天宝时事，《连昌宫词》、《长恨歌》皆脍炙人口，使读之者情性荡摇，如身生其时，亲见其事，殆未易以优劣论也。然《长恨歌》不过述明皇追怆贵妃始末，无他激扬，不若《连昌词》有监戒规讽之意，如云：“姚崇、宋璟作相公，劝谏上皇言语切。长官清贫太守好，拣选皆言由相公。开元之末姚、宋死，朝廷渐渐由妃子。禄山宫里养作儿，虢国门前闹如市[①]。弄权宰相不记名，依稀忆得杨与李。庙谟颠倒四海摇，五十年来作疮痏。”其末章及官军讨淮西[②]，乞“庙谟休用兵”之语，盖元和十一二年间所作，殊得风人之旨，非《长恨》比云。

【注释】

①虢（guó）国：指的是虢国夫人，杨贵妃的姐姐。②官军讨淮西：淮西节度使吴元济在元和九年叛乱，元和十二年冬天叛乱平定。

【译文】

元微之、白乐天，在唐朝元和、长庆年间因善于作诗而齐名。他们写下了记录天宝年间发生的事情的诗作，《连昌宫词》《长恨歌》都被人们所称赞，让读到的人能够心潮澎湃，如同生活在当时，亲眼目睹了那些事情的发生一般，大抵不容易评判出优劣来。可是，《长恨歌》不过是阐述了唐明皇追悼杨贵妃的前因后果，并没有其他激昂的文字，不像《连昌宫词》中带有讽刺劝谏的意思，如《连昌宫词》中写着：“姚崇、宋璟当宰相时，劝谏皇上的言语十分亲切，那时各部长官清贫能够坚守自己，都是由这两位贤相挑选出来的。开元末年姚崇、宋璟去世之后，朝廷渐渐开始由妃子掌控。安禄山被宫中收养当作义子，趋炎附势的人使宫外虢国夫人家门庭若市。弄权宰相不记得了，依稀记得有杨国忠和李林甫。朝廷制订国家的计划颠倒，四海动乱，安史之乱留下的民生凋敝的残破局面持续了五十年。”文章最后谈到了官军讨伐淮西的事情，有“庙谟休用兵”这样的句子，大概是在元和十一二年间写的，特别有针贬时弊的意思，不是《长恨歌》所能比拟的。

文章小伎

【原文】

“文章一小伎[①]，于道未为尊。”虽杜子美有激而云，然要为失言，不可以训。文章岂小事哉！《易·贲》之彖言：“刚柔交错，天文也；文明以止，人文也。观乎天文，以察时变；观乎人文，以化成天下。”孔子称帝尧焕乎有文章。子贡曰：“夫子之文章，可得而闻。”《诗》美卫武公，亦云有文章。尧、舜、禹、汤、文、武、成、康之圣贤，桀、纣、幽、厉之昏乱，非《诗》《书》以文章载之，何以传？伏羲画八卦，文王重之，非孔子以文章翼之，何以传？孔子至言要道，托《孝经》《论语》之文而传。曾子、子思、孟子传圣人心学，使无《中庸》及七篇之书，后人何所窥门户？老、庄绝灭礼学，忘言去为，而五千言与《内篇》《外篇》极其文藻。释氏之为禅者，谓语言为累，不知大乘诸经可废乎？然则诋为小伎，其理谬矣！彼后世为词章者，逐其末而忘其本，玩其华而落其

实，流宕自远，非文章过也。杜老所云“文章千古事”“已似爱文章”“文章日自负”“文章实致身[②]”“文章开宎奥”“文章憎命达”“名岂文章著”“枚乘文章老”“文章敢自诬”“海内文章伯”“文章曹植波澜阔”“庾信文章老更成”“岂有文章惊海内”“每语见许文章伯”“文章有神交有道”，如此之类，多指诗而言，所见狭矣！

【注释】

①伎：技巧。②致身：磨练。

【译文】

“文章一小伎，于道未为尊。”虽然这两句诗是因为杜子美（杜甫）有所感触而写下的，但是应该算是失言，不可以当作效仿的对象。文章怎么能算是小事呢！《易·贲》的《彖》辞里写道：“刚与柔互相交错，形成了天文，用文明的准则来立身处事，形成了人文。观看天上星辰的运转，通过观察从而知晓一年四季时令的变化；了解人间的诗书礼乐这类的章法，以此来教化治理天下。”孔子称赞帝尧制定的礼仪制度光芒四射。子贡说：“老师的文章，可以得到并听闻。”《诗经》中称赞卫武公，也说了善于写文章。唐尧、虞舜、夏禹、商汤、周文王、周武王、周成王、周康王这些君主的贤明，夏桀、殷纣王、周幽王、周厉王这些君主的昏庸，如果没有《诗经》《尚书》这些书籍用文章的方式记录下来，怎么会流传下来呢？伏羲画了八卦图，周文王推演为六十四卦，如果不是孔子写了《十翼》这篇文章，怎么可能会流传下来呢？孔子的至理名言，正是因为依托《孝经》《论语》中的文字才能流传下来。曾子、子思、孟子传播儒家的思想，假如没有《礼记》的《中庸》及七篇《孟子》这些书，后世的人又从哪里能够了解呢？老子、庄子主张消灭礼仪制度，胡说什么无为，可是五千字的《道德经》和分为内、外篇的《庄子》却又极力追求辞藻华美。佛门弟子参禅，说语言是种累赘，不知道大乘的诸多经书是不是可以废弃了？这样把写文章诋毁为一件小事，道理实在是太过荒谬了！后世那些写文章的人，慢慢开始注重文章的表面形式却忘记了文章的根本，追求华丽的辞藻而忘记了文章的本质，照这样下去写文章将会变得越来越远离根本，这不是文章自身的过错。杜甫所说的“文章千古事”“已似爱文章”“文章日自负”“文章实致身”“文章开宎奥”“文章憎命达”“名岂文章著”“枚乘文章老”“文章敢自诬”“海内文章伯”“文章曹植波澜阔”“庾信文章老更成”“岂有文章惊海内”“每语见许文章伯”“文章有神交有道”，如此这类，大部分是针对诗歌而讲的，他的见识是多么狭隘啊。

和诗当和意

【原文】

古人酬和诗，必答其来意，非若今人为次韵所局也[①]。观《文选》所编何劭、张华、卢谌、刘琨、二陆、三谢诸人赠答，可知已。唐人尤多，不可具载。姑取杜集数篇，略纪于此。高适寄杜公云：“愧尔东西南北人。”杜则云：“东西南北更堪论。”高又有诗云：“草《玄》今已毕，此外更何言？”杜则云：“草《玄》吾岂敢，赋或似相如。”严武寄杜云：“兴发会能驰骏马，终须重到使君滩。”杜则云：“枉沐旌麾出城府，草茅无径欲教锄。”杜公寄严诗云：“何路出巴山”，“重岩细菊斑，遥知簇鞍马，回首白云间。”严答云：“卧向巴山落月时”，“篱外黄花菊对谁，跂马望君非一度。”杜送韦迢云：“洞庭无过雁，书疏莫相忘。”迢云：“相忆无南雁，何时有报章[②]？”杜又云：“虽无南去雁，看取北来鱼。”郭受寄杜云：“春兴不知凡几首？”杜答云：“药裹关心诗总废。”皆如钟磬在簴[③]，叩之则应，往来反复，于是乎有余味矣。

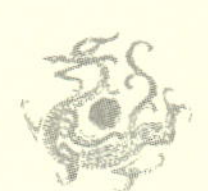

【注释】

①次韵：和别人的诗，韵脚和用韵的次序，要与原诗相同。这种诗体是元稹和白居易相互唱和的时候所创作的，在宋朝时十分盛行。②报章：报纸。③簴（jù）：古时挂钟磬的架子上的立柱。

【译文】

古人相互对和诗歌的时候，一定要回答它的来意，并不像现在的人被原诗的用韵次序所局限。查看《文选》中所编辑的何劭、张华、卢谌、刘琨、二陆（指陆机，兄东）、三谢（指南朝的谢灵运、谢惠连、谢眺）等人的赠答诗，就能够了解这一点。唐朝诗人的例子特别多，就不逐一记载了。暂时选取杜甫诗集中的几篇，大略地记录在这里吧。高适寄给杜甫的诗说："愧尔东西南北人。"杜甫则说："东西南北更堪论。"高适又写诗说："草《玄》今已毕，此外更何言？"杜甫则说："草《玄》吾岂敢，赋或似相如。"严武寄给杜甫的诗说："兴发会能驰骏马，终须重到使君滩。"杜甫回答说："枉沐旌麾出城府，草茅无径欲教锄。"杜甫寄给严武的诗说："何路出巴山""重岸细菊斑，遥知簇鞍马，回首白云间。"严武回答说："卧向巴山落月时""篱外黄花菊对谁，跂马望君非一度。"杜甫赠给韦迢的诗说："洞庭无过雁，书疏莫相忘。"韦迢的答诗说："相忆无南雁，何时有报章？"杜甫又说："虽无南去雁，看取北来鱼。"郭受寄给杜甫的诗说："春兴不知凡几首？"杜甫回答说："药裹关心诗总废。"这些诗都像是立柱上的钟磬，敲了就会有回声，来回几次，因此余味无穷。

真假皆妄

【原文】

江山登临之美，泉石赏玩之胜，世间佳境也，观者必曰如画。故有“江山如画”“天开图画即江山”“身在画图中”之语。至于丹青之妙，好事君子嗟叹之不足者，则又以逼真目之。如老杜“人间又见真乘黄①”“时危安得真致此”“悄然坐我天姥下”“斯须九重真龙出”“凭轩忽若无丹青”“高堂见生鹘②”“直讶杉松冷”“兼疑菱荇香”之句是也。以真为假，以假为真，均之为妄境耳。人生万事如是，何特此耶？

【注释】

①乘黄：古代千里马的名字。②鹘（gǔ）：古书上记载的一种鸟，尾羽短，青黑色。

【译文】

登高俯视江上美景，游玩观赏泉石名胜，这才是世上的好风光，看到的一定会说风景如画，因此有了“江山如画”“天开图画即江山”“身在画图中”这样的句子。对于画作的美妙之处，喜欢图画的人常常叹息其中的不足，但是又会说已经画得十分逼真了。像杜甫的“人间又见真乘黄”“时危安得真致此”“悄然坐我天姥下”“斯须九重真龙出”“凭轩忽若无丹青”“高堂见生鹘”“直讶杉松冷”“兼疑菱荇香”这些诗句都是如此。把真的当作假的，把假的当作真的，这都是虚妄的境界。人生在世，万事万物都是如此，哪里是特指艺术呢？

二、容斋续笔

颜鲁公

【原文】

颜鲁公忠义大节，照映今古，岂唯唐朝人士罕见比伦，自汉以来，殆可屈指也。考其立朝出处，在明皇时，为杨国忠所恶，由殿中侍御史出东都、平原。肃宗时，以论太庙筑坛事，为宰相所恶，由御史大夫出冯翊。为李辅国所恶，由刑部侍郎贬蓬州。代宗时，以言祭器不饬[①]，元载以为诽谤，由刑部尚书贬峡州。德宗时，不容于杨炎，由吏部尚书换东宫散秩[②]。卢杞之擅国也，欲去公，数遣人问方镇所便，公往见之，责其不见容，由是衔恨切骨。是时年七十有五，竟堕杞之诡计而死，议者痛之。呜呼！公既知杞之恶己，盍因其方镇之间，欣然从之。不然，则高举远引，挂冠东去，杞之所甚欲也。而乃眷眷京都，终不自为去就，以蹈危机，《春秋》责备贤者，斯为可恨。司空图隐于王官谷，柳璨以诏书召之，图阳为衰野，堕笏失仪[③]，得放还山。璨之奸恶过于杞，图非公比也，卒全身于大乱之世，然则公之委命贼手，岂不大可惜也哉！虽然，公囚困于淮西，屡折李希烈，卒之捐身徇国，以激四海义烈之气，贞元反正，实为有助焉。岂天欲全畀公以万世之名，故使一时堕于横逆以成始成终者乎！

【注释】

①不饬（chì）：不整齐。②散秩：闲散而没有一定职责的官位。③笏（hù）：古代大臣上朝时拿着的手板，用玉、象牙或竹片做成，上面可以记事。

【译文】

鲁国公颜真卿忠义大节，光辉照耀今古，怎么能只是在唐朝人士中十分罕见，要知道自汉朝以来，也是屈指可数的。考证他在朝廷做官时的经历，发现在唐明皇时期，他因为被杨国忠所厌恶，因此从殿中侍御史被调任东都判官、平原郡太守。到了唐肃宗时期，因为批判太庙筑坛这件事，被宰相所厌恶，从御史大夫被调到了冯翊担任太守。后来又被李辅国所厌恶，从刑部侍郎的职位被贬到蓬州担任长史。到了唐代宗时期，又因为讨论祭器不整齐完备，被元载认为是在诽谤朝廷，从刑部尚书的职位被贬到了峡州担任别驾。唐德宗在位时期，因为不被杨炎所容，从吏部尚书的职位被贬到东宫担任太子少师的闲职。卢杞专权乱政的时候，想要将颜真卿排挤出京城，多次派人询问他想要到哪个地方去担任长官，颜真卿去拜见他，当面责问他为什么容不下自己，因此卢杞对他更加恨之入骨。当时颜真卿已经七十五岁了，因为被卢杞使用诡计陷害，被叛将李希烈所杀，讨论这件事的人都为他感到痛心。唉，颜真卿既然已经知道自己被卢杞所厌恶，为什么不在卢杞派人询问他要去哪个地方的时候，高兴地接受呢。再不然，远走高飞，辞职东去，这也是卢杞想要的啊。然而他因为眷恋京城，始终不愿意去就任，以至于最后走进了深渊。《春秋》中责备贤者，这一点真是让人痛恨。司空图在王官谷中隐居，柳璨用诏书想要召见他，司空图假装年老力衰，故意将诏书掉在地上，因此而有失礼节，所以被放回了老家。柳璨的奸恶程度要比卢杞更加严重，司空图却不是颜真卿能够比的，他能够在乱世之中保全自己，而颜真卿却死在了叛贼的手中，难道不是太过可惜了吗！虽然这样，颜真卿被叛贼囚困的时候，多次斥责李希烈，最后牺牲殉国，也正是因为这件事激发了天下士人的浑然正气，对唐德宗贞元年的由乱而治，起到了很大的辅助作用。难道上天有意让颜真卿流芳百世，所以才会让他晚年陷入敌手最终牺牲，从而成就了光辉的一生吗？

李建州

【原文】

建安城东二十里，有梨山庙，相传为唐刺史李公祠。予守郡日，因作祝文曰："亟回哀眷。"书吏持白回字犯相公名，请改之，盖以为李回也。后读《文艺·李频传》，懿宗时，频为建州刺史，以礼法治下。时朝政乱，盗兴相椎敚[①]，而建赖频以安。卒官下，州为立庙梨山，岁祠之，乃证其为频。继往祷而祝之云，俟获感应，则当刻石纪实。已而得雨，遂为作碑。偶阅唐末人石文德所著《唐朝新纂》一书，正纪频事，云除建州牧，卒于郡。曹松有诗悼之曰："出旌临建水，谢世在公堂。苦集休藏箧，清资罢转郎。瘴中无子奠，岭外一妻孀。恐是浮吟骨，东归就故乡。"其身后事落拓如此[②]。《传》又云："频丧归寿昌，父老相与扶柩葬之。天下乱，盗发其冢，县人随加封掩。"则无后可见云。《稽神录》载一事，亦以为回，徐铉失于不审也。

【注释】

①椎敚（duó）：杀人掠夺。敚，古同"夺"，强取。②落拓：穷困潦倒，寂寞冷落。

【译文】

福建建安郡城向东二十里，有一座梨山庙，据说是唐朝李刺史的祠庙。我在这里担任太守时，曾经写祝文，里面有"亟回哀眷"这一句，书吏说"回"这个字触犯了李刺史的名讳，请我改掉，大概是认为李刺史就是李回吧。后来读到了《文艺·李频传》，上面记载了在唐懿宗时

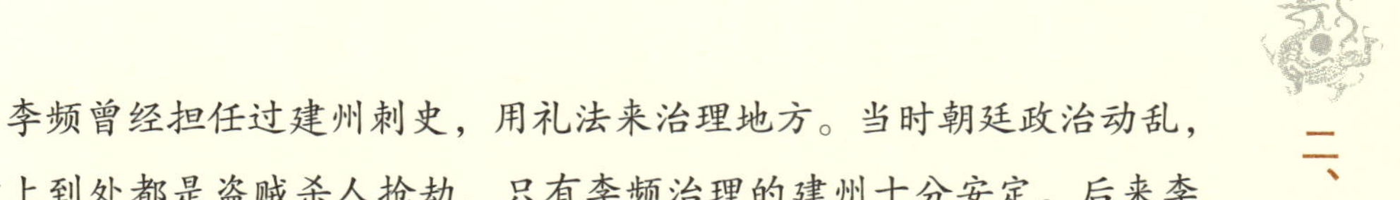

期，李频曾经担任过建州刺史，用礼法来治理地方。当时朝廷政治动乱，地方上到处都是盗贼杀人抢劫，只有李频治理的建州十分安定。后来李频在任上去世了，建州就为他建造了梨山庙，每年都祭祀他，这就证明了梨山庙是为李频所建。之后，我又去那里进行了祭拜并许愿说，如果能够得到灵验，就将这件事刻在石头上记下来。不久，果然下了一场雨，于是为他立了一个碑，写了下来。我偶然看到唐朝末年的石文德所写的《唐朝新纂》这本书，正好记载了李频的故事，书上说，李频担任建州太守时，死在了任上。曹松写了一首诗悼念他说："出旌临建水，谢世在公堂。苦集休藏箧，清资罢转郎。瘴中无子奠，岭外一妻孀。恐是浮吟骨，东归就故乡。"他死后竟然沦落到这种程度。他的传记中又说："李频去世被送回故乡寿昌的时候，父老乡亲们抬着他的灵柩将他下葬。之后，天下大乱，有人盗了他的坟墓，县里的人又帮助把坟封了起来。"由此可见，李频是没有后人的。《稽神录》中记载了这件事，也以为写的是李回，这是因为作者徐铉没有认真审读考证的原因。

存亡大计

【原文】

国家大策，系于安危存亡。方变故交切，幸而有智者陈至当之谋[1]，其听而行之，当如捧漏瓮以沃焦釜[2]。而愚荒之主，暗于事几[3]，且惑于谀佞孱懦者之言，不旋踵而受其祸败，自古非一也。曹操自将征刘备，田丰劝袁绍袭其后，绍辞以子疾不行。操征乌戎，刘备说刘表袭许，表不能用，后皆为操所灭。唐兵征王世充于洛阳，窦建德自河北来救，太宗屯虎牢以扼之，建德不得进，其臣凌敬请悉兵济河，攻取怀州、河阳，踰太行，入上党，徇汾、晋，趣蒲津，蹈无人之境，取胜可以万全，关中骇震，则郑围自解。诸将曰："凌敬书生，何为知战事，其言岂可用？"建德乃谢敬。其妻曹氏，又劝令乘唐国之虚，连营渐进，以取山北，西抄关中，唐必还师自救，郑围何优不解。建德亦不从，引众合战，身为人擒，国随以灭。唐庄宗既取河北，屯兵朝城，梁之君臣，谋数道大举，令董璋引陕、虢、泽、潞之兵趣太原，霍彦威以汝、洛之兵寇镇定，王彦章以禁军攻郓州，段凝以大军当庄宗。庄宗闻之，深以为忧。而段凝不能临机决策，梁主又无断，遂以致亡。石敬瑭以河东叛，耶律德光赴救，败唐兵而围之，废帝问策于群臣。时德光兄赞华，因争国之故，亡归在唐，吏部侍郎龙敏请立为契丹主，令天雄、卢龙二镇分兵送之，自幽州趣西楼，朝廷露檄言之，虏必有内顾之虑，然后选募精锐以击之，此解围一算也，帝深以为然。而执政恐其无成，议竟不决，唐遂以亡。皇家靖康之难，胡骑犯阙，孤军深入，后无重援，亦有出奇计乞用师捣燕者，天未悔祸，噬脐弗及④，可胜叹哉！

【注释】

①当：强档，正确。②捧漏瓮以沃焦釜：捧着漏水的水瓮去浇烧焦的锅，比喻情势危急，但是依然能够缓解。③暗于事几：看不清事物的全貌，这里是不清楚事情的来龙去脉。④噬脐弗及：如果不及早做打算，那么以后就像是咬自己的肚脐而够不着一样毫无办法，比喻后悔莫及。

【译文】

国家的大计，关系到国家的安危存亡。当各种变故交织在一起，幸好有聪明的人能够提出正确的计策，英明的君主能够听从他的计策并实行，这就相当于捧着漏水的水瓮去浇烧焦的锅一样能够救急。而愚昧无知的君主，不了解事情的来龙去脉，容易被奸诈谄媚的小人所说的话所

迷惑，因此掌权不久就会招致患祸而败亡，从古至今这样的例子不只有一个。三国时期曹操曾经亲自担任将领讨伐刘备，田丰劝说袁绍可以趁机攻击曹操的后方，袁绍以儿子生病为借口没有出兵。曹操带兵去征讨北方的乌戎，刘备劝说刘表可以趁机袭击曹操后方的许都(今河南许昌)，刘表没有采用他的提议，结果袁绍、刘表相继被曹操所灭。唐朝的军队在洛阳攻打王世充，窦建德从河北出兵对王世充进行支援，唐太宗李世民将军队驻扎在虎牢关来阻挡，窦建德因此无法前进，他的部下凌敬献策说让建德带着全部的兵力渡河，占据怀州、河阳，然后再翻过太行山，进入山西上党境内，沿着汾水、晋州直取蒲津关，在这段路上并没有唐朝的军队驻扎，因此一定如入无人之境，这是获取胜利的万全之策，能够让关中地区震惊，从而解除王世充在洛阳的危急。但是，窦建德部下的众将领却说："凌敬是个书生，哪里懂得军事谋略，他的话怎么能够采纳呢？"窦建德于是就谢绝了凌敬的提议。窦建德的妻子曹氏，又劝告说：应该趁着唐军后方空虚，集中兵力，进行全面攻打，夺取山北地方，然后再向西包抄关中，唐兵一定会回来支援自救，那时候哪

里还用担心王世充被包围的危机啊。窦建德依然没有听从，而带领众将士与唐朝的士兵交战，结果被唐兵擒住，国家也就随之覆灭。五代时期后唐庄宗占据了河北一带后，将军队驻扎在朝城，梁国的君臣商讨，军队兵分几路大举进攻，让董璋率领陕州、虢州、泽州、潞州这四州的军队攻打太原，霍彦威率领汝州与洛阳的军队攻打镇定，王彦章率领禁军攻取郓州，而让招讨使段凝率领主力去抵御唐庄宗。庄宗了解情况之后，十分担忧，但是因为段凝不能随机应变，而梁国国君在做决策时又优柔寡断，结果导致国家覆灭。后唐的河东节度使石敬瑭谋反，契丹部落的首领耶律德光率领军队去支援他，将前去讨伐的后唐军队打败，并把后唐的军队围困起来。后唐废帝得知这个消息之后，向群臣征求对策。当时耶律德光的哥哥耶律赞华，因为与耶律德光争夺王位失败，而逃到了后唐，吏部侍郎龙敏于是就请求将耶律赞华策立为契丹国王，并命令天雄、卢龙两镇节度使派兵将他送回契丹即位，途经幽州一直到了西楼，朝廷再发出檄文向天下告知这项决定。契丹一定会担心国内发生内乱，军心随之动摇，这时候再派精兵强将去攻击它，这是一个解围的方法。废帝也觉得这是个好办法。但是负责执政的大臣担心这件事没有把握，犹犹豫豫不能决断而错失良机，后唐因此而灭亡。我们大宋历经了靖康之难，金国的军队侵犯国都东京，孤军深入，没有强而有力的支援，当时也有人献出了好的计谋，请求派遣精锐的军队趁机直捣金国后方的幽燕地区。上天大概是有意向大宋降下灾祸，因此这个计策并没有被采纳，后悔莫及，真是让人叹息啊。

田宅契券取直

【原文】

《隋书·志》："晋自过江，凡货卖奴婢马牛田宅，有文券，率钱一万[①]，输估四百入官，卖者三百，买者一百。无文券者，随物所堪，亦百分收四，名为散估。历宋、齐、梁、陈，如此以为常。以人竞商贩，不为田业，故使均输，欲为惩劝。虽以此为辞，其实利在侵削也。"今之牙契投税，正出于此，田宅所系者大，奉行唯谨，至于奴婢马牛，虽著于令甲，民不复问。然官所取过多，并郡邑导行之费，盖百分用其十五六，又皆买者独输，故为数多者率隐减价直，赊立岁月，坐是招激讦诉。顷尝因奏对，上章乞蠲其半[②]，使民不作伪以息争，则自言者必多，亦以与为取之义。既下有司，而户部引条制沮其说。

【注释】

①率：大概。②乞蠲（juān）其半：请求免去一半的费用。蠲，去掉，去除，免去。

【译文】

《隋书·食货志》中说："从东晋将都城迁到江南之后，只要是买卖奴婢、牛马和田宅的，如果有契约凭证，每次交易达到一万钱的都要交四百钱给官府，卖方交三百，买方交一百。没有契约凭证的交易，根据东西的不同而不同，也要交百分之四，称为散估。历经了南朝的宋、齐、梁、陈几个朝代，大家都对这种征税的方法习以为常。因为有很多人为了获利去当了商贩，不再耕种农田，所以要向买卖双方征税，正是想要通过这种方法来惩罚劝诫这些不耕田的人。虽然这样说，其实不过是想要剥削商人的利益罢了。”现在施行的牙税、契税，正是源自这里。田地和宅院所涉及的关系重大，需要按照条款谨慎地进行，至于奴婢马牛，虽然明确地写在了法令中，但是民众并不会认真执行。不过当官府收取过多，而地方郡邑又要征收过路费，大约会用掉百分之十五六，又都是买者独自支付，因此很多商人都会隐瞒减少价值，甚至延期不缴纳税款，导致很多纠纷的产生。最近我曾因为这件事上奏，请求减少一半的税金，让民众不作假以平息纷争，那么主动缴纳税款的人一定会增多，也算是遵守了想要夺取些什么，暂且先给什么的道理。朝廷把我的这个奏章批下来给相关部门研究，而户部引用了过去的条例和制度，否定了这项提议。

唐藩镇幕府

【原文】

唐世士人初登科或未仕者，多以从诸藩府辟置为重[①]。观韩文公送石洪、温造二处士赴河阳幕序[②]，可见礼节。然其职甚劳苦，故亦或不屑为之。杜子美从剑南节度严武辟为参谋，作诗二十韵呈严公云：“胡为来幕下，只合在舟中。束缚酬知己，蹉跎效小忠。周防期稍稍，太简遂匆匆。晓入朱扉启，昏归画角终。不成寻别业，未敢息微躬。会希全物色，时放倚梧桐。”而其题曰《遣闷》，意可知矣。韩文公从徐州张建封辟为推官[③]，有书上张公云：“受牒之明日，使院小吏持故事节目十余事来，其中不可者，自九月至二月，皆晨入夜归，非有疾病事故，辄不

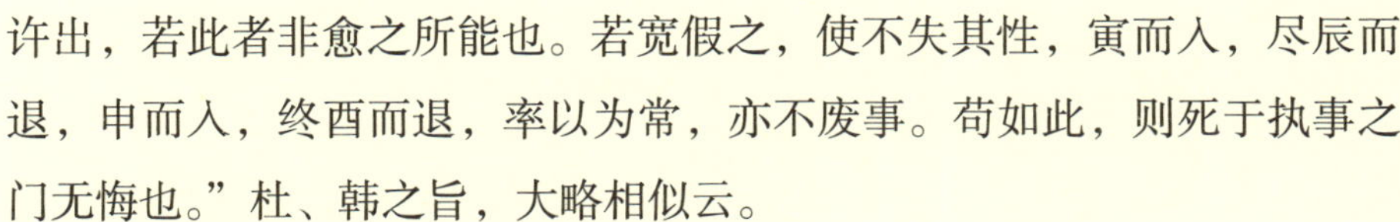

许出，若此者非愈之所能也。若宽假之，使不失其性，寅而入，尽辰而退，申而入，终酉而退，率以为常，亦不废事。苟如此，则死于执事之门无悔也。”杜、韩之旨，大略相似云。

【注释】

①辟置：征聘人才，置为僚属。②处士：古时对有德才而隐居不愿意做官的人的称呼。③推官：官名，唐朝始置，节度使、观察使、团练使、防御使、采访处置使下都会设置一员，官位在判官、掌书记之下，掌管推勾狱讼之事。

【译文】

唐朝的士人刚考中进士或者许久都没有入仕为官的，大多都会考虑到各个藩镇担任幕僚，并将这样做作为一件光荣的事情。看过韩愈写的送石洪、温造这两位处士前往河阳军幕府赴任的两篇序文之后，就能够看出其中的礼节。不过，这种职务十分辛劳，所以也有些人不愿意去做。剑南节度使严武聘请杜甫做参谋，杜甫写了一首二十韵的诗呈给严武看，上面写道：“胡为来幕下，只合在舟中。束缚酬知己，蹉跎效小忠。周防期稍稍，太简遂匆匆。晓入朱扉启，昏归画角终。不成寻别业，未敢息微躬。会希全物色，时放倚梧桐。”这首诗的题目是《遣闷》，杜甫的心意从这里也就知晓了。徐州节度使张建封也曾聘请韩愈担任推官一职，韩愈写了一封信给张建封说：“我接到聘书的第二天，就有节度使衙门的小官吏送来了十多个过去的制度项目，其中不能够做到的，如从九月到二月期间，都要在凌晨进入衙门，到了晚上才能回家，除非有疾病需要处理一些事情，不然不许外出，如果是这样，那么不是韩愈我能够办到的。如果制度能够宽松一些，让我不至于失去自己的本性，寅时（凌晨三点到五点）去办公，辰时（上午七点到九点）就可以出来，申时（下午五点到七点）再去办公，酉时结束就能够出来，把这样作为一项制度，也不会荒废政务。如果这样，就算干到老死也是无怨无悔。”杜甫与韩愈的意思，大体上是一样的。

李卫公帖

【原文】

李卫公在朱崖[①]，表弟某侍郎遣人饷以衣物，公有书答谢之，曰："天地穷人，物情所弃，虽有骨肉，亦无音书，平生旧知，无复吊问。阁老至仁念旧，再降专人，兼赐衣服器物茶药至多，开缄发纸[②]，涕咽难胜。大海之中，无人拯恤，资储荡尽，家事一空，百口嗷然，往往绝食，块独穷悴，终日苦饥，唯恨垂没之年，须作馁而之鬼。十月末，伏枕七旬，药物陈裛，又无医人，委命信天，幸而自活。"书后云闰十一月二十日，从表兄崖州司户参军同正李德裕状侍郎十九弟。按德裕以大中二年十月自潮州司马贬崖州，所谓闰十一月，正在三年，盖到崖才十余月尔。而穷困苟生已如是。《唐书》本传云："贬之明年卒。"则是此书既发之后，旋踵下世也[③]。当是时宰相皆其怨仇，故虽骨肉之亲，平生之旧，皆不敢复通音问。而某侍郎至于再遣专使，其为高义绝俗可知，惜乎姓名不可得而考耳。此帖藏禁中，后出付秘阁，今勒石于道山堂西。绍兴中赵忠简公亦谪朱崖，士大夫畏秦氏如虎，无一人敢辄寄声，张渊道为广西帅，屡遣兵校持书及药石、酒面为馈。公尝答书云："鼎之为己为人，一至于此。"其述酸寒苦厄之状，略与卫公同。既而亦终于彼，手札今尚存于张氏。姚崇曾孙勖为李公厚善，及李谮逐，擿索支党，无敢通劳问。既居海上，家无资，病无汤剂，勖数馈饷候问，不傅时为厚薄，其某侍郎之徒与！

【注释】

①李卫公：这里指的是李德裕，字文饶，唐代政治家、文学家，牛李党争时李党领袖，中书侍郎李吉甫次子。②开缄（jiān）：拆开（信件）。③旋踵（zhǒng）：调转脚跟。形容时间短促。

【译文】

李德裕被贬朱崖之后，他担任侍郎的表弟派人送来了一些衣物接济他，李德裕写信答谢说："我只是一个天地之间穷困潦倒的人，被世间的人情所抛弃，虽然是骨肉至亲，也没有人来和我通信，平时的老友，也没有人询问我的情况。你怀着仁义之心不忘旧情，还专门派人来看望我，给了我那么多衣服器具茶药这类东西，翻开你的信件，忍不住哽咽不已。现在我处于大海之中，没有人来拯救体恤我，家中的资产和储蓄都已经花光了，家里一贫如洗，几百口人饿得嗷嗷叫，常常吃不到东西。我因为孤独和贫困变得十分憔悴，每天都要为饿肚子而愁苦不已，可叹我到了晚年，竟然要做一个饿死鬼了。十月末，我病倒在床上，躺了七十多天，药物失效，又没有好的大夫，只能听天由命，庆幸现在自己还活着。"信的后面写着闰十一月二十日，从表兄崖州司户参军同正李德裕状侍郎十九弟。考证之后发现：李德裕是在唐宣宗大中二年十月从潮州司马的任上被贬到崖州，所说的闰十一月，正是大中三年，那时他刚到朱崖不过十几个月，却已经穷困潦倒到这样的地步了。《唐书·李德裕传》中说："被贬职的第二年就过世了。"那么也就是说这封信发出去不久，他就病逝了。那时候，在位的宰相都是他的对手，因此即便是骨肉至亲，平生挚友，都不敢给他写信询问他的境况。而这个侍郎竟然敢派人去探望他，可见他的高尚品质和义气都是脱离尘世的，只是他的姓名已经无法考证了。这封信现在收藏在宫中，后来交给了管理图书档案的秘阁，现在已经刻成了石碑，放在了道山堂的西侧。绍兴中赵忠简公也被贬到了朱崖，士大夫害怕秦桧就像是害怕老虎一样，没人敢向赵鼎传话问候，张渊道担任广西的统帅，多次派人拿着书籍及药石、酒、面作为赠礼。赵鼎曾经写信回答说："我一生也没做过什么亏心事，没想到会沦落至此。"这里说的酸楚艰苦的情况，和李德裕大致相同。后来，赵鼎也死在了这里，手札现在保存在张家。姚崇的曾孙姚勖和李德裕交情不错，直到李德裕因为谗言而被贬官，朝廷还要揭发和搜集他的同党时，没有人敢去看望问候他。李德裕因为居住在海南岛上，家中没钱，生病也没有汤药可以医治，姚勖还多次派人送去粮食和药品并问候，不怕当时人们的议论，他和某侍郎一样都是正直无比的君子啊！

岁旦饮酒

【原文】

今人元日饮屠酥酒[①]，自小者起，相传已久，然固有来处。后汉李膺、杜密以党人同系狱，值元日，于狱中饮酒，曰："正旦从小起。"《时镜新书》晋董勋云："正旦饮酒先从小者，何也？勋曰：'俗以小者得岁，故先酒贺之，老者失时，故后饮酒。'"《初学记》载《四民月令》云："正旦进酒次第，当从小起，以年小者起先。"唐刘梦得、白乐天元日举酒赋诗，刘云："与君同甲子，寿酒让先杯。"白云："与君同甲子，岁酒合谁先。"白又有《岁假内命酒》一篇云："岁酒先拈辞不得，被君推作少年人。"顾况云："不觉老将春共至，更悲携手几人全。还丹寂寞羞明镜，手把屠酥让少年。"裴夷直云："自知年几偏应少，先把屠酥不让春。倘更数年逢此日，还应惆怅羡他人。"成文干云："戴星先捧祝尧觞，镜里堪惊两鬓霜。好是灯前偷失笑，屠酥应不得先尝。"方干云："才酌屠酥定年齿，坐中皆笑鬓毛斑。"然则尚矣。东坡亦云："但把穷愁博长健，

不辞最后饮屠酥。”其义亦然。

【注释】

①元日饮屠酥酒：这是古代的一种风俗，人们会在农历正月初一这一天饮用一种可以预防瘟疫的药酒。

【译文】

如今的人会在正月初一这一天饮预防瘟疫的屠酥酒，由年纪很小的先喝，这种传统已经延续了很长时间了，不过这样的风俗一定是有它的来历的。后汉的李膺、杜密因为党人的身份而被囚禁在监狱之中，到了初一，在狱中喝酒，说：“过初一（喝酒）要从年纪小的人开始。”《时镜新书》中晋朝的董勋说过这样的话：“初一饮酒要从年纪小的人开始，为什么会这样呢？董勋说：“以前的风俗习惯是因为年纪小的人还有很多年可以过，所以喝酒要先庆贺他，年纪大的已经失去了很多岁月，因此要在之后饮酒。”《初学记》中记载了《四民月令》中的说法是：“初一饮酒的次序，应该从小开始，让年纪小的人先喝。”唐朝刘禹锡、白居易在初一饮酒作诗，刘禹锡说：“我和你同岁，寿酒请你先喝。”白居易说：“我和你岁数相同，寿酒应该由谁先喝？”白居易又有《岁假内命酒》一首诗说：“岁酒先喝无法推辞，是因为被推为年纪小的人。”顾况在诗中说：“不知不觉中年老和春节一齐来到，更让人伤心的是过去的朋友没有几个人活在世上。没有长生不老的仙丹的寂寞老人害怕照镜子，手里举着屠酥酒让少年先喝。”裴夷直接在诗中说：“自己知道自己的年纪是最小的，先举起屠酥酒不把青春让给别人。假如再过几年遇到今天的日子，又该惆怅地羡慕比自己年纪小的人了。”成文干在诗里说：“黎明星辰没有落下的时候举起贺年的酒杯，对着镜子感叹自己已经两鬓斑白。只好在灯前偷偷地一笑，屠酥酒不应该让我先喝了。”方干的诗中说：“最初喝屠酥酒的时候要按照年龄排次序，在座的人都嘲笑两鬓斑白的人。”从这些诗中都能够看出元日饮屠酥酒的风俗。苏东坡也在诗中说：“只要安心经受贫穷苦难，只要能够换来健康的身体，又何必害怕最后去喝屠酥酒呢？”这里面的意思其实都是相同的。

张于二廷尉

【原文】

张释之为廷尉，天下无冤民。于定国为廷尉，人自以不冤。此《汉史》所称也。两人在职皆十余年。周勃就国，人上书告勃欲反，下廷尉逮捕，吏稍侵辱之，勃以千金与狱吏，吏使以公主为证，太后亦以为无反事，乃得赦出。释之正为廷尉，不能救，但申理犯跸、盗环一二细事耳[①]。杨恽为人告骄奢不悔过，下廷尉案验，始得所予孙会宗书，定国当恽大逆无道，恽坐要斩。恽之罪何至于是？其徇主之过如此。传所谓决疑平法，务在哀矜者，果何为哉！

【注释】

①犯跸（bì）：冲撞了皇帝出行车队的犯罪名称。

【译文】

张释之担任廷尉时，全国没有蒙受冤屈的人。于定国担任廷尉时，犯人自认为自己不会蒙受冤屈。这是《汉史》中所称道的两个人。这两个人在位都是十几年的时间。周勃回到自己封地的时候，有人上书诬告周勃想要谋反，朝廷下诏让廷尉逮捕审问。监狱里的官吏稍微对周勃动用了一些刑罚，周勃于是就用千两黄金贿赂他，狱吏因此献计说让公主为周勃出面作证，太后也认为周勃没有谋反之心，于是就把他给释放了。当时正好是张释之担任廷尉，却无法救周勃，仅仅依法公正地审理了惊扰文帝的车驾和高祖庙坐前玉环丢失这两个案子。杨恽被人告发说骄奢淫逸，不知悔改，朝廷下令让廷尉查明此案，才获得了杨恽写给孙会宗的信，于定国认为杨恽在信中有大逆不道的言辞，于是判决将杨恽腰斩。杨恽的罪行哪里会严重到如此地步？这完全是于定国按照皇上的旨意定下的罪过，史书上所说的他们能够决断疑难杂案，执法公平，非常怜悯犯人，到底指的是哪个方面呢？

汉唐置邮

【原文】

赵充国在金城，上书言先零、罕羌事①，六月戊申奏，七月甲寅玺书报从其计。按金城至长安一千四百五十里，往反倍之，中间更下公卿议臣，而自上书至得报，首尾才七日。唐开元十年八月己卯夜，权楚璧等作乱，时明皇幸洛阳，相去八百余里。壬午，遣河南尹王怡如京师按问宣慰，首尾才三日。置邮传命，既如此其速，而廷臣共议，盖亦未尝淹久，后世所不及也。

【注释】

①先零：汉朝羌族的一支，原本居住在现在的甘肃、青海湟水以南一带，后来迁到了西海盐池一带，汉宣帝时再次渡过湟水进入汉朝领地，被赵充国所灭。罕羌：羌族的一支，居住在金城以南。赵充国为了先招降罕羌、开羌，后攻击先零羌等事曾经多次上书给汉宣帝。

【译文】

汉朝大将赵充国戍守金城，上书商量要先攻打零、罕羌这两个少数民族部落的详细事宜，六月戊申遣人送去奏章，七月甲寅日便收到了盖有玺印的文书，准许他实行自己的计划。从金城到长安有一千四百五十里，往返还要加倍，中间还要有公卿们的商讨时间，可是从上奏到返回，前后加起来只有七天。唐朝开元十年八月己卯的晚上，权楚璧等人在京师发起叛乱，当时唐明皇正在洛阳，两地相隔八百多里。壬午，派河南尹王怡到京城去审判那些作乱的贼子，并慰问那些平定叛乱的官兵，前后加起来只用了三天。设置邮驿传达命

令，竟然这样迅速，而朝中的大臣共同商讨事情，也没有一点拖延，这是后代的人无法办到的。

苏张说六国

【原文】

苏秦、张仪同学于鬼谷[①]，而其纵横之辩，如冰炭水火之不同，盖所以设心者异耳。苏欲六国合从以摈秦，故言其强。谓燕地方二千余里，带甲数十万，车六百乘，骑六千匹；谓赵地亦方二千余里，带甲数十万，车千乘，骑万匹；谓韩地方九百里，带甲数十万，天下之强弓劲弩，皆从韩出，韩卒之勇，一人当百；谓魏地方千里，卒七十万；齐地方二千余里，临菑之卒[②]，固已二十一万；楚地方五千里，带甲百万，车千乘，骑万匹。至于张仪，则欲六国为横以事秦，故言其弱。谓梁地方不过千里，卒不过三十万；韩地险恶，卒不过二十万；临菑、即墨非齐之有；断赵右肩；黔、巫非楚有；易水、长城非燕有。然而六王皆耸听敬从，举国而付之，未尝有一语相折难者，彼皆长君，持国之日久，逮其临事，乃顾如桔槔，随人俯仰，得不危亡幸矣哉！且一国之势，犹一家也。今夫主一家之政者，较量生理，名田若干顷，岁收谷粟若干；艺园若干亩，岁收桑麻若干；邸舍若干区，为钱若干；下至牛羊犬鸡，莫不有数，自非童騃孱愚之人[③]，未有不能件析而枚数者，何待于疏远游客为吾借箸而筹哉？苟一以为多，一以为寡，将遂挈挈然举而信之乎？晁错说景帝曰："高帝大封同姓，齐七十余城，楚四十余城，吴五十余城，分天下半。"以汉之广，三国渠能分其半，此错欲削诸侯，故盛言其大尔。胶西王将与吴反，群臣谏曰："诸侯地不能当汉十二，为叛逆非计也。"是时反者即吴、楚、诸齐，此胶西臣欲止王之谋，故盛言其小尔。二者视苏、张之言，疑若相似，而用心则否，听之者惟能知彼知己，则善矣。

【注释】

①鬼谷：即鬼谷子，春秋战国时期道家、纵横家的鼻祖，是中国历史上一位十分神秘的人物，被誉为千古奇人。②临菑（zī）：古邑名。也写作临甾、临淄，因城临菑水而得名。在今山东淄博市东北旧临淄。③童騃（ái）：年幼无知。孱愚：愚笨。

【译文】

苏秦和张仪一同在鬼谷子门下学习，不过，他们一个提倡连横，一个提倡合纵，这两种主张就像是冰与炭、水和火一样无法相容，大概是由于他们想达到的目的是不同的。苏秦想要六国合纵起来一起抗击秦国，因此极力说六国力量的强大。说燕国有两千里的国土，几十万的军队，六百辆战车，两千匹战马；说赵国有两千多里的国土，数十万将士，一千多辆战车，一万匹战马；说韩国有九百里的国土，数十万的将士，普天之下的精良武器都源自韩国，韩国的士兵能征善战，一个相当于别国的一百个；说魏国有一千里的国土，七十万的军队；齐国有两千多里的国土，仅临淄这一个地区的军队就有二十一万；楚国有五千里的国土，全副武装的战士多达上百万，有一千辆战车，一万匹战马。而张仪是准备让六国各自单独与秦国结盟，听命于秦国，所以极力说各国的弱点。说梁国（即魏国）方圆不足千里，军队还不到三十万人；韩国地势险恶，军队不足二十万；秦国若想要攻打齐国，临淄、即墨也就不再是齐国所有了；齐国将鱼盐之地献给秦国，就等于断了赵国的右臂；一旦秦国攻打楚国，那么黔中、巫郡这些地区也就不再是楚国的了；如果秦国想要驱赵攻燕，那么易水、长城地区就不再是燕国的了。但是，六国的君主全都对张仪恭敬地听从，将国家都交付给他，不曾说一句话来刁难反驳张仪。他们都是年纪大的君主，治理国家的时间也很长了，遇到了大事，却像井上提水的桔槔，跟着别人的俯仰而上下起伏，不陷入危险的境地真的是万幸了。况且一个国家的发展形势，就像是一个家，现在主管家里大事的人，要衡量谋生之道，必然要核算一下自家有多少顷土地，每年能够收获多少谷粟；家里的园林有多少亩，每年能够收获多少桑麻；有多少间房屋，值多少钱；甚至牛羊猪狗，都能做到心中有数，只要不是年幼无知或者痴傻愚笨的人，几乎没有不能一件件分析的，为何要等到远方来的游客，借用筷子来给我们指指点点出谋划策呢？如果一个人认为多，一个人认为少，那么要如何比较两个人的话呢？晁错对景帝说："高祖封了很多同姓王，分给齐王的封地有七十多城，分给楚王的封地四十多城，分给吴王的封地五十多城，这样就分掉了一半的国土。"就汉朝广阔的领土来说，三个诸侯国就分掉了一半的国土，这不过是晁错提倡削弱诸侯，故意在夸大其词而已。胶西王打算与吴王一起谋反，群臣劝谏说："诸侯国的封地还不到汉朝国土的十分之二，凭借这样的实力来谋反，并不是能取胜的计策。"当七国之乱时，率先谋反的吴王、楚王及济南、淄州、胶东、胶西这些地区的诸侯，就国家实力来说，已经不止是汉朝疆土的十分之二了，之所以会这么说是想要阻止胶西王的谋反计划，因此故意说封地狭小。晁错极力夸大诸侯的封地过大，胶西王群臣极力说封地过小，这两种说法和苏秦、张仪的言论相比较，好像很相似，但是因为用心不同，听的人只要能够知己知彼，就好了。

太史慈

【原文】

三国当汉、魏之际，英雄虎争，一时豪杰志义之士，磊磊落落，皆非后人所能冀，然太史慈者尤为可称。慈少仕东莱本郡为奏曹吏，郡与州有隙，州章劾之，慈以计败其章，而郡得直。孔融在北海为贼所围，慈为求救于平原，突围直出，竟得兵解融之难。后刘繇为扬州刺史，慈往见之，会孙策至，或劝繇以慈为大将军。繇曰："我若用子义，许子将不当笑我邪？"但使慈侦视轻重，独与一骑卒遇策，便前斗，正与策对，得其兜鍪[①]。及繇奔豫章，慈为策所执，捉其手曰："宁识神亭时邪？"又称其烈义，为天下智士，释缚用之，命抚安繇之子，经理其家。孙权代策，使为建昌都尉，遂委以南方之事，督治海昏。至卒时，才年四十一，葬于新吴，今洪府奉新县也，邑人立庙敬事。乾道中封灵惠侯，予在西掖当制[②]，其词云："神早赴孔融，雅谓青州之烈士。晚从孙策，遂为吴国之信臣。立庙至今，作民司命。揽一同之言状，择二美以建侯，庶几江表之间，尚忆神亭之事。"盖为是也。

【注释】

①兜鍪（móu）：古时战士作战时佩戴的头盔。②西掖（yè）：中书或中书省的别称。

【译文】

三国时期，汉、魏交替的时候，群雄争霸，一时间志向远大的英雄豪杰，行事光明磊落，都不是后来人能够比得上的，这里面东吴的大将

太史慈更是被人所称道。太史慈年少时曾在故乡东莱郡担任奏曹吏一职，当时郡守和州官不和，州官上奏弹劾郡守，太史慈用计让他的诬告行为没能得逞，郡守因此才得以伸张正义。孔融在北海时被贼寇所围困，太史慈为他向太原求救，独自冲出包围圈，最后请来刘备的兵马解了孔融被困的危急。后来刘繇担任扬州刺史，太史慈前去拜见他，正好孙策率兵来攻打扬州，有人劝刘繇让太史慈来担任大将军。刘繇说："我如果任用太史慈担任将军，许子将还不笑话我没人了吗？"于是指派太史慈独自骑着一匹马去探听孙策军队的情况，没想到竟然在神亭和孙策相遇，于是双方便打了起来，太史慈夺了孙策的头盔回来。后来刘繇战败逃到了豫章，太史慈被孙策所擒获，孙策握着他的手说："你还记得咱们在神亭的那番打斗吗？"又极力称赞太史慈的忠烈义气，是天下十分有谋略的人，说着亲手解开了绳索释放了他，并任命他为将领，让他去安抚刘繇的儿子，安排好刘繇的家属。孙权接替孙策执掌政权之后，让太史慈担任建昌都尉，将吴国南方的事宜都委派给了他，并让他在海昏设立衙门。太史慈去世时，只有四十一岁，被安葬在新吴，也就是现在的洪府奉新县，当地人为他盖了庙宇祭拜他。孝宗乾道年间，将他追封为灵惠侯，我当时在中书省负责草拟诏书，记得诏书上写道："太史慈早年奔赴着去救孔融，是青州声名远播的有志于建功立业的人。后来追随了孙策，成为吴国一位忠心耿耿的臣子。从建立庙宇进行祭拜到现在，您一直都是当地人的保护神。接纳了众人对您的称赞之语，根据其中两件被传为美谈的事情，封您为灵惠侯，如此一来，大概长江流域的百姓，也能够长久地记住您在神亭大战的壮举了。"说的就是这件事。

东坡明正

【原文】

东坡《明正》一篇送于伋失官东归云："子之失官，有为子悲如子之自悲者乎？有如子之父兄妻子之为子悲者乎？子之所以悲者，惑于得也。父兄妻子之所以悲者，惑于爱也。"按《战国策》齐邹忌谓妻曰："我孰与城北徐公美？"其妻曰："君美甚，徐公何能及公也。"复问其妾与客，皆言"徐公不若君之美。"暮寝而思之，曰："吾妻之美我者私我也；妾之美我者畏我也；客之美我者欲有求于我也。"东坡之斡旋[①]，盖取诸此。然《四菩萨阁记》云："此画乃先君之所嗜，既免丧，以施浮图惟简，曰：'此唐明皇帝之所不能守者，而况于余乎！余惟自度不能长守此也，是以与子。'"而其末云："轼之以是与子者，凡以为先君舍也。"与初辞意盖不同，晚学所不晓也。

【注释】

①斡（wò）旋：调解争端。

【译文】

苏东坡的《明正》这篇文章是送给于伋失官后回到故乡写的，在这篇文章中，他写道："你被免职之后，可有人像你自己伤心那样来为你感到伤心？可有人像你的父亲兄长妻子和儿女那样来为你感到悲伤？你之所以伤心，是因为太过计较得失；父亲兄长妻子儿女之所以为你伤心，是因为太过爱你。"根据《战国策·齐策一》中记载，齐国的邹忌曾经对妻子说："我和城北的徐公相比，谁长得更好看？"他的妻子说："当然

是你长得好看，徐公怎么能够和你相提并论呢？”邹忌又向他的妾和客人询问，都说：“徐公没有你长得好看。”晚上睡觉的时候，邹忌一直在思考这件事说：“我的妻子说我比徐公美是因为偏爱我；妾说我好看是因为惧怕我；客人说我好看是因为有事有求与我。”苏东坡安慰于伋免职的说法，就是从这里得到的。但是他在《四菩萨阁记》中说：“这幅画是我的父亲生前特别喜欢的，三年的守丧期结束之后，便将这幅画送给了和尚惟简，并说：‘唐明皇尚且不能保留这幅画，更何况是我呢！我的资质更不能长期保留这幅画，所以才会赠送给你。’”但是他在这篇文章的结尾处又说：“我之所以把这幅画赠送给你，不过是在替我的父亲布施罢了。”这和最初的言论的意思并不相同，是我无法明白的。

诗文当句对

【原文】

唐人诗文，或于一句中自成对偶，谓之当句对。盖起于《楚辞》“惠烝兰藉”“桂酒椒浆”“桂棹兰枻”“斫冰积雪”。自齐、梁以来，江文通、庾子山诸人亦如此。如王勃《滕王阁序》一篇皆然。谓若“襟三江，带五湖，控蛮荆，引瓯越”“龙光牛斗”“徐孺陈蕃”“腾蛟起凤”“紫电青霜”“鹤汀凫渚”“桂殿兰宫”“钟鸣鼎食之家”“青雀黄龙之轴”“落霞孤鹜”“秋水长天”“天高地迥”“兴尽悲来”“宇宙盈虚”“丘墟已矣”之辞是也。于公异《破朱泚露布》亦然。如“尧、舜、禹、汤之德”“统元立极之君”“卧鼓偃旗”“养威蓄锐”“夹川陆而左旋右抽”“抵丘陵而浸淫布濩”“声塞宇宙”“气雄钲鼓[①]”“貙兕作威”“风云动色”“乘其跆藉[②]”“取彼鲸鲵[③]”“自卯及酉”“来拒复攻”“山倾河泄”“霆斗雷驰”“自北徂南”“舆尸折首”“左武右文”“销锋铸镝”之辞是也。杜诗“小院回廊春寂寂，浴凫飞鹭晚悠悠”“清江锦石伤心丽，嫩蕊浓花满目斑”“书签药裹封蛛网，野店山桥送马蹄”“戎马不如归马逸，千家今有百家存”“犬羊曾烂漫，宫阙尚萧条”“蛟龙引子过，荷芰逐花低”“干戈况复尘随眼，鬓发还应雪满头”“百万传深入，寰区望匪他”“象床玉手，万草千花”“落絮游丝，随风照日”“青袍白马，金谷铜驼”“竹寒沙碧，菱刺藤梢”“长年三老，捩柂开头[④]”“门巷荆棘底，君臣豺虎边”“养拙干戈，全生麋鹿”“舍舟策马，拖玉腰金”“高江急峡，翠木苍藤”“古庙杉松，岁时伏腊”“三分割据，万古云霄”“伯仲之间，指挥若定”“桃蹊李径，栀子红椒”“庾信罗含，春来秋去”“枫林橘树，复道重楼”之类，不可胜举。李义山一诗，其题曰《当句有对》云：“密迩平阳接上兰，秦楼鸳瓦汉宫盘。池光不定花光乱，日气初涵露气干。但觉游蜂饶舞蝶，岂知孤凤忆离鸾。三星自转三山远，紫府程遥碧落宽。”其他诗句中，如“青女素娥”，对“月中霜里”；“黄叶风雨”，对“青楼管弦”；“骨肉书题”，对“蕙兰蹊径”；“花须柳眼”，对“紫蝶黄蜂”；“重吟细把”，对“已落犹开”；“急鼓疏钟”，对“休灯灭烛”；“江鱼朔雁”，对“秦树嵩云”；“万户千门”，对“风朝露夜”。如是者甚多。

【注释】

①钲（zhèng）鼓：钲和鼓。都是古代行军或者歌舞的时候用来指挥进退、动静的乐器。②跆藉：践踏。③鲸鲵（ní）：原指鲸鱼，这里指凶狠的对手或敌人。④捩（liè）：扭转，转动。

【译文】

唐朝人所写的诗文，总有一句是自成对偶的，这叫作“当句对”。这是出自《楚辞》里的“蕙烝兰藉”“桂酒椒浆”“桂棹兰枻”“斫冰积雪”这些句子。自齐、梁朝以来，江淹、庾信这些诗人所写的诗文中，经常会出现这样的句子。例如，唐朝王勃所写《滕王阁序》这篇文章也是如此。像“襟三江，带五湖，控蛮荆，引瓯越”“龙光牛斗”“徐孺陈蕃”“腾蛟起凤”“紫电青霜”“鹤汀凫渚”“桂殿兰宫”“钟鸣鼎食之家”“青雀黄龙之轴”“落霞孤鹜”“秋水长天”“天高地迥”“兴尽悲来”“宇宙盈虚”“丘墟已矣”这类词句。于公异所写的《破朱泚露布》也是如此。例如，其中的“尧、舜、禹、汤之德”“统元立极之君”“卧鼓偃旗”“养威蓄锐”“夹川陆而左旋右抽”“抵丘陵而浸淫布濩”“声塞宇宙”“气雄钲鼓”“貙兕作威”“风云动色”“乘其跆藉”“取彼鲸鲵”“自卯及酉”“来拒复攻”“山倾河泄”“霆斗雷驰”“自北徂南”“舆尸折首”“左武右文”“销锋铸镝”这类的词句就是这样。杜甫所写的诗像“小院回廊春寂寂，浴凫飞鹭晚悠悠”“清江锦石伤心丽，嫩蕊浓花满目斑”“书签药裹封蛛网，野店山桥送马蹄”“戎马不如归马逸，千家今有百家存”“犬羊曾烂漫，宫阙尚萧条”“蛟龙引子过，荷芰逐花低”“干戈况复尘随眼，鬓发还应雪满头”“百万传深入，寰区望匪他”“象床玉手，万草千花”“落絮游丝，随

风照日”“青袍白马，金谷铜驼”“竹寒沙碧，菱刺藤梢”“长年三老，捩柂开头”“门巷荆棘底，君臣豺虎边”“养拙干戈，全生麋鹿”“舍舟策马，拖玉腰金”“高江急峡，翠木苍藤”“古庙杉松，岁时伏腊”“三分割据，万古云霄”“伯仲之间，指挥若定”“桃蹊李径，栀子红椒”“庾信罗含，春来秋去”“枫林橘树，复道重楼”这类当句对，也是多得数不过来。李商隐曾经写过一首诗，题目是《当句有对》，里面写道：“密迩平阳接上兰，秦楼鸳瓦汉宫盘。池光不定花光乱，日气初涵露气干。但觉游蜂饶舞蝶，岂知孤凤忆离鸾。三星自转三山远，紫府程遥碧落宽。”他的其他诗句中，有“青女素娥”对“月中霜里”；“黄叶风雨”对“青楼管弦”；“骨肉书题”对“蕙兰蹊径”；“花须柳眼”对“紫蝶黄蜂”；“重吟细把”对“已落犹开”；“急鼓疏钟”对“休灯灭烛”；“江鱼朔雁”对“秦树嵩云”；“万户千门”对“风朝露夜”。这样的句子还有许多。

周世宗

【原文】

周世宗英毅雄杰①，以衰乱之世，区区五六年间，威武之声，震慑夷夏②，可谓一时贤主，而享年不及四十，身没半岁③，国随以亡。固天方授宋，使之驱除。然考其行事，失于好杀，用法太严，群臣职事，小有不举④，往往置之极刑，虽素有才干声名，无所开宥，此其所短也。薛居正《旧史》纪载翰林医官马道元进状，诉寿州界被贼杀其子，获正贼见在宿州，本州不为勘断。帝大怒，遣窦仪乘驲往按之。及狱成，坐

族死者二十四人。仪奉辞之日，帝旨甚峻，故仪之用刑，伤于深刻，知州赵砺坐除名。此事本只马氏子一人遭杀，何至于族诛二十四家，其他可以类推矣。《太祖实录·窦仪传》有此事，史臣但归咎于仪云。

【注释】

①英毅雄杰：英明果决。②夷夏：四夷和华夏，即整个中国。③身没半岁：过世之后半年。④小有不举：稍有一些过失。

【译文】

周世宗是个英明果决的豪杰，在五代十国这样混乱的朝代，只用了五六年的时间，他的声名威望就已经震慑四海，可以被称为一代贤明的君主，但是他还不到四十岁就过世了。他过世之后才半年，国家就随即灭亡了。应该是上天想要把江山交付给宋朝，所以才会让他为宋朝清理了道路。但是考察他一生的作为，发现他最失策的地方就是喜欢杀戮，刑法太过严苛，他手下的大臣，稍有过失，常常会被处以极刑，所以他虽然一向具有才华横溢、治理干练的声望，却不知道宽容，这是他的短处。薛居正在《旧史》中记载了翰林医官马道元曾经给周世宗递交状子，讲述自己的儿子在寿州界内被贼人所杀，现在主犯在宿州境内被抓，当地的官员不认真审理这个案件。周世宗勃然大怒，派遣窦仪骑着驿站的快马前去处理这个案件。审理结束之后，牵连处死的竟然有二十四人。这是因为窦仪奉命处理案件的那段时间，周世宗下达的命令十分严厉，因此窦仪的刑罚也十分残暴，知州赵砺也因为这件事被撤职。这件事原本只有马氏的儿子一人遭到了杀害，为何会牵连二十四家的族人被杀害呢？其他案件也可以依此类推。《太祖实录·窦仪传》中记载了这件事，不过史臣把过错推到了窦仪身上。

资治通鉴

【原文】

司马公修《资治通鉴》，辟范梦得为官属，尝以手帖论缵述之要[①]，大抵欲如《左传》叙事之体。又云："凡年号皆以后来者为定。如武德元年，则从正月，便为唐高祖，更不称隋义宁二年。梁开平元年正月，便不称唐天祐四年。"故此书用以为法，然究其所穷，颇有窒而不通之处。公意正以《春秋》定公为例，于未即位，即书正月为其元年。然昭公以去年十二月薨，则次年之事，不得复系于昭。故定虽未立，自当追书。兼经文至简，不过一二十字，一览可以了解。若《通鉴》则不侔[②]，隋炀帝大业十三年，便以为恭皇帝上，直至下卷之末，恭帝立，始改义宁，后一卷，则为唐高祖。盖凡涉历三卷，而炀帝固存，方书其在江都时事。明皇后卷之首，标为肃宗至德元载，至一卷之半，方书太子即位。代宗下卷云："上方励精求治，不次用人。"乃是德宗也。庄宗同光四年，便系于天成，以为明宗，而卷内书命李嗣源讨邺，至次卷首，庄宗方殂。潞王清泰三年，便标为晋高祖，而卷内书石敬瑭反，至卷末始为晋天福。凡此之类，殊费分说[③]。此外，如晋、宋诸胡僭国，所封建王公，及除拜卿相，纤悉必书[④]，有至二百字者。又如西秦丞相南川宣公出连乞都卒，魏都坐大官章安侯封懿、天部大人白马文正公崔宏、宜都文成王穆观、镇远将军平舒侯燕凤、平昌宣王和其奴卒，皆无关于社稷治乱。而周勃薨，乃不书。及书汉章帝行幸长安，进幸槐里、岐山，又幸长平，御池阳宫，东至高陵，十二月丁亥还宫；又乙未幸东阿，北登太行山，

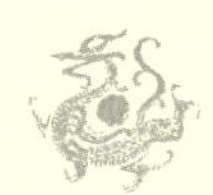

至天井关，夏四月乙卯还宫。又书魏主七月戊子如鱼池，登青冈原，甲午还宫；八月己亥如弥泽[⑤]，甲寅登牛头山，甲子还宫。如此行役，无岁无之，皆可省也。

【注释】

①缵（zuǎn）述：编辑。②不侔（móu）：不相等，这里指不能同等看待。③殊费分说：解释起来特别费力。殊，很、特别。分说，解释，注解。④纤悉必书：连细枝末节都记录详尽。⑤如：到达。

【译文】

司马公编写《资治通鉴》的时候，聘用范祖禹一同参加编写工作，曾经写了一篇手谕向他讲述编写的要点，大体上是想要采用像《左传》这样的编年叙事体。又说："只要出现两个同一年的年号，都用后面继承皇位的人的年号为准。像武德元年，即从正月开始就是唐高祖，而不能称为隋义宁二年。五代梁开平元年正月，便不能称为唐天祐四年。"因此，这本书只要遇到同一年内会出现两个年号的情况都用这种方法来解决，不过认真研究之后，发现其中有不恰当的情况出现。司马光本意是想用《春秋》鲁定公为例，在他尚未即位时，就说正月是他的元年。但是昭公是在去年十二月过世的，那么第二年的事情，便不能记在他的名下。所以虽然鲁定公尚未即位，却应该把第二年发生的全部事情记在他的名下。况且《春秋》的内容特别简单，只有一二十字，一看就知道了。但是《资治通鉴》却大为不同。隋炀帝大业十三年，便题为隋恭皇帝上卷，但一直到下卷的结尾部分，隋恭帝才即位，才开始改元义宁，后面的一卷就是唐高祖武德元年。这里前后涉及了三卷的内容，而这时候隋炀帝还在世，其中还讲到了他在江都做过的事情。唐明皇后卷的开头，标明是肃宗到德元年，到了一卷的一半时，才写太子即位的事情。唐代宗下卷的时候说："皇上正在振奋精神打算治理好国家，不断破格录用人才。"这说的却是德宗的事情。庄宗同光四年，便记录到了明宗纪年之中，而卷内却记载了李嗣源征讨邺郡的事情，到了第二卷的卷首，庄宗才去世。潞王清泰三年，便标为晋高祖，而卷内却写了石敬瑭反叛的事情，到了卷尾才写了晋天福的年号。这类事情，很难解释清楚。除此之外，像晋、宋这种不属于正统的少数民族国家，他们所分封的王公，以及任用的大臣、宰相，全都事无巨细地记录下来，甚至有的写了二百多字。又像西秦的丞相南川宣公出连乞都去世，魏国的章安侯封懿、天部大人白马文正公崔宏、宜都文成王穆观、镇远将军平舒侯燕凤、平昌宣王和他的奴隶去世，都是一些与国家政治、社会安定并无关联的人和事。而周勃去世，却没有写。还写了汉章帝巡幸长安，进而巡幸了槐里、岐山，又巡幸了长平，住进了御池阳宫，向东到了高陵，十二月回到宫中；之后，又记录了巡幸东阿，向北登上太行山，到达天井关，夏天四月乙卯回到宫中。又写了魏王七月到达鱼池，登上青冈原，甲午才回到宫中；八月来到弥泽，登上牛头山，甲子回宫。像这类活动，每年都会出现，都可以省略不记。

田横吕布

【原文】

田横既败[1]，窜居海岛中。高帝遣使召之，曰："横来，大者王，小者乃侯耳。"横遂与二客诣雒阳[2]。将至，谓客曰："横始与汉王俱南面称孤，今汉王为天子，而横乃为亡虏，北面事之，其愧固已甚矣！"即自刭。横不顾王侯之爵，视死如归，故汉祖流涕称其贤，班固以为雄材[3]。韩退之道出其墓下，为文以吊曰："自古死者非一，夫子至今有耿光。"其英烈凛然，至今犹有生气也。吕布为曹操所缚，将死之际，乃语操曰："明公之所患，不过于布，今已服矣。令布将骑，明公将步，天

下不足定也。”操竟杀之。布之材未必在横下，而欲忍耻事仇。故东坡诗曰：“犹胜白门穷吕布，欲将鞍马事曹瞒。”盖笑之也。刘守光以燕败，为晋王所擒，既知不免，犹呼曰：“王将复唐室以成霸业，何不赦臣使自效？”此又庸奴下才，无足责者。

【注释】

①田横：秦朝末年的群雄之一，原为齐国的贵族，在陈胜吴广起义之后，田横和他的两位兄长田儋、田荣反秦自立，相继占据齐地为王。②雒（luò）阳：即洛阳。③班固：东汉史学家、文学家，著有《汉书》，后征讨匈奴担任中护军一职，兵败受牵连，死于狱中。

【译文】

田横兵败之后，逃到了一个海岛上。汉高祖刘邦便派遣使者到那里招降他，说：“田横如果过来投靠，职位高的便可以封为王，职位低的便可以封为侯。”田横于是与两个门客一起赶往洛阳。快要到的时候，对门客说：“我曾经和刘邦一样坐北朝南自称为皇帝，现在刘邦成为天子，而我却沦为逃亡的俘虏，现在我面向北面向他行礼，这种事情对我来说实在是羞耻啊！”说完就自刎了。田横不顾王侯的爵位，把死亡看的稀松平常，所以汉高祖为他的死痛哭流涕，说他是位贤人。班固认为他是一位雄才。韩愈路过田横的墓地时，写了一篇文章来悼念他说：“自古死者非一，夫子至今有耿光。”他的气节蔚然成风，到现在还能让人感受得到。吕布被曹操抓住，在临死时，对曹操说：“你所惧怕的，不过是没有超过我吧，现在我已经愿意投降了。你让我带领骑兵，你自己率领步兵，那么平定天下就不难了。”最后曹操却把他杀了。吕布的才能不一定在田横之下，但是想要忍受羞辱去归顺帝君。所以苏东坡有诗说：“犹胜白门穷吕布，欲将鞍马事曹瞒。”这是在嘲笑吕布的懦弱行为。五代时后梁的刘守光自称燕帝失败之后，被晋王所俘虏，知道自己不能被赦免，还是大声说：“大王想要恢复唐朝的霸业，为什么不赦免了我让我来为你效劳呢？”这样昏庸下贱的人，连责备都是不值的。

买马牧马

【原文】

国家买马，南边于邕管，西边于岷、黎，皆置使提督，岁所纲发者盖逾万匹。使臣、将校得迁秩转资①，沿道数十州，驿程券食②、厩圉薪刍之费③，其数不赀④，而江、淮之间，本非骑兵所能展奋，又三衙遇暑月，放牧于苏、秀以就水草，亦为逐处之患。因读《五代旧史》云："唐明宗问枢密使范延光内外马数。对曰：'三万五千匹。'帝叹曰：'太祖在太原，骑军不过七千。先皇自始至终，马才及万。今有铁马如是，而不能使九州混一⑤，是吾养士练将之不至也。'延光奏曰：'国家养马太多，计一骑士之费可赡步军五人，三万五千骑，抵十五万步军，既无所施，虚耗国力。'帝曰：'诚如卿言。肥骑士而瘠吾民，民何负哉？'"明宗出于蕃戎，犹能以爱民为念。李克用父子以马上立国制胜，然所蓄只如此。今盖数倍之矣。尺寸之功不建，可不惜哉！且明宗都洛阳，正临中州，尚以为骑士无所施。然则今虽纯用步卒，亦未为失计也。

【注释】

①迁秩转资：得以升职。秩：官职的级别。②驿程券食：凭借文券来供给的膳食。通常是官吏使用的。③厩（jiù）圉（yǔ）薪刍（chú）：盖马厩，准备柴禾、草料。④不赀（zī）：没有办法估算。⑤混一：统一天下。

【译文】

宋朝为了买马扩充骑军，在南边的邕管，西边的岷州、黎州，都设置了专门的官员和机构，每年购买的马匹一批一批送到朝廷超过一万匹。使臣、将校常常因此能够升职。运送这些马匹，途中要路过几十个州县，准备驿站居住、解决官兵的饮食问题，准备马厩和粮草这些所产生的消耗，都是没有办法估算的。而在长江、淮河之间，也不适合骑兵操练，又因为碰到了酷暑，只好将这些马赶到了苏州、秀州地区以便饲养，也因此造成了各地区的损失惨重。在读《五代旧史》时，上面记载："唐明宗向枢密使范延光询问全国马匹的数量。范延光回答说：'三万五千匹。'唐明宗感叹说：'太祖在太原时，骑兵只有七千。先皇在世时，马匹才刚刚到一万匹。现在已经有这么多军马，却还是不能让九州统一，是我养兵和操练将帅做得不到位啊。'范延光回奏说：'我国养的马太多了，算了一下，一名骑兵所消耗的花费可以养活五名步兵，那么三万五千名骑兵的消耗，就相当于十五万步军的消耗，这样骑兵不但没有发挥作用，反而消耗了国力。'唐明宗回答说：'就像你所说的。因为善待了骑兵而让百姓受苦，那么百姓怎么承受得住呢？'"明宗虽然出自蕃戎，依然能够将爱民作为自己的信念。李克用父子凭借骑兵的力量建立了国家，但是他们所蓄养的马匹却很少。现在所养马的数量是他们骑兵数量的数倍，却到现在都没有立下丝毫功劳，真是让人叹息！况且明宗将国都定在了洛阳，正处于中原地区，还认为骑兵没有施展的地方。不过到了现在只用步兵，也不算是失策。

后妃命数

【原文】

《左传》所载郑文公之子十余人，其母皆贵胄[①]，而子多不得其死，惟贱妾燕吉生穆公，独继父有国，子孙蕃衍盛大，与郑存亡。薄姬入汉王宫，岁余不得幸，其所善管夫人、赵子儿先幸汉王，为言其故，王即召幸之，岁中生文帝，自有子后希见。及吕后幽诸幸姬不得出宫，而薄氏以希见故[②]，得从子之代，为代太后。终之承汉大业者，文帝也。景帝召程姬，程姬有所避不愿进，而饬侍者唐儿使夜往，上醉不知而幸之，遂有身，生长沙王发。以母微无宠，故王卑湿贫国。汉之宗室十有余万人，而中兴炎祚[③]，成四百年之基者，发之五世孙光武也。元帝为太子，所爱司马良娣死，怒诸娣妾，莫得进见。宣帝令皇后择后宫家人子五人，虞侍太子[④]。后令旁长御问所欲，太子殊无意于五人者，不得已于皇后，强应曰："此中一人可。"乃王政君也。一幸有身，生成帝，自有子后，希复进见。然历汉四世，为天下母六十余载。观此四后妃者，可谓承恩有限，而光华启佑，与同辈辽绝，政君遂为先汉之祸。天之所命，其亦各有数乎？徽宗皇帝有子三十人，唯高宗皇帝再复大业。显仁皇后在宫掖时，亦不肯与同列争进，甚类薄太后云。

【注释】

①贵胄（zhòu）：贵族的后代。②希：通"稀"，稀少，罕见。③炎祚（zuò）：三国时刘备自称为汉室征讨，因此代指蜀汉。④虞侍：作为伴侍并让他愉快。

【译文】

《左传》记载郑文公有十几个儿子，他们的母亲都出自名门望族，而这些儿子大多都不得善终，只有出身卑微的燕妾所生的穆公，继承皇位并当了郑国的君主，子孙后代繁盛，与郑国共存亡。薄姬在被召入汉王刘邦的宫殿时，一年都没有得到宠幸，与她关系好的管夫人、赵子儿先得到了刘邦的宠爱，于是这两个人在刘邦面前为她说话，刘邦随即召见并宠幸了她，并在这一年生下了汉文帝刘桓，自从有了儿子之后，薄姬就很少与刘邦见面了。到了吕后幽禁刘邦的宠妃并让她们不得出宫时，薄氏因为和刘邦很少见面的缘故，得以跟着儿子到了代国，并成为了代国的太后。最终继承汉朝大业的人，正是汉文帝。景帝召幸程姬，程姬因为当时不太方便，所以不想进宫，就派她的侍女唐儿连夜前去，汉景帝因为喝醉了酒，不知道来的是侍女就宠幸了唐儿，于是唐儿就有了身孕，生下了长沙王刘发。因为母亲出身卑微且不被皇上宠幸，所以刘发被派到了潮湿贫穷的地方当了王。汉朝的宗室有十几万人，而中兴汉朝，能够成就汉朝四百多年的人，却是刘发的第五代子孙光武帝刘秀。元帝当太子时，所喜欢的司马良娣去世了，因此而迁怒于其他妃子，谁也不召见。宣帝让皇后挑选后宫中五位佳人，去侍奉太子。皇后派人去打听太子的想法，太子对这五位佳人没有一个中意的，但是又不得不听从皇后的安排，勉强答应说：“这里面有一个人还可以。”这个人就是王政君。太子对她宠幸了一次之后，她就有了身孕，生下了成汉帝，自从有了儿子之后，她就再也没有被汉元帝召见过。然而王政君却历经了汉朝四代，母仪天下六十多年。从这四个后妃的经历可以看出，承受皇上的恩典是有限的，但是她们所享受的荣华富贵，与同辈的妃嫔相比，却是前所未有的，后来王政君成了西汉的祸患。天命也是各有定数吗？徽宗皇帝有三十个儿子，只有高宗皇帝能够兴复大业。显仁皇后在还是后妃的时候，也不愿意与同辈的妃子争抢，很像是西汉的薄太后。

严武不杀杜甫

【原文】

《新唐书·严武传》云："房以故宰相为巡内刺史，武慢倨不为礼[①]，最厚杜甫，然欲杀甫数矣，李白为《蜀道难》者，为房与杜危之也。"甫传云："武以世旧待甫，甫见之，或时不巾。尝醉登武床，瞪视曰：'严挺之乃有此儿！'武衔之，一日欲杀甫，冠钩于帘三，左右白其母，奔救得止。"《旧史》但云："甫性褊躁[②]，尝凭醉登武床，斥其父名，武不以为忤。"初无所谓欲杀之说，盖唐小说所载，而《新书》以为然。予按李白《蜀道难》，本以讥章仇兼琼，前人尝论之矣。甫集中诗，凡为武作者几三十篇，送其还朝者，曰"江村独归处，寂寞养残生"。喜其再镇蜀，曰"得归茅屋赴成都，直为文翁再剖符[③]"。此犹是武在时语。至《哭其归榇》及《八哀诗》"记室得何逊，韬钤延子荆"，盖以自况，"空余老宾客，身上愧簪缨"，又以自伤。若果有欲杀之怨，必不应眷眷如此。好事者但以武诗有"莫倚善题《鹦鹉赋》"之句，故用证前说，引黄祖杀祢衡为喻，殆是痴人面前不得说梦也，武肯以黄祖自比乎！

【注释】

①倨不为礼：傲慢无礼。②褊（biǎn）躁：心胸狭窄，脾气暴躁。③剖符：古代帝王在建国之后，会封赏、任命有功之人，将符节一分为二，文武大臣各拿一半，作为守信的凭证。

【译文】

《新唐书·严武传》中记载说："房琯凭借前朝宰相的身份担任巡内

刺史，严武对待他十分傲慢无礼。严武最为厚待杜甫，房琯却几次想要杀掉杜甫，李白写的《蜀道难》，就是担心房琯和杜甫之间的关系。”《新唐书·杜甫传》中也写道：“严武将杜甫作为世交对待，杜甫看到严武的时候，有时候连头巾都不戴。杜甫曾经喝醉了，登上严武的床，瞪着他说：‘严挺之竟然有你这样的儿子！’严武对这件事念念不忘无法排解。一天，想要杀了杜甫，将帽子挂在门帘上又拿下来三次，摇摆不定，亲信将这件事告知严武的母亲，严母赶紧赶过去阻止，这才平息。”《旧唐书》中却说：“杜甫性格暴躁心胸狭窄，曾经借着醉酒登上严武的床，大声叫嚷严武父亲的姓名，严武也丝毫没有介怀。”最开始的时候并没有所谓的想要杀死杜甫的说法，可能是因为唐朝小说对这件事有所记载，而《新唐书》就认为这是真实的事情。我查看了李白的《蜀道难》，原以为是嘲讽章仇兼琼这个人，前人曾经论述过这一点。杜甫诗集中的诗作，只为严武一人而写的就有三十多篇，送严武还朝的

时候，写下了“江村独归处，寂寞养残生”。恭喜他再次镇守蜀地的时候，写下了“得归茅屋赴成都，直为文翁再剖符”。这些都是严武活着的时候写下的。至于《哭其归榇》和《八哀诗》中的“记室得何逊，韬钤延子荆”，写出了自己的情况，写“空余老宾客，身上愧簪缨”，又是表达自己伤怀的。如果真的有严武想要杀杜甫这件事，杜甫一定不会在诗中表达出眷眷之意啊。喜欢搬弄是非的人，只凭借严武有句诗中有“莫倚善题《鹦鹉赋》”这句，就断言前面的说法，还引用了黄祖杀害祢衡来做比喻，这恐怕是痴人说梦，严武怎么会愿意拿黄祖来跟自己相比呢？

朱温三事

【原文】

义理所在，虽盗贼凶悖之人，亦有不能违者。刘仁恭为卢龙节度使，其子守文守沧州，朱全忠引兵攻之，城中食尽，使人说以早降。守文应之曰：“仆于幽州，父子也，梁王方以大义服天下，若子叛父而来，将安用之？”全忠愧其辞直，为之缓攻。其后还师，悉焚诸营资粮，在舟中者凿而沉之。守文遗全忠书曰[①]：“城中数万口，不食数月矣，与其焚之为烟，沉之为泥，愿乞其所余以救之。”全忠为之留数囷，沧人赖以济[②]。及篡唐之后，苏循及其子楷，自谓有功于梁，当不次擢用。全忠薄其为人，以其为唐鸱枭[③]，卖国求利，勒循致仕，斥楷归田里。宋州节度使进瑞麦，省之不怿，曰：“宋州今年水灾，百姓不足，何用此为？”遣中使诘责之，县令除名。此三事，在他人为不足道，于全忠则

为可书矣，所谓憎而知其善也。

【注释】

①遗：赠送，这里是写信的意思。②济：赖以生存，活命。③鸱（chī）枭：这里代指罪人。

【译文】

义理所在，即使是盗贼凶恶之人，有时也不能违背。刘仁恭担任卢龙节度使时，他的儿子刘守文镇守沧州，朱全忠率兵攻打，城中粮食已经吃完了，于是朱全忠派人劝说让他们早早投降。刘守文回答说："我和幽州的节度使刘仁恭是父子，梁王刚刚说要用正义来征服天下，如果儿子背叛了父亲而投靠了你，将来你要怎么任用他？"朱全忠听到他毫不忌讳的话语十分惭愧，因此减缓了攻打。之后，朱全忠撤军，临走前打算把军营中的粮草全都烧了，把河里的粮船全都砸了，让它沉入水中。守文给全忠写信说："城中有几万百姓，已经几个月都没有粮食吃了，与其将这些粮食烧了变成烟，沉下去变成泥，希望您能够把剩余的粮食用来救活城里的人。"全忠因此留下了几个粮仓，沧州人也因此得以活命。后来朱全忠篡夺唐朝的江山，当了后梁的皇帝，苏循和他的儿子苏楷，自称对梁有功，应该被破格任用。全忠看不起他们的为人，认为他们是唐朝的罪人，出卖国家想要谋取个人利益，便勒令苏循辞官回家，苏楷贬斥为民。宋州节度使进奉了麦子，朱全忠看了很不高兴，说："宋州今年暴发了水灾，百姓供给不足，为什么要进奉麦子呢？"于是派遣宫中的宦官去宋州责备那个节度使，免去了县令的职务。这三件事，对于其他人而言是微不足道的，但对于朱全忠来说确实值得大书特书，这就是说即使憎恶一个人也要知道他好的一面。

戊为武

【原文】

十干"戊"字只与"茂"同音①，俗辈呼为"务"，非也。吴中术者②，又称为"武"。偶阅《旧五代史》，梁开平元年，司天监上言日辰，内"戊"字请改为"武"，乃知亦有所自也。今北人语多曰"武"，朱温父名诚，以"戊"类"成"字，故司天谄之耳。

【注释】

①十干：在中国古代的历法中，甲、乙、丙、丁、戊、己、庚、辛、壬、癸被称为"十天干"。②吴中：指江苏吴县一带。术者：治术数的人，也就是用干支来推断人事祸福的人。

【译文】

在十天干中，"戊"与"茂"的音是相同的，普通人往往会把它读成"务"这个音，其实是错的。吴中一带的术士又把它读成"武"这个音。我偶然间看到了《旧五代史》，上面写到后梁太祖开平元年间，司天监给皇上上书陈述历法，请求将天干中的"戊"这个字改用"武"这个字代替，我这才知道"戊"被读成"武"是有原因的。现在北方人大部分都将这个字读作"武"这个音，后梁的皇帝朱温的父亲名叫朱诚，因为"戊"的字形与"成"字类似，因此司天监才上书要求将"戊"字改用"武"字，由此来奉承皇帝。

大义感人

【原文】

理义感人心，其究至于浃肌肤而沦骨髓[①]，不过语言造次之间，初非有怪奇卓诡之事也。楚昭王遭吴阖庐之祸，国灭出亡，父老送之，王曰："父老返矣，何患无君！"父老曰："有君如是其贤也！"相与从之，或奔走赴秦，号哭请救，竟以复国。汉高祖入关，召诸县豪杰曰："父老苦秦苛法久矣，吾当王关中，与父老约法三章耳。凡吾所以来，为父兄除害，非有所侵暴，毋恐！"乃使人与秦吏行至县乡邑，告谕之，秦民大喜。已而项羽所过残灭，民大失望。刘氏四百年基业定于是矣。唐明皇避禄山乱，至扶风，士卒颇怀去就[②]，流言不逊，召入谕之曰："朕托任失人，致逆胡乱常，须远避其锋。卿等仓卒从朕，不得别父母妻子，朕甚愧之。今听各还家，朕独与子弟入蜀，今日与卿等诀。归见父母及长安父老，为朕致意。"众皆哭曰："死生从陛下。"自是流言遂息。贼围张巡于雍丘，大将劝巡降，巡设天子画像，帅将士朝之，人人皆泣。巡引六将于前，责以大义而斩之，士心益劝。河北四凶称王，李抱真使贾林说王武俊，托为天子之语，曰："朕前事诚误，朋友失意，尚可谢，况朕为四海之主乎？"武俊即首唱从化。及奉天诏下，武俊遣使谓田悦曰："天子方在隐忧，以德绥我[③]，何得不悔过而归之？"王庭凑盗据成德，韩愈宣慰，庭凑拔刃弦弓以逆。及馆，罗甲士于廷。愈为言安、史以来逆顺祸福之理，庭凑恐众心动，麾之使出，讫为藩臣。黄巢伪赦至凤翔，节度使郑畋不出，乐奏，将佐皆哭。巢使者怪之，幕客曰："以相公风痺不能来，故悲耳。"民间闻者无不泣，畋曰："吾固知人心尚未厌唐，贼授首无日矣。"旋起兵率倡诸镇，以复长安。田悦以魏叛，丧师遁还，亦能以语言动众心，誓同生死。乃知陆贽劝德宗痛自咎悔，以言谢天下，制书所下，虽武人悍卒，无不感动流涕，识者知贼不足平。凡此数端，皆异代而同符也。国家靖康、建炎之难极矣，不闻有此？何邪？

【注释】

①浃（jiā）：湿透，浸透。②颇怀去就：怀着想要逃跑的念头。③绥：安抚。

【译文】

理义的力量能够打动人心，渗入人们的肌肤、骨髓之中，不过有的时候不过是匆忙之间说出的话，最初也并没有发生什么怪异的大事。楚昭王被吴王阖庐（阖闾）带来的祸患所影响，亡国之后出逃，楚国的百姓为他送行，他说："乡亲们回去吧，不用担心没有君王！"乡亲们说："君王哪有像您这样贤明的呢！"于是就跟着他一起走了，有人跑到秦国，哭着请求秦国支援，楚国最终得以复国。汉高祖进入关中的时候，将各县的英雄豪杰召集过来说："乡亲们因为秦朝严苛的刑法受苦已经很长时间了，我在汉中称王，与乡亲们约法三章。我之所以到这里来，是为了给父兄们铲除祸害，并不是想要侵扰大家，因此不要惶恐！"于是派人与秦朝原来的官吏到各县和乡邑，将情况告知百姓，秦国的人们听后十分高兴。后来项羽的军队所经过的地方，都会残害百姓毁灭城邑，让百姓对项羽十分失望。刘氏四百年的皇位基业就这样确定了。唐明皇为了躲避安禄山叛乱，来到了扶风，士兵们心中都带着想要逃跑的念头，谣言也对皇帝十分不利，唐明皇将士兵召集起来说："我用人不当，才会造成胡人安禄山叛乱，现在一定要远走避开他的锋芒。你们匆忙之间跟随了我，不能与父母妻子道别，我愧对你们。现在任凭你们回家，我和子弟们独自前往四川，现在在这里与大家道别。回去看到父母和长安

的父老乡亲，替我转达歉意。”众人都哭着说：“不管生死都愿意跟从陛下。”从此，流言就平息了。叛乱的贼人安禄山将张巡围困在了雍丘，安禄山手下大将劝说张巡投降。张巡将天子的画像拿出来，率领众将士一起朝见，每个人都哭了起来。张巡将六名（劝说他投降的）将领叫到跟前，用大义来责备并杀了他们，战士们的抗敌之心更受震撼。河北有四个人叛乱称王，李抱真派遣贾林去劝说王武俊，假装说是皇帝的话，说：“我之前在处理事情方面有所不对，朋友中有得罪的地方，还需要谢罪，更何况我是天下的主人呢？”王武俊随即便首先提出要服从朝廷。等到皇上在奉天所下达的诏书到达时，王武俊委派使者对田悦说：“皇帝正在担忧国家大事，还想着要用恩德来安抚我们，怎么能不悔过自新，归附朝廷呢？”王庭凑偷偷派兵占领了成德，韩愈前去安抚他，王庭凑剑拔弩张地接待韩愈。到了客馆，大厅里站满了手持武器的士兵。韩愈跟他讲述了安史之乱以来发生的各种叛乱并分析了归顺所得祸福的情况，王庭凑担心将士们被韩愈的话说得动摇，就赶他出去，但是最后还是归顺，做了藩臣。黄巢假造了圣上的圣旨送到凤翔，节度使郑畋并没有出来接旨，音乐演奏起来时，将领部属都哭了。黄巢派来的使者感到十分奇怪，府中的宾客说：“因为相公（指郑畋）得了风痺病不能出来，所以很伤心。”凤翔的百姓听到这个消息的人都哭了起来，郑畋说：我本来就知道百姓并没有打心底厌倦唐朝，乱臣贼子的人头过不了几天就会送来了。没过多久，就率兵并带动各藩镇一起，成功收复了长安。田悦在魏州发动叛乱，失败之后潜逃回了魏州，竟然用言语打动了众人，让众人发誓要跟他同生共死。陆贽知道这件事时劝说唐德宗深刻地反省自己的过失，并用真诚的话语来向天下谢罪，这个道歉的诏书所颁布下达的地方，即便是鲁莽的武夫和凶悍的士兵也没有不被感动哭的，了解这件事的人认为平定叛乱不再困难了。上面所说的几件事，发生在不同的朝代，但是情况却基本是相同的。国家在靖康、建炎年间遭受的祸患十分严重，却听不到上面那样用道义来感化人的情况出现，这是为何呢？

彭越无罪

【原文】

韩信、英布、彭越皆以谋反诛夷。信乘高祖自将征陈豨之时[①]，欲诈赦诸官徒，发兵袭吕后、太子。布见汉使验问，即发兵东取荆，西击楚，对高祖言欲为帝，其为反逆已明。唯越但以称病不亲诣邯郸之故，上既赦以为庶人，而吕后令人告越复谋反，遂及祸。三人之事，越独为冤。且扈辄劝越反，越不听，有司以越不诛辄为反形已具。然则贯高欲杀高祖，张敖不从，其事等耳，乃以为不知状，而敖得释，何也？乐说告信，贲赫告布[②]，皆得封列侯。而梁大仆告越不论赏，岂非汉朝亦知其故耶？栾布为越大夫，使于齐而越死，还奏事越头下，上召骂布，欲烹之，布谓越反形未见，而帝以苛细诛之。上乃释布，拜为都尉。然则高祖于用刑，为有负于越矣，伤哉！

【注释】

①陈豨：秦汉之际汉王刘邦部将，曾与王黄等人一同谋反，自立为代王，刘邦率兵亲征。②贲（bēn）赫：淮南王英布属中的大夫。

【译文】

韩信、英布、彭越都是因为谋反罪而被诛杀的。韩信趁着汉高祖亲自率军征讨陈豨之际，想要假传圣旨释放那些被关押的囚犯，发动士兵袭击了吕后和皇太子。英布见汉高祖派人来验证是否真有这件事，于是就发兵向东直接夺取了荆州地区，向西又攻打了楚地，并对汉高祖说自己想要称帝，他的谋反行为已经十分明确了。彭越仅仅说自己生病不能亲自到邯郸参加征讨陈豨的战役，汉高祖就将他贬为庶人，而吕后让人诬告说彭越想要再次谋反，彭越因此而被殃及。这三个人的事情，只有彭越是冤枉的。况且扈辄曾经劝说彭越谋反，彭越都没有答应，有些官员凭借彭越没有杀死扈辄这件事就认为彭越的谋反之心已成定局。既然这样，那么贯高想要杀死汉高祖，张敖没有答应，这两件事的性质是一样的，但是张敖却因为不知道贯高想要杀死刘邦而被无罪释放，为什么会这样呢？乐说告发韩信，贲赫告发英布，两个人都被封了侯。而梁太仆告发了彭越却没有得到封赏，难道不是汉朝廷本身就知道其中真相的缘故吗？栾布是彭越手下的大夫，奉命出使齐国，回来时却发现彭越已经被处死了，但是他还是对着彭越的首级奏明了出使的情况，皇上召见他，将他大骂了一顿，想要将栾布投入油锅中处死，栾布坚称彭越并没有任何谋反的征兆，但是皇上却因为一些零零碎碎的小事将彭越处死了。皇上这才释放了栾布，并封他为都尉。这样看来，汉高祖在用刑上是有愧于彭越的，真是让人伤心啊！

蜘蛛结网

【原文】

佛经云："蠢动含灵，皆有佛性。"《庄子》云："惟虫能虫，惟虫能天。"盖虽昆虫之微，天机所运[①]，其善巧方便，有非人智虑技解所可及者[②]。蚕之作茧，蜘蛛之结网，蜂之累房，燕之营巢，蚁之筑垤[③]，螟蛉之祝子之类是已。虽然，亦各有幸不幸存乎其间。蛛之结网也，布丝引经，捷急上下，其始为甚难。至于纬而织之，转盼可就，疏密分寸，未尝不齐。门槛及花梢竹间，则不终日，必为人与风所败。唯闲屋垝垣，人迹罕至，乃可久久而享其安。故燕巢幕上，季子以为至危。李斯见吏舍厕中鼠食不洁，近人犬，数惊恐之，仓中之鼠食积粟，居大庑之下[④]，不见人犬之忧，叹曰："人之贤不肖，譬如鼠矣，在所自处耳！"岂不信哉？

【注释】

①运：联系。②技解：方法，技能。③筑垤（dié）：造窝所堆的小土堆。④大庑（wǔ）：大房子。庑：堂下周围的走廊、廊屋。

【译文】

佛经中说："蠢动含灵，皆有佛性。"《庄子》中说："惟虫能虫，惟虫能天。"这里的意思是，虽然昆虫十分微小，但是却和天机有所关联，它们体型精巧行动灵活，有着人类智慧和技能所无法达到的地方。例如，桑蚕能够作茧，蜘蛛能够织网，蜜蜂会造房子，燕子会构筑巢穴，蚂蚁在造窝时能够堆起小土堆，螟蛉能够替蜾蠃生孩子等都是这样。虽然如此，也有各自的幸运与不幸存在于其中。例如，蜘蛛织网的时候，要安排蛛丝，牵扯经线，敏捷快速地爬上爬下，开始时最为困难。到了改织纬线时，一眨眼就完成了，而且疏松密集很有分寸，没有不整齐的。如果将网织在门槛和花草树木、竹林之间，那么不到一天，一定会被人或者风弄坏。只有织在闲置无用的房子或者断壁残垣之间，人们很少到的地方，才能长时间安然无恙。因此，燕子将巢穴筑造在帷幕之上，苏秦认为十分危险。李斯看到官舍的厕所里老鼠吃不干净的东西，与人和狗接近时，都会感到害怕，而粮仓中的老鼠吃仓中积存的粮食，住在大房子的下面，看不到与人和狗接近时的担忧，李斯因此感叹说："看一个人是否贤能，就像看居住在两个不同环境下的老鼠一样，完全要看他处在怎样的位置上。"难道不是如此吗？

孙权称至尊

【原文】

陈寿《三国志》，固多出于一时杂史，然独《吴书》称孙权为至尊，方在汉建安为将军时，已如此，至于诸葛亮、周瑜，见之于文字间亦皆然。周瑜病困，与权书曰："曹公在北，刘备寄寓[①]，此至尊垂虑之日也[②]。"鲁肃破曹公还，权迎之，肃曰："愿至尊威德加乎四海。"吕蒙遣邓玄之说郝普曰："关羽在南郡，至尊身自临之。"又曰："至尊遣兵，相继于道[③]。"蒙谋取关羽，密陈计策[④]，曰："羽所以未便东向者，以至尊圣明，蒙等尚存也。"陆逊谓蒙曰："下见至尊，宜好为计。"甘宁欲图荆州，曰："刘表虑既不远，儿子又劣，至尊当早规之。"权为张辽掩袭，贺齐曰："至尊人主，常当持重[5]。"权欲以诸葛恪典掌军粮[6]，诸葛亮书与陆逊曰："家兄年老，而恪性疏，粮谷军之要最，足下特为启至尊转之。"逊以白权。凡此之类，皆非所宜称，若以为陈寿作史虚辞，则魏、蜀不然也。

【注释】

①寄寓：寄居，依附。②垂虑之日：每天都会思考的事情。③相继于道：已经出发上路。④密陈计策：暗中策划布置计谋。⑤持重：行事慎重，不草率。⑥诸葛恪：诸葛亮兄长诸葛瑾的长子，才思敏捷，被孙权所赏识。孙亮继位之后，诸葛恪掌管了吴国的大权，骄奢淫逸，最后被孙峻联合孙亮设计杀害。

【译文】

陈寿的《三国志》，大部分都源于当时的一些杂史，只有《吴书》将孙权称为"至尊"，而且是在汉献帝建安时期孙权还是将军的时候，就这样称呼了。而对于诸葛亮、周瑜，出现在文字中的也就是这样。周瑜在病中的时候，给孙权写信说："曹操在北面，刘备寄居在江东，这是'至尊'

您日夜都要考虑的事情啊。”鲁肃大胜曹军凯旋之后，孙权迎接他，鲁肃说：“希望‘至尊’的威望德行能够传播到天下。”吕蒙派遣邓玄前去劝说郝普，说：“关羽的军队驻扎在南郡，‘至尊’正好亲自去见见他。”又说：“‘至尊’派出的军队，已经陆续上路了。”吕蒙谋划要攻打关羽，于是悄悄将自己的计谋告诉孙权，说：“关羽之所以没有向东行军，是因为‘至尊’的圣明，还有我们这些将领在啊。”陆逊对吕蒙说：“阁下见到‘至尊’之后，要尽心尽力为他想好计谋啊。”甘宁想要劝说孙权夺取荆州，说：“刘表考虑事情十分短浅，儿子又顽劣，‘至尊’应当尽早为自己做好打算。”孙权被张辽偷袭，贺齐建议说：“‘至尊’身为主公，应当行事谨慎，考虑周详。”孙权想让诸葛恪来掌管军队的郎操，诸葛亮写信给陆逊说：“我的兄长年纪大了，他的儿子诸葛恪又性情懒散马虎，军粮乃是军队中至关重要的事情，请您向‘至尊’转达不要让他担此重任。”陆逊于是把诸葛亮的劝告告知了孙权。上面所举的例子，里面所有的称呼都是不适合的。如果说陈寿写《三国志》这样使用不正当的措辞，那么魏、蜀之人也这样称呼就是不应当了。

三家七穆

【原文】

春秋列国卿大夫世家之盛，无越鲁三家、郑七穆者。鲁之公族，如臧氏、展氏、施氏、子叔氏、叔仲氏、东门氏、郈氏之类固多，唯孟孙、叔孙、季孙实出于桓公，其传序累代，皆秉国政，与鲁相为久长。若揆之以理[①]，则桓公弑兄夺国，得罪于天，顾使有后如此。郑灵公亡，无嗣，国人立穆公之子子良，子良辞以公子坚长。乃立坚，是为襄公。襄公将去穆氏，子良争之，愿与偕亡。乃舍之，皆为大夫。其后位卿大夫而传世者，罕、驷、丰、印、游、国、良，故曰七穆。然则诸家不逐而获存，子良之力也。至其孙良霄乃先覆族，而六家为卿如故，此又不可解也。

【注释】

①揆（kuí）之以理：按照一定的情理进行推测。

【译文】

春秋各国卿大夫世家中最为兴旺的，没有超过鲁国的三桓，以及郑国的七穆的。鲁国君主的宗族，如臧氏、展氏、施氏、子叔氏、叔仲氏、东门氏、郈氏虽然有很多，但是只有孟孙、叔孙、季孙这三家是桓公正统的后辈，他们世代相传，都掌管着国家的大权，和鲁国的历史一样长久。如果按照一定的情理进行推测，那么桓公杀掉兄长夺去国家的政权，得罪了上天，上天反而让他的后代如此兴旺发达。郑灵公去世时，没有子嗣，国人将穆公的儿子子良立为国君，子良以公子坚的年纪更大为由推辞了。于是拥立坚为国君，也就是郑襄公。郑襄公打算将穆氏赶出朝廷，子良与他争辩，希望和穆氏一起赴死。郑襄公这才放弃除掉穆氏的念头，从此，穆氏都成了郑国的大夫。这之后，官至卿、大夫而世代相传的有罕、驷、丰、印、游、国、良，因此被称为七穆。不过他们之所以能够不被驱逐而侥幸存活下来，都是子良的功劳。到子良的孙子良霄时，子良这一支就被灭族了，而六家依然有世袭的官职，这件事实在是无法解释。

曹参不荐士

【原文】

曹参代萧何为汉相国，日夜饮酒不事事，自云："高皇帝与何定天下，法令既明，遵而勿失，不亦可乎！"是则然矣，然以其时考之，承暴秦之后，高帝创业尚浅，日不暇给[①]，岂无一事可关心者哉？其初相齐，闻胶西盖公善治黄、老言，使人厚币请之。盖公为言治道贵清净而民自定。参于是避正堂以舍之，其治要用黄、老术。故相齐九年，齐国安集。然入相汉时，未尝引盖公为助也。齐处士东郭先生、梁石君隐居深山，蒯彻为参客[②]，或谓彻曰："先生之于曹相国，拾遗举过，显贤进能，二人者，世俗所不及，何不进之于相国乎？"彻以告参，参皆以为上宾。彻善齐人安其生，尝干项羽，羽不能用其策。羽欲封此两人，两人卒不受。凡此数贤，参皆不之用，若非史策失其传，则参不荐士之过多矣。

【注释】

①日不暇给：时间紧张，做事情忙不过来。②蒯（kuǎi）彻：即蒯通，因避汉武帝之讳而改为通。素有辩才，善于陈说利害，曾是韩信的谋士，相继献上了灭齐之策和三分天下之计。韩信死后，成为相国曹参的宾客。

【译文】

曹参代替萧何职掌汉朝的相国一职，整日饮酒不处理政事，还自称："高祖皇帝与萧何平定了天下，法令已经明晰，只要遵循不违背就不会有过失，不就可以了！"道理虽然如此，但是从当时的情况来考证的话，当时汉朝紧随在暴敛的秦朝之后，高祖开创大业的时间并没多久，每天忙不过来，难道就没有一件事值得关心吗？曹参在刚担任齐国相国时，听闻胶西盖公精通黄帝、老子的学说，于是就派人用厚礼去请他。盖公对他说，治理国家的道理最可贵的在于不过分消耗民力百姓自然得到安宁。曹参于是自己搬出了正屋让给盖公居住，并根据黄帝、老子的方法来治理齐国，因此做了九年齐国的相国，齐国也因此得到安定团结。但是当他成为汉朝的丞相时，并没有引荐盖公来辅助。齐国不愿意做官的东郭先生、梁石君两人隐居在深山，蒯彻是曹参的宾客，有人对蒯彻说："对于曹相国来说，先生可以帮助他弥补一些疏漏，列出他的一些过失，彰显贤能推荐有能力的人，像东郭先生、梁石君这两个人，都是世俗之人无法超越的，为什么不把他们推荐给曹相国呢？蒯彻于是把这两个人推荐给了曹参，曹参将这两个人当成上宾来对待。蒯彻与齐国的安其生交情颇深，他们曾经一起为项羽出谋划策，不过项羽并没有采用他们的计策。后来项羽想要分封蒯彻与安其生，两个人最终没有接受。这几位贤能之人，曹参都没有重用，如果不是史书记载错误的话，那曹参不能推荐有才之士的过错就太多了。

民不畏死

【原文】

老子曰："民常不畏死，奈何以死惧之？若使人常畏死，则为奇者吾得执而杀之，孰敢？"读者至此，多以为老氏好杀。夫老氏岂好杀者哉！旨意盖以戒时君、世主视民为至愚、至贱[①]，轻尽其命，若刈草菅[②]，

使之知民情状，人人能与我为敌国，懔乎常有朽索驭六马之惧。故继之曰："常有司杀者杀。夫代司杀者杀，是代大匠斫。夫代大匠斫，希有不伤其手矣。"下篇又曰："人之轻死，以其生生之厚，是以轻死。"且人情莫不欲寿，虽衰贫至骨，濒于饿隶，其与受僇而死有间矣，乌有不畏者哉？自古以来，时运俶扰，至于空天下而为盗贼，及夷考其故，乱之始生，民未尝有不靖之心也。秦、汉、隋、唐之末，土崩鱼烂，比屋可诛。然凶暴如王仙芝、黄巢，不过侥觊一官而已，使君相御之得其道，岂复有滔天之患哉！龚遂之清渤海，冯异之定关中，高仁厚之平蜀盗，王先成之说王宗侃，民情可见。世之君子，能深味老氏之训，思过半矣。

【注释】

①时君、世主：都是指君主。②刈（yì）：割。

【译文】

老子说："百姓在很多时候都不会惧怕死亡，这时候用死亡来威胁他们是没有用的。如果让人常常惧怕死亡，那么对于极少数敢作奸犯科的人，我就能够抓住并处死他们了，这样一来，谁还敢犯法呢？"读到这里，大多数人会认为老子是一个嗜好杀戮的人。实际上，老子怎么会是喜欢杀人的人呢？他原本的意思是想告诫君主们，不要把民众当成是最为愚笨和低贱的人，轻易下达处死他们的命令，像铲除小草一样微不足道。老子希望君主能够全面了解百姓的情况，明白每个人都可能会像敌对的国家一样对自己造成威胁，因此需要时常怀着忐忑的心情，高度警觉，就像是用腐朽的绳索套着六匹马拉的一辆破车一样惶恐。所以他继续说："向来都是由专门负责屠宰的人去屠宰。代替这些专门负责屠宰的人去屠宰，就像是代替木匠去砍伐木头。代替木匠砍木头，很少有不弄伤自己手指的。"老子在下篇中又说："老百姓之所以会轻视自己的性命，是因为君主想要让自己的生活更加舒服（却没有顾及百姓的利益），因此百姓会不惜性命去反抗。"并且，人没有不希望自己能够长寿的，即便贫困潦倒至极的人，其处境已经和饥寒交迫的奴隶一般，但是与被杀而死还是有着很大的不同，难道有不害怕的吗？古往今来，世事莫测，甚至全天下的人都揭竿起义，沦为盗贼。但是仔细探究其中的原因不难发现，动乱开始的时候，百姓并没有谋反之心。秦、汉、隋、唐这些朝代的末期，国内的形势就像是土崩瓦解、鱼腐肉烂，几乎每家都有罪，每个人都可杀，但是像王仙芝、黄巢这样的“罪魁祸首”，所觊觎的也不过就是一官半职罢了。如果国君和宰相能够治理有方，怎么会成为滔天的祸患呢？从西汉龚遂肃清渤海郡，东汉冯平定关中一带，高仁厚镇压蜀地农民起义，王先成劝说王宗侃等这些事情，就能够清楚地了解民情。世间的君子（指统治者），如果能够深刻地品味老子的告诫，那么就能减少一半的过错了。

唐帝称太上皇

【原文】

唐诸帝称太上皇者，高祖、睿宗、明皇、顺宗凡四君。顺宗以病废之故，不能临政，高祖以秦王杀建成、元吉，明皇幸蜀，为太子所夺，唯睿宗上畏天戒，发于诚心，为史册所表①。然以事考之，睿宗以先大元年八月，传位于皇太子，犹五日一受朝，三品以上除授，及大刑政皆自决之。故皇帝之子嗣直、嗣谦、嗣升封王，皆以上皇诰而出命。又遣皇帝巡边。二年七月甲子，太平公主诛，明日乙丑，即归政。然则犹有不获已也。若夫与尧、舜合其德，则我高宗皇帝、至尊寿皇圣帝为然。

【注释】

①表：表彰，表扬。

【译文】

唐朝的皇帝中被称为太上皇的人，有高祖、睿宗、明皇、顺宗这四个君主。顺宗因为生病，不能理政，高祖因为秦王杀死了太子建成、元吉而禅位，明皇因为安史之乱逃到了四川，皇位被太子所夺，只有睿宗是因为畏惧上天的告诫，自愿退位，被史册所赞扬。不过考证当时的历史，睿宗在先天元年八月传位给太子，却依然每五天接受一次百官的朝拜，任用三品以上的官员，并对重大的刑事案件进行制裁决断。因此，皇帝的儿子嗣直、嗣谦、嗣升被分封为王时，都是用太上皇的诰命来封的。另外，他还派皇上去巡边。二年七月甲子日，太平公主被赐死，第二天乙丑，就归政于玄宗皇帝。由此可以看出，睿宗退位也是迫不得已，并非出于自愿。如果与尧、舜禅让的美德相比的话，可能只有我大宋朝的高宗皇帝和至尊寿皇圣帝是这样了。

妇人英烈

【原文】

妇人女子，婉娈闺房，以柔顺静专为德，其遇哀而悲，临事而惑。蹈死而惧[①]，盖所当然尔。至于能以义断恩，以智决策，斡旋大事，视死如归，则几于烈丈夫矣。

齐湣王失国，王孙贾从王，失王之处。其母曰："汝朝出而晚来，则吾倚门而望；汝暮出而不还，则吾倚闾而望[②]。汝今事王，不知王处，汝尚何归？"贾乃入市，呼市人攻杀淖齿，而齐亡臣相与求王子立之，卒以复国。

马超叛汉，杀刺史、太守。凉州参军杨阜出见姜叙于历城，与议讨贼。叙母曰："韦使君遇难，亦汝之负，但当速发，勿复顾我。"叙乃与赵昂合谋。超取昂子月为质，昂谓妻异曰，"当奈月何？"异曰："雪君父之大耻，丧元不足为重，况一子哉！"超袭历城，得叙母，母骂之曰："汝背父杀君，天地岂久容汝，敢以面目视人乎？"超杀之，月亦死。

晋卞壶拒苏峻，战死，二子随父后，亦赴敌而亡。其母拊尸哭曰[3]："父为忠臣，子为孝子，夫何恨乎！"

秦苻坚将伐晋[4]，所幸张夫人引禹、稷、汤、武事以谏曰："朝野之人，皆言晋不可伐，陛下独决意行之？"坚不听，曰："军旅之事，非妇人所当预也。"

刘裕起兵讨逆，同谋孟昶谓妻周氏曰："我决当作贼，幸早离绝。"周氏曰："君父母在堂，欲建非常之谋，岂妇人所能谏。事之不成，当于奚官中奉养大家，义无归志也。"昶起，周氏追昶坐，曰："观君举措，非谋及妇人者，不过欲得财物耳。"指怀中儿示之曰："此儿可卖，亦当不惜！"遂倾赀以给之[5]。

何无忌夜草檄文，其母，刘牢之姊也，登橙密窥之。泣曰："汝能如此，吾复何恨！"问所与同谋者，曰："刘裕。"母尤喜，因为言举事必有成之理以劝之。

窦建德救王世充，唐拒之于虎牢。建德妻曹氏劝使乘唐国之虚，西抄关中，唐必还师自救。建德曰："此非女子所知。"

李克用困于上源驿，左右先脱归者，以汴人为变告其妻刘氏，刘神色不动，立斩之，阴召大将约束，谋保军以还。克用归，欲勒兵攻汴，刘氏曰："公当诉之于朝廷，若擅举兵相攻，天下孰能辨其曲直？"克用乃止。

黄巢死，时溥献其姬妾。僖宗宣问曰："汝曹皆勋贵子女，何为从贼？"其居首者对曰："狂贼凶逆，国家以百万之众，失守宗祧。今陛

下以不能拒贼责一女子，置公卿将帅于何地乎？”上不复问，戮之于市。余人皆悲怖昏醉，独不饮不泣，至于就刑，神色肃然。

唐庄宗临斩刘守光，守光悲泣哀祈不已，其二妻李氏，祝氏谯之曰：“事已如此，生复何益？妾请先死。”即伸颈就戮。

刘仁瞻守寿春，幼子崇谏夜泛舟渡淮北，仁瞻命斩之。监军使求救于夫人，夫人曰：“妾于崇谏，非不爱也，然军法不可私，若贷之，则刘氏为不忠之门矣。”趣命斩之，然后成丧。

王师围金陵，李后主以刘澄为润州节度使，澄开门降越。后主诛其家，澄女许嫁未适，欲活之。女曰：“叛逆之余，义不求生。”遂就死。

此十余人者，义风英气，尚凛凛有生意也。虽载于史策，聊表出之。至于唐高祖起兵太原，女平阳公主在长安，其夫柴绍曰：“尊公将以兵清京师，我欲往，恐不能偕，奈何？”主曰：“公往矣！我自为计。”即奔鄠⑥，发家赀招南山亡命，谕降群盗，申法誓众，勒兵七万，威振关中，与秦王会渭北，分定京师。此其伟烈，又非他人比也。

【注释】

①蹈死：就死，赴死。②闾（lǘ）：里巷的门。③拊：通“抚”，抚摸。④苻（fú）坚：前秦世祖宣昭皇帝苻坚，字永固，又字文玉，十六国时期前秦的统治者，在位期间治理有方，统一了北方，最终遭羌人姚苌杀害，终年四十八岁，谥号宣昭帝，庙号世祖。⑤赀（zī）：资产。⑥鄠（hù）：地名，在今陕西省户县北。

【译文】

无论是已经嫁为人妻的女子，还是待字闺中的女子，都将柔顺静作为自己的美德。如果遇到了伤心的事情，就会哭泣，遇到突发的事情就会困惑不已。面对死亡时，也是十分惶恐，这些都是女人们的自然反应。而一些女子能够在大义面前，不徇私情，用自己的才智来决策，谋划大事，将死亡看得十分淡然，已经与男子汉大丈夫没有什么差别了。

齐国被攻陷之后，齐湣王丢掉了王位。王孙贾追随在他的左右，后来中途跟齐湣王走散了，不得不返回家中。他母亲见状，对他说：“你每天早晨出去晚上回来，我都靠着门等着你回来；你如果晚上出去而且不能回家，我就靠在巷子里等着你。你现在在齐湣王身边侍奉，却不知道齐湣王在哪里，你还回来做什么？”王孙贾于是跑到闹市，叫来国人一起攻击杀死了加害齐湣王的淖齿，接着齐国流亡在外的臣子也竭尽全力寻找齐国王室的后裔，最终得以复国。

东汉末年，马超叛变汉朝朝廷，杀死了刺史和太守。凉州参军杨阜前往历城拜见姜叙，与他一起商议讨伐叛贼。姜叙的母亲说：“太守遇害这件事，你也有一定的责任，如今你应当尽快发兵讨伐叛贼，不用顾忌我。”姜叙于是和赵昂一起商议谋划。马超扣留了赵昂的儿子赵月作为人质，赵昂对他的妻子说：“现在我应当全力对付叛贼，我们的儿子该如何是好？”妻子说：“为君父报仇雪恨，就算是为此牺牲或者家破人亡又有什么呢，更不要说失去一个孩子了！”后来马超攻占了历城，抓住了姜叙的母亲，姜叙的母亲对着马超骂道：“你背叛父亲杀死君主，天地间怎么能够容得下你，你又怎么有脸面来面对世人呢？”于是马超就将她杀死了，赵月也被杀死了。

东晋时期，卞壶率军抗击叛军苏峻，战死沙场。后来，他的两个儿子继承父亲的遗志，也奔赴前线杀敌最后牺牲了。他们的母亲抚摸着尸体哭着说：“父亲是一代忠臣，儿子也是孝子，我有什么可遗憾的呢！”

前秦国主苻坚一心想要扩充疆土，不顾自己的实际情况，准备攻打东晋。幸好他所宠爱的张夫人引用了禹、稷、汤、周武王的事情来劝谏说：“朝廷上下，都说东晋是不能讨伐的，陛下怎么能够一意孤行呢？”可惜苻坚并没有听从，说：“军事大事，不是妇人应该过问的。”

刘裕率军去平叛逆贼，叛乱者的同谋孟昶对他的妻子周氏说：“我决定要去当叛贼，恐怕会牵累你，所以我们还是及早分开吧。”周氏说：“你的父母还在世，想要做出重大的决定，成就非凡的事业，我一个妇人又怎么能够干预得了呢。大事如果没有成功，即便我沦为奴仆被人

驱使，也会竭尽全力去侍奉你的父母，绝对不会弃你而去。”孟昶听完准备起身离开，周氏追着孟昶让他重新坐下说：“看你今天的言行举止，并不是要我参与意见，不过是想要得到财物罢了。”于是指着怀里的儿子说：“将这个孩子卖掉，我也是不会阻拦你的！”于是将家里的东西全都卖掉了，将钱全给了孟昶。

何无忌和刘裕一起起兵讨伐篡位的桓玄，他的母亲是名将刘牢的姐姐。一天刚入夜，何无忌在阁楼中起草讨伐叛贼的檄文，他的母亲登上梯子看到了。母亲哭着说：“你如果能够成就大业，我还有什么遗憾呢！”并询问跟他一起谋划的人是谁，何无忌回答说：“刘裕。”他的母亲听后十分欣喜，还列举了很多办大事的人是怎么成就大业的例子来鼓励他。

唐朝初年，窦建德率军去营救被唐朝军队围困住的王世充，那时唐朝军队已经在虎牢关设下埋伏。窦建德的妻子劝说他趁着唐朝京师空虚时趁虚而入，从西面突袭关中，唐朝的军队到时候一定会还师自救。窦建德说：“这些军事上的事情不是你们女子能够知晓的。”

唐朝末年，晋王李克用被朱温的军队围困在了上源驿，当时他身边的一些人有先逃跑回去的，这些人将情况告诉了李克用的妻子刘氏，刘氏听后神色没有动摇，命令大将将逃回来的士兵斩首，然后把各路的大将召集起来商讨对策，同时规定大将要约束自己手下的士兵，尽量保存实力，全身而退。李克用归来之后，想要出兵攻打汴军，刘氏说：“你应当将这件事上报给朝廷，如果擅自率领军队攻打，天下人又怎么能够辨别出其中的是非曲直呢？”李克用这才放弃了立即攻打的计划。

黄巢兵败被杀死之后，时溥将俘虏的黄巢的妻妾送给朝廷。僖宗审问这些妻妾说：“你们明明都是功臣显贵的后代，为什么要跟着一个叛贼呢？”为首的一个女子回答说：“叛贼造反祸害四方的时候，拥有百万军队的国家尚且无法自保，看着宗庙社稷沦陷于敌手，现在陛下用不能抗拒敌寇来责问一个女子，是要将朝中的公卿大臣放在哪里呢？”皇上听后就没有再问，将这些妻妾都拉到集市上斩首了。其他人都因为伤心恐惧而神情恍惚，目光迷离，只有那位女子没有流一滴眼泪，到了行刑的时候，神情庄严肃穆。

唐庄宗要将刘守光斩首时，刘守光伤心哀求不已，他的妻妾李氏和朱氏却满脸正色说道："事情既然已经发展到这样了，活着又有什么意义呢？妾请求先死。"于是伸着脖子等着被杀。

刘仁瞻驻守寿春时，他的儿子刘崇谏深夜独自划船偷渡到淮河以北，刘仁瞻下令将其斩首。监军派人向刘仁瞻的夫人求救，夫人说："我不是不疼爱自己的儿子，但是军法是不能徇私情的，如果夫君因为我的请求而赦免了儿子，那么刘氏一族将会成为不忠之门啊。"接着就忍痛让夫君处死儿子，之后含泪为他发丧。

王师（宋军）围困金陵时，李后主派遣刘澄作为润州节度使，但是刘澄却打开城门向吴越投降。李后主将刘澄全家杀死，刘澄的女儿虽然还没出嫁但已经定下了亲事，李后主并不想处死她。刘澄的女儿说："叛贼的后人，本就没有苟活于世的道理。"于是主动请死。

这十几个女子，忠义之气，依然深深地感染着后世。虽然已经被记录在了史册之中，但是我还是想要提出来赞扬。至于唐高祖起兵太原，他居住在长安的女儿平阳公主，她的夫君柴绍说："你的父亲已经在太原骑兵征讨京师中的乱臣贼子，我想要一同前去，恐怕不能和你在一起了，你是怎么看的呢？"公主说："你安然前往，我自有对策。"等到她的丈夫离开之后，她便前往鄠县，用自己的私房钱招募那些逃亡南山的百姓，下诏劝降那些盗贼，她所建立的军队纪律严明，有七万之多，军队在关中很有威名，和秦王在渭北会师，平定了京师。平阳公主创下了如此伟大的功业，又怎么是其他人能够相比的呢。

无用之用

【原文】

庄子云："人皆知有用之用，而莫知无用之用。"又云："知无用，而始可与言用矣。夫地非不广且大也，人之所用，容足耳。然则厕足而垫之致黄泉，所谓无用之为用也亦明矣。"此义本起于《老子》"三十辐共一毂[①]，当其无，有车之用"一章。《学记》："鼓无当于五声，五声弗得不备；水无当于五色，五色弗得不章。"其理一也。今夫飞者以翼为用，絷其足，则不能飞。走者以足为用，缚其手，则不能走。举场较艺，所务者才也，而拙钝者亦为之用。战陈角胜，所先者勇也，而老怯者亦为之用。则有用、无用，若之何而可分别哉？故为国者，其勿以无用待天下之士，则善矣！

【注释】

①三十辐共一毂：古代的车轮都是用木头做的，由轮、辐、毂、轴构成。轮是最外边的部分，轴是最里边的部分，毂是套在车轴上的部分，辐是连接轮毂的木条。在毂和轴之间必须是空的，不然无法转动。

【译文】

《庄子》中说："人们都知道有用的东西的用处，却没有人知道无用的东西的用处。"又说："知道无用的东西的用途，才能和他谈论有用。土地并不是不广大，人们所使用的地方也不过就是立足的这片土地罢了。既然只使用立足的这块地方，那么把其他没有用的土地都挖掉，直到挖到黄泉，这时候那些所立足的一小块地方难道还有用处吗？这样来说，所说的无用的用处就十分明确了。”这种说法出自《老子》中的“将三十根辐条集中在一个车毂上，有了车毂中间的空洞，才有了车的作用。”《初学记》中也说：“鼓声虽然并没有在五声之中，但是如果没有它，五声也就不完整了；水色虽然不在五色之中，可是如果没有它，五色就难以显现了。”都是同样的道理。现在，那些能够飞翔的动物都是用翅膀来飞，如果把它们的腿捆住，它们依然不能飞翔。人们走路都是用脚来走路的，把他们的手绑住，那么也走不了了。在考场上比拼技艺，所看重的不过是真才实学，但是才能笨拙的人也有他的用处。在战争中能够攻克敌人取得胜利，最需要的是勇气，而年老胆怯的人也是有他的用处的。那么有用、无用，为什么要分得那么清楚呢？所以治理国家的人如果能够不用“无用”来看待天下的士人，事情就容易多了！

东坡论庄子

【原文】

东坡先生作《庄子祠堂记》，辩其不诋訾孔子。“尝疑《盗跖》、《渔父》则真若诋孔子者，至于《让王》，《说剑》，皆浅陋不入于道。反复观之，得其《寓言》之终曰：‘阳子居西游于秦，遇老子。其往也，舍者将迎其家，公执席，妻执巾栉，舍者避席，炀者避灶。其反也，与之争席矣。’去其《让王》、《说剑》、《渔父》、《盗跖》四篇，以合于《列御寇》之篇，曰：‘列御寇之齐，中道而反，曰：‘吾惊焉，吾食于十浆，而五浆先馈。’然后悟而笑曰：‘是固一章也。’庄子之言未终，而昧者剿之，以人其言尔。”东坡之识见至矣、尽矣。故其《祭徐君猷文》

云："争席满前，无复十浆而五馈。"用为一事。今之庄周书《寓言》第二十七，继之以《让王》《盗跖》《说剑》《渔父》，乃至《列御寇》为第三十二篇，读之者可以涣然冰释也。

予按《列子》书第二篇内首载御寇馈浆事数百言①，即缀以杨朱争席一节②，正与东坡之旨异世同符，而坡公记不及此，岂非作文时偶忘之乎！陆德明《释文》："郭子玄云，一曲之才，妄窜奇说，若《阏奕》《意修》之首，《危言》《游凫》《子胥》之篇，凡诸巧杂，十分有三。《汉·艺文志》《庄子》五十二篇，即司马彪、孟氏所注是也，言多诡诞，或似《山海经》，或类占梦书，故注者以意去取，其内篇众家并同。"予参以此说，坡公所谓昧者，其然乎？《阏弈》《游凫》诸篇，今无复存矣。

【注释】

①馈浆：出自《列子·黄帝篇》中的第十四个小故事，说列子赶往齐国的途中，有五家粥铺赠送粥给他喝，让他十分吃惊，于是在中途就回去了，遇到了好友，说了一些剖析自己的话。②争席：出自《列子·黄帝篇》，紧接着"馈浆"，讲的是杨朱到沛邑去迎接老子，老子

对他表现出的一副傲慢无礼的样子进行教诲，让杨朱肃然起敬。他到沛邑时旅店的老板和客人都对他十分恭敬，他看到老子返回的时候，这些人已经敢同他争席了。

【译文】

苏东坡先生写的《庄子祠堂记》，验证了庄子并没有诋毁孔子这件事情。他说："我曾经怀疑过《盗跖》和《渔父》这两篇文章果真是在诋毁孔子，而《让王》《说剑》这两篇文章因为文辞浅陋，思想与道家的思想格格不入，反复阅读，发现《寓言》篇的结尾处说：'阳子居（即杨朱）向西游历秦国时，在半路遇到了老子。他到达沛城时，旅馆里的店家出来迎接他，男主人拿着席子让他坐下休息，女主人送来了洗漱用的东西，对待他都十分恭敬；还有客人会慌忙离席而去，烤火的人也会急忙离开灶台溜走。当阳子居要离开沛地时，旅馆里的客人已经会跟他争抢席子而坐，不分你我了。'如果去掉《让王》《说剑》《渔父》《盗跖》这四篇，直接和《列御寇》的首段相接，文章的意思依然很通顺。《列御寇》的第一段说：'列御寇前往齐国，半路就回来了，说：'我遇到了让人惊讶的事情，我曾经在十家粥铺喝粥，竟然有五家争抢着把粥送上来。'经过揣测，我了然于心，不由说道：'这原本是通篇的内容。'庄子的话尚未说完，愚昧无知的人就把它强行割裂，插入了自己的作品。"苏东坡的见解实在是高深、周全。因此，他在《祭徐君猷文》中说："每个人都争抢座位，不再有到十家吃饭却有五家争抢着上饭的情景。"把杨朱与列御寇的事情视为同一件事。如今再看《庄子》，《寓言》是第二十七篇，承接着《让王》《盗跖》《说剑》《渔父》这四篇，《列御寇》是第三十二篇，将这两篇连在一起读，就会感到很多疑点都涣然冰释了。我查看了《列子》的第二篇，发现其中先记载了列御寇被店家先行赠送粥浆的事情，竟然用了几百个字，紧接着就记载了杨朱争席这件事，恰好与苏东坡的意思是完全一样的，虽然两个人生存的年代差了一千多年。不过，苏东坡的文章一个字都没有提到《列子》的记载，难道是写文章

的时候偶然间忘记了？陆德明在《经典释文》中记载："郭子玄说，个别有着特殊才能的学者，妄自篡改，如《阏弈》《意修》这两篇的开头，和《危言》《游凫》《子胥》这些文章，都被人巧妙地掺加了假的作品，一本书假的作品占据了十分之三甚至更多。《汉书·艺文志》中说《庄子》有五十二篇，就是司马彪、孟氏所做的注解，言语中大多都诡异荒诞，有些像《山海经》，有些像是解释梦境的书，正是因为这样，做注解的人随意根据自己的见解进行取舍，只有《庄子》的内篇，各家都是一致的。"我参考了这种说法，苏东坡所讲的愚昧之人，难道指的是这些人吗？《阏弈》《游凫》这些文章，现在已经没有了。

民俗火葬

【原文】

自释氏火化之说起，于是死而焚尸者，所在皆然。固有炎暑之际，畏其秽泄，殓不终日，肉尚未寒而就爇者矣①。鲁夏父弗忌献逆祀之议，展禽曰："必有殃，虽寿而没，不为无殃。"既其葬也，焚烟彻于上，谓已葬而火焚其棺椁也②。吴伐楚，其师居麇，楚司马子期将焚之，令尹子西曰："父兄亲暴骨焉，不能收，又焚之，不可。"谓前年楚人与吴战，多死麇中，不可并焚也。卫人掘褚师定子之墓，焚之于平庄之上。燕骑劫围齐即墨，掘人冢墓，烧死人，齐人望见涕位，怒自十倍。王莽作焚如之刑，烧陈良等。则是古人以焚尸为大僇也。列子曰："楚之南有炎人之国，其亲戚死，剐其肉而弃之，然后埋其骨；秦之西方有仪渠之国，其亲戚死，聚柴积而焚之，熏则烟上，谓之登遐③，然后成为孝子。此上以为政，下以为俗，而未足为异也。”盖是时其风未行于中国，故列子以仪渠为异，至与朽肉者同言之。

【注释】

①爇（ruò）：烧。②棺椁（guǒ）：棺材和套棺，这里泛指棺材。③登遐：死者升天而去。

【译文】

自佛教火化的说法传入中国之后，死后将尸体火化的，到处都是。这里面固然有因为酷暑炎热，担心尸体腐烂，因此装殓还不足一天，在尸骨未寒时就一把火烧掉了。春秋时期，鲁国的鲁夏父弗忌献打乱了祭祀顺序，展禽（柳下惠）说：“这样一定会有灾祸发生，就算是寿终正寝，也不会没有祸端。”到他下葬时，坟墓中浓烟直冲霄汉，很明显这是下葬之后他的棺椁被大火烧了。吴国讨伐楚国时，将军队驻扎在河边有水草的地方，楚国的司马子期打算放火烧了这个地方，令尹子西说：“我们的父老兄弟的尸骨也被丢弃在那里，没有办法收殓，现在再把他们和吴国的军队一起烧掉，不能这么做。”子西所说的是前年楚国和吴国打仗的时候，楚军的士兵大多都死在了这里，不能将这些人和吴国的军队一同烧掉。卫国人凿开褚师定子的墓地，并在平庄烧掉了他的遗骸。燕国的骑劫去围攻齐国的即墨城，在城外凿开很多齐国人的墓地，还放火烧掉了死人的遗骨，齐国人看到这种情形之后都痛哭流涕，同时对燕国军队的愤怒增加了十倍。王莽制定了将人烧死的刑罚，将陈良等人烧死。从这些可以看出，古人一直将烧尸作为一种大戮之刑。列子说：“在楚国的南面有一个炎人之国，那个国家的人死了之后，亲戚会将死者的肉割下来扔掉，然后掩埋这个人的尸骨；秦国的西面有一个仪渠国，这个国家的人死了之后，将柴火堆积起来将尸骨烧掉，当火烧到尸体时黑烟直上，称为‘登遐’，这样之后，死者的子女才能称为孝子。从这些可以看出，对上而言，火葬已经成为统治者治理国家的手段，对下而言，火葬已经被老百姓认为是一种风俗习惯，不足以让人感到诧异。”大概是当时这种

风俗还没有在中国盛行，所以列子认为仪渠国的风俗十分怪异，甚至与剐肉埋骨的炎人之国一概而论。

帝王训俭

【原文】

帝王创业垂统，规以节俭，贻训子孙，必其继世象贤，而后可以循其教，不然，正足取侮笑耳。宋孝武大治宫室，坏高祖所居阴室[①]，于其处起玉烛殿，与群臣观之。床头有土障，上挂葛灯笼、麻蝇拂[②]。侍中袁顗因盛称高祖俭素之德，上不答，独曰："田舍翁得此，已为过矣！"唐高力士于太宗陵寝宫，见梳箱一、柞木梳一、黑角篦一、草根刷子一，叹曰："先帝亲正皇极，以致升平，随身服用，唯留此物。将欲传示子孙，永存节俭。"具以奏闻。明皇诣陵，至寝宫，问所留示者何在？力士捧跪上，上跪奉，肃敬如不可胜，曰："夜光之珍，垂棘之璧，将何以愈此？"即命史官书之典册。是时，明皇履位未久，厉精为治，故见太宗故物而惕然有感。及侈心一动，穷天下之力不足以副其求，尚何有于此哉？宋孝武不足责也，若齐高帝、周武帝、陈高祖、隋文帝，皆有俭德，而东昏、天元、叔宝、炀帝之淫侈，浮于桀、纣，又不可以语此云。

【注释】

①阴室：帝王生前居住的房间。②麻蝇拂：用麻做的蝇拂子。

【译文】

帝王创下基业之后，为了让大业世代相传，将节俭作为规范，留给子孙当作训诫，但是只有贤能的子孙才会效仿他们，并遵守他们的教导。否则，正好给自己找来被人羞辱和讥笑的理由罢了。宋孝武帝对皇宫宅院进行大规模整修，拆掉了宋武帝临终时居住的那间卧室，在那块土地上建起了玉烛殿。他和群臣一起看建造的情况，发现高祖的床头有一个土台，上面挂着用葛条做成的灯笼、麻绳做成的蝇拂。侍中袁顗因此而对武帝节俭的美德大为夸赞，皇上听到后并没有应答，而是说："种田的老翁使用的这些东西，已经节俭过度了！"唐代高力士在唐太宗陵墓的寝宫中，看到一个梳妆箱，有一把柞木梳子，一个黑牛角篦子，一个草根刷子，由此感慨说："先帝亲身树立了帝王的准则，致使天下也随之繁荣安定，随身要用到的东西，只剩下了这些。他想把这些传给子孙后代，让他们永远保持节俭的美德啊。"高力士将这件事如实上奏。唐明皇来到昭陵，到达寝宫，问那些留给子孙看的东西在哪里。高力士跪着将这些东西捧给皇上看，皇上跪下接受，神情肃穆到了极点，说："夜光的珍珠，垂棘的美玉，如何能跟这些东西相比呢？"于是马上让史官将这些记载到典册中。当时唐玄宗刚刚即位没多长时间，发愤图强打算治理好国家，因此看到太宗的遗物而感到十分敬畏且感触颇多。等到奢侈之心一动，就算是倾尽了天下的财力人力也不能够满足他的欲望，对太宗的遗物哪里还有什么想法啊？宋孝武帝不足以被指责，就像齐高帝、周武帝、陈高祖、隋文帝，这些帝王都有节俭的美好品德，而东昏侯、天元帝、陈叔宝、隋炀帝这些帝王则多喜好淫乐奢侈，比桀、纣的荒淫程度还要严重，又不能对他们说这些东西。

陈涉不可轻

【原文】

杨子《法言》："或问陈胜吴广，曰：'乱。'曰：'不若是则秦不亡。'曰：'亡秦乎？恐秦未亡而先亡矣。'"李轨以为："轻用其身[①]，而要乎非命之运，不足为福先，适足以为祸始。"予谓不然。秦以无道毒天下，六王皆万乘之国，相踵灭亡，岂无孝子慈孙、故家遗俗？皆奉头鼠伏[②]。自张良狙击之外，更无一人敢西向窥其锋者。陈胜出于戍卒，一旦奋发不顾，海内豪杰之士，乃始云合响应，并起而诛之。数月之间，一战失利，不幸陨命于御者之手，身虽已死，其所置遣侯王将相竟亡秦。项氏之起江东，亦矫称陈王之令而度江。秦之社稷为墟，谁之力也？且其称王之初，万事草创，能从陈馀之言，迎孔子之孙鲋为博士，至尊为太师，所与谋议，皆非庸人崛起者可及，此其志岂小小者哉！汉高帝为之置守冢于砀，血食二百年乃绝。子云指以为乱，何邪？若乃杀吴广，诛故人，寡恩忘旧，无帝王之度，此其所以败也。

【注释】

①轻用其身：轻举妄动，铤而走险。②奉头鼠伏：像老鼠一样全身拜服在敌人的脚下。

【译文】

杨雄《法言》中说："有人问陈胜吴广是怎样的人，我回答说：'乱贼。'对方却说：'但是如果不是他们揭竿起义，那么残暴的秦朝就不会灭亡了。'我回答说：'灭亡秦朝？恐怕秦朝还没有灭亡他们就先死了。'"

李轨认为："在时机还没有成熟的时候，妄自行动，不仅不能给百姓带来幸福，反而会成为灾难的开端。"我说并不是这样。秦朝因为无道而荼毒天下苍生，原来的六个国家都是实力雄厚的大国，相继灭亡，难道六国就没有孝子贤孙、家里传承的传统吗？为什么都唯唯诺诺地像个老鼠一样拜倒在敌人面前。除了韩国的张良曾经狙击过秦始皇之外，没有人再敢向西来窥探他的权威。陈胜不过是个戍卒，一旦奋不顾身的举起反抗的大旗，天下的英雄豪杰就都开始云集响应他，一起跟他讨伐秦国。几个月的时间，因为一次战争失利，不幸死在了车夫的手里，虽然已经死了，但是他所安排的王侯将相却最终推翻了秦朝的统治。项梁在江东地区起义，也假称是陈王的命令才要渡江的。秦朝的社稷最终变成了废墟，是谁的功劳？难道不是陈胜、吴广的功劳吗？而且陈胜称王建国之初，万事草创，却能够听

从陈馀的劝告，将孔子的孙子鲋立为博士，尊孔子为至尊太师，他们一同商讨的事情，都不是平庸之辈崛起所能够想到以及做到的。就凭借这一点，难道不能说明他们有着远大的抱负吗？汉高祖刘邦为他在砀县设立了守冢户，让他可以享用祭祀二百多年才会停止。扬雄指责陈胜是乱贼，不知道到底是为什么？至于陈胜杀害了吴广，杀害了老朋友，薄情寡义，忘掉了旧情，缺乏帝王的度量，这些才是陈胜失败的真正原因。

李林甫秦桧

【原文】

李林甫为宰相，妒贤嫉能，以裴耀卿、张九龄在己上，以李适之争权，设诡计去之。若其所引用，如牛仙客至终于位，陈希烈及见其死，皆共政六七年。虽两人伴食谄事，所以能久，然林甫以忮心贼害，亦不朝愠暮喜[①]，尚能容之。秦桧则不然，其始也，见其能助我，自冗散小官，不三二年至执政。史才由御史检法官超右正言，迁谏议大夫，遂签书枢密。施钜由中书检正、郑仲熊由正言，同除权吏部侍郎。方受告正谢，施即参知政事，郑为签枢。宋朴为殿中侍御史，欲骤用之，令台中申称本台缺检法主簿，须长贰乃可辟[②]。即就状奏除侍御史，许荐举，遽拜中丞，谢日除签枢，其捷如此。然数人者不能数月而罢。杨愿最善佞，至饮食动作悉效之。秦尝因食，喷嚏失笑，愿于仓卒间，亦阳喷饭而笑，左右侍者哂焉。秦察其奉己，愈喜。既历岁亦厌之，讽御史排击而预告之，愿涕泪交颐。秦曰："士大夫出处常事耳，何至是？"愿对曰："愿起贱微，致身此地，已不啻足，但受太师生成恩，过于父母，一旦别去，何时复望车尘马足邪？是所以悲也。"秦益怜之，使以本职奉祠，仅三月起知宣州。李若谷罢参政，或曰："胡不效杨原仲之泣？"李河北人，有直气，笑曰："便打杀我，亦撰眼泪不出。"秦闻而大怒，遂有江州居住之命。秦尝以病谒告，政府独有余尧弼，因奏对，高宗访以机务，一二不能答。秦病愈入见，上曰："余尧弼既参大政，朝廷事亦宜使之与闻。"秦退，扣余曰："比日榻前所询何事？"余具以告。秦呼省吏取公牍阅视，皆已书押。责之曰："君既书押了，安得言弗知？是故欲相卖耳！"余离席辩析，不复应。明日台评交章。段拂为人愦愦[③]，一日，秦在前开陈颇久，遂俯首瞌睡。秦退始觉，殊窘怖，上犹慰抚之，且询其乡里。少顷，还殿廊幕中。秦闭目诵佛，典客赞揖至三，乃答。归政事堂，穷诘其语，无以对，旋遭劾，至于责居。汤思退在枢府，上偶回顾，有所问。秦是日所奏，微不合。即云："陛下不以臣言为然，乞问汤思退。"上曰："此事朕岂不晓，何用问他汤思退？"秦还省见汤，已不乐，谋去之。会其病，迫于亡，遂免。考其所为，盖出偃月堂之上也。

【注释】

①朝愠暮喜：早上生气，晚上欢喜，形容人的情绪喜怒无常。②长贰：指的是官的正副职。③愦愦（kuì）：昏庸无能，碌碌无为。

【译文】

唐朝的李林甫在担任宰相期间，对品德高尚、才能卓越的人心怀怨恨，因为宰相裴耀卿和张九龄的资历要在他之上，左相李适之和他争夺权力，就设下诡计将这些人都除去了。如果是他自己所引荐使用的官员，像牛仙客最后老死在官任之上，陈希烈直到李林甫死的时候还在当官，他们都和李林甫一起共事了六七年的时间。因为牛、陈两人经常陪吃巧言谄媚，所以他们才长期地保住了官位，而另一方面，尽管李林甫用诡计陷害了忠良，却不是喜怒无常的人，尚且能够容忍这两个人。本朝的

秦桧却不是这样，他从一开始就能够看出谁能够帮助自己，让一个不被人重用的小官，在三两年的时间内，就能够被提拔为执政大臣。例如，史才由御史检法官就跳过了右正言一级直接被提升为谏议大夫，紧跟着又被任命为签书枢密院使。施钜从中书检正、郑仲熊从正言一起被破格提升为权吏部侍郎。就在他们就任谢恩的时候，施钜又被任命为参知政事，郑仲熊被任命为签书枢密院使。宋朴原来只是殿中侍御史，秦桧想要尽快提携他，于是就向御史台提出建议，说本台缺少检法主簿，只有本台的正副长官才能举荐相关的人选。随即秦桧就借着御史建议呈上的时机，向皇上推荐让宋朴来担任御史，宋朴所推荐的人也顺利通过了选拔。不久，宋朴又被任命担任御史中丞一职，在领旨谢恩的那天，又被委派担任签书枢密院使一职。在这么短的时间之内，宋朴竟然连升几级，升职的速度之快，实在让人惊叹不已。不过，这些人没过几个月就被秦桧罢免了。杨愿最擅长花言巧语，阿谀奉承，以至于吃饭、行动全都模仿秦桧。秦桧曾经在吃饭的时候因为打了个喷嚏而大笑不止，在仓促之间，杨愿也假装因为喷嚏而笑，左右侍从都嘲笑他。秦桧看到他在奉承自己，更加欢喜。但是过了一年之后，秦桧就开始厌烦了，暗中授意御史官弹劾他，杨愿（听到消息后）痛哭流涕。秦桧说："士大夫升降官职都是常有的事情，为何会如此不能接受呢？"杨愿回答说："我出身低贱，能够得到今天的地位，已经超过了我的愿想，但是一直承蒙太师的栽培之恩，您对我的恩情甚至超过了父母，我一旦离去，什么时候才能再看到您的车尘马足啊？这才是我如此悲伤的原因。"秦桧更加怜爱他，让他以本职担任宫观使这类的闲职，三个月之后就担任了宣州知府。李若谷被罢免官职不能参政之后，有人说："你为什么不效仿杨愿大哭一场呢？"李若谷是河北人，节操正直，他笑着回答说："即便打死我，也是一滴眼泪都哭不出来的。"秦桧听说之后，勃然大怒，于是将李若谷贬到了江州居住。秦桧曾经因为生病而请假，朝堂中只剩下余尧弼一个人，在上奏回答的时候，高宗向他询问了一些机关大事，但是余尧弼有一些不能很好地回答上来。秦桧病好之后进见高宗，皇上说："余尧弼既然要参与政务，朝廷中的所有事情都应该让他知晓啊。"秦桧退出之后，问余说："那几天皇上在榻前都询问了哪些事情？"余都详细地告诉了他。秦桧叫来省吏拿出公文查看，看到余尧弼都已经在这些公文上签字了。于是就责备他说："你既然已经在上面审批了，怎么能跟皇上说不知道呢？这不是故意出卖我吗！"余尧弼离开座位辩解，没有得到回应。第二天，弹劾余尧弼的奏章就呈给皇上了。段拂是个无能之辈，一天，秦桧在皇上面前说了很久的话，于是段拂低着头开始打瞌睡。

秦桧退出之后他才发觉，更加窘迫惶恐，皇上还安慰他，询问他是哪里人。不一会儿，在宫殿的回廊幕中，秦桧闭着眼睛念佛经，典客官为他行了三次礼，才回答。回到政事堂，秦桧向段拂询问自己在殿里说了什么话，段拂没能回答上来，随后便遭到了弹劾，以至于被怪责离职回家。汤思退在枢密院的时候，皇上偶然回头看到了他，问了他一些问题。与当天秦桧所上奏的，稍稍有些出入。于是秦桧说："陛下不认为我所说的是正确的，就请询问一下汤思退。"皇上说："这件事我难道不知晓吗，为何还要去询问汤思退？"秦桧回到相府时看到汤思退已经开始不感兴趣了，打算挤走他。没想到当时自己正有病在身，性命垂危，这才放过了汤思退。从秦桧的所作所为可以看出，他的恶毒程度已经超过李林甫了。

书籍之厄

【原文】

梁元帝在江陵，蓄古今图书十四万卷[①]，将亡之夕尽焚之。隋嘉则殿有书三十七万卷，唐平王世充，得其旧书于东都，浮舟泝河[②]，尽覆于砥柱。贞观、开元募借缮写[③]，两都各聚书四部。禄山之乱，尺简不藏。代宗、文宗时，复行搜采，分藏于十二库。黄巢之乱，存者盖勘。昭宗又于诸道求访，及徙洛阳，荡然无遗。今人观汉、隋、唐《经籍·艺文志》，未尝不茫然太息也。晁以道记本朝王文康初相周世宗，多有唐旧书，今其子孙不知何在。李文正所藏既富，而且辟学馆以延学士大夫，不待见主人，而下马直入读书。供牢饩以给其日力，与众共利之。今其家仅有败屋数楹，而书不知何在也！宋宣献家兼有毕文简、杨文庄二家之书，其富盖有王府不及者。元符中，一夕灾为灰烬。以道自谓家五世于兹，虽不敢与宋氏争多，而校雠是正[④]，未肯自逊。政和甲午之冬，火亦告谴。惟刘壮舆家于庐山之阳，自其祖凝之以来，遗子孙者唯图书也，其书与七泽俱富矣。于是为作记。今刘氏之在庐山者不闻其人，则所谓藏书殆亦羽化。乃知自古到今，神物亦于斯文为靳靳也。宣和殿、太清楼、龙图阁御府所储，靖康荡析之余，尽归于燕，置之秘书省，乃有幸而得存者焉。

【注释】

①蓄：储藏，收集。②浮舟泝（sù）河：船只倾覆。③募借缮写：募集或者借阅书籍抄写。④校雠：校对。

【译文】

梁元帝在江陵时，储存古今图书十四万卷，在魏军要攻破江陵城的前夕，他将这些图书都烧了。隋朝的嘉则殿有三十七万卷藏书，唐朝平定王世充之后，在东都洛阳得到了隋朝的旧藏书，没想到在用船只沿着黄河运往长安的途中，全都翻到了砥柱地区，贞观、开元年间，唐朝政府在全国范围内募集图书或者向藏书者借阅缮写，长安和洛阳各自按照经史子集四部分来对这些图书分类。安禄山发动叛乱的时候，这些书籍没有留存下来。代宗、文宗年间，再次搜集典籍，分别藏在十二个书库中。经过黄巢之乱之后，所剩无几。昭宗的时候再次在全国内寻求书籍，收获颇丰，但是在迁都洛阳之后，这些书籍再次荡然无存。现在人们所看到的汉、隋、唐朝的《经籍·艺文志》，没有不痛心、惋惜的。晁以道说本朝的王文康年轻时担任周世宗的宰相，家中有很多唐朝的旧书，不过不知道他的子孙如今在什么地方。李文正藏的书籍非常丰富，而且自己开辟了学馆以造福于学士大夫，供他们学习，来人不用拜见主人，下马直接就可以去读书。不止如此，主人还会为读者免费供应饭菜以节省他们的时间，他希望自己能够和这些人一起来使用自己的藏书。现在他的家中只剩下几间破旧的房屋，而那些书已经荡然无存了！宋宣献公有毕文简、杨文庄这两家的藏书，藏书的种类丰富到连王府都无法企及。但是在元符年间，一夜之间因为火灾这些书籍都被烧光了。晁以道自称他们家五代都在收集藏书，数量虽然不能跟宋宣献公相比，但是都是校正整理起来，未必比别人逊色。政和甲午的冬天，晁家也因为发生火灾，致使书籍损失惨重。只有刘壮舆家在庐山南麓居住，从他的祖上刘凝之以来，留给子孙后代的只剩下图书了，因而家中的藏书像是云梦、洞庭这七大湖的水一样多。所以，我特意写文章记录了下来。现在已经再没有听说刘氏在庐山居住的后代的消息了，如果这样的话，那么刘家的藏书大概也已经遗失殆尽了吧。由此可以了解到，古往今来，神物对书籍也是十分吝啬的。宋朝宣和殿、太清楼、龙图阁御府所储藏的图书，在

经历靖康之变大火的洗劫之后，剩下的全都被送到了金国的都城燕京，放到了秘书省中收藏，这是有幸得以存留下来的图书啊。

唐朝士俸微

【原文】

唐世朝士俸钱至微，除一项之外，更无所谓料券、添给之类者。白乐天为校书郎，作诗曰："幸逢太平代，天子好文儒。小才难大用，典校在秘书。俸钱万六千，月给亦有余。遂使少年心，日日常晏如。"及为翰林学士，当迁官，援姜公辅故事，但乞兼京兆府户曹参军，既除此职，喜而言志，至云："诏授户曹掾①，捧诏感君恩。弟兄俱簪笏，新妇俨衣巾。罗列高堂下，拜庆正纷纷。喧喧车马来，贺客满我门。置酒延贺客，不复忧空樽。"而其所得者，亦俸钱四五万，廪禄二百石而已。今之主簿、尉，占优饫处，固有倍蓰于此者矣，亦未尝以为足，古今异宜，不可一概论也。杨文公在真宗朝为翰林学士，而云："虚忝甘泉之从臣，终作若敖之馁鬼②。"盖是时尚为鲜薄，非后来比也。

【注释】

①曹掾（yuàn）：分曹治事的属吏，胥吏。②馁（něi）鬼：指不能享用祭祀品的鬼。

【译文】

唐朝的官员俸禄特别少，除了固定的俸禄之外，根本没有所说的料券、添给这类的额外福利。白居易在担任校书郎时，曾经写诗说："幸逢太平代，天子好文儒。小才难大用，典校在秘书。俸钱万六千，月给亦有余。遂使少年心，日日常晏如。”等到他担任翰林学士的时候，在即将升官的时候，曾经引用了姜公辅在担任朝官的同时还兼任外官的故事，向皇上请求兼任京兆府户曹参军这个官职。皇帝同意他担任这个职位之后，他十分欣喜地写道：“诏授户曹掾，捧诏感君恩。弟兄俱簪笏，新妇俨衣中。罗列高堂下，拜庆正纷纷。喧喧车马来，贺客满我门。置酒延贺客，不复忧空樽。”不过，他所增加的收入，也不过是四五万俸钱，二百石禄米而已。现在的小官主簿、县尉，只要是在富裕的地区担任官职，收入都是他的数倍之多，却还是不知足。由此可见，古今官员的俸禄制度有着很大的差别，不能相提并论。杨文公在真宗在位时担任翰林学士，他说：“虚忝甘泉之从臣，终作若敖之馁鬼。”可能是当时官员的俸禄太少，是现在无法想象的。

周礼非周公书

【原文】

《周礼》一书，世谓周公所作，而非也，昔贤以为战国阴谋之书，考其实，盖出于刘歆之手。《汉书·儒林传》，尽载诸经专门师授，此独无传。至王莽时，歆为国师，始建立《周官经》以为《周礼》，且置博士①。而河南杜子春受业于歆，还家以教门徒，好学之士郑兴，及其子众往师之，此书遂行。歆之处心积虑，用以济莽之恶，莽据以毒痡四海②，如五均、六筦、市官、赊贷，诸所兴为，皆是也。故当其时，公孙禄既已斥歆颠倒《六经》毁师法矣。历代以来，唯宇文周依六典以建官，至于治民发政，亦未尝循故辙。王安石欲变乱祖宗法度，乃尊崇其

言，至与《诗》《书》均匹，以作《三经新义》，其序略曰："其人足以任官，其官足以行法，莫盛乎成周之时；其法可施于后世，其文有见于载籍，莫具乎《周官》之书。自周之衰，以至于今，太平之遗迹，扫荡几尽，学者所见无复全经。于是时也，乃欲训而发之，臣知其难也。以训而发之之难，则又以知夫立政造事追而复之之为难。"则安石所学所行实于此乎出。遂谓："一部之书，理财居其半。"又谓："泉府，凡国之财用取具焉，岁终，则会其出入而纳其余，则非特摧兼并，救贫厄，因以足国事之财用。夫然故虽有不庭不虞[③]，民不加赋，而国无乏事。"其后吕嘉问法之而置市易，由中及外，害遍生灵。呜呼！二王托《周官》之名以为政，其归于祸民一也。

【注释】

①博士：古代的官名，掌管书籍文典，通晓史事。②毒痡（pū）四海：毒害天下百姓。③不虞：出乎意料的事情。

【译文】

世人都说《周礼》这本书是周公所写的，但是并不是这样，以前的贤人认为这是战国阴谋家所写的书，考证之后，应该是西汉时期的刘歆所作。《汉书·儒林传》中详细地记载了各类儒家书籍的来龙去脉，只有《周礼》没有记载相关情况。到了王莽乱政的时候，刘歆作为国师，开始将《周官经》编写成了《周礼》，并设置了博士这个官职。而河南杜子春在刘歆门下受教，回到家中之后又教导他的门徒，好学之士郑兴，以及他的儿子郑众前去拜他为师，这本书于是就流传开来。刘歆费尽心思，想要用这本书来助长王莽施行恶行，王莽根据这本书而荼毒天下苍生，如五均、六筦、市官、赊贷，这些政策，都是根据《周礼》而颁布并执行的，因此在当时，公孙禄就斥责刘歆说他违背了《六经》，毁掉了祖宗的法度。历朝历代以来，只有宇文氏是按照《周礼》创建了北周的政权，而对于治理民众、巩固政权，也并没有完全遵循这本书去管理。王安石想要变更祖宗的法度，于是推崇《周礼》，让《周礼》与《诗》《书》

相提并论，并写了一本《三经新义》，上面的序中大约是说："其人足可以担任官职，这个官足可以实行法令，没有比周朝治理得更加昌盛的朝代了；这个法度能够在后世施行，文章能够被记载到典籍中的，没有比《周官》更具备这个条件的书了。从周朝衰落之后，一直到现在，太平盛世，已经荡然无存了，学者看到的都没有完整的经书。在这个时候，如果想要解释并发扬它，我感到十分困难。因为解释发扬起来很困难，还要清楚地按照它的内容来树立政策就更加难上加难了。"如此一来就知道王安石所学习和实行的都是来自《周礼》了。于是说："这样一本好书，理财方面就占据了一半。"又说："泉府（《周礼》中地官的属官），只要是国家的财产全都让他来掌管，这样一年下来，结算收入开支，将剩余的钱交给国库。那么除了能够抑制兼并，救济贫困之外，还能够保证国家的财政支出。就算发生了一些难以预料的事情，百姓也不用增加赋税，国家也不会感到负担加重。"后来，吕嘉问就效法它设置了市场交易，从中央到地方，坑害了全国的民众。唉！王莽、王安石都假用《周官》的名义来推行自己的政策，最后都以祸害百姓而告终。

三、容斋三笔

上元张灯

【原文】

上元张灯①，《太平御览》所载《史记·乐书》曰："汉家祀太一②，以昏时祠到明。"今人正月望日夜游观灯，是其遗事，而今《史记》无此文。唐韦述《两京新记》曰："正月十五日夜，敕金吾弛禁③，前后各一日以看灯。"本朝京师增为五夜，俗言钱忠懿纳土，进钱买两夜，如前史所谓买宴之比。初用十二、十三夜，至崇宁初，以两日皆国忌，遂展至十七、十八夜。予按国史，乾德五年正月，诏以朝廷无事，区寓乂安，令开封府更增十七、十八两夕。然则俗云因钱氏及崇宁之展日，皆非也。太平兴国五年十月下元，京城始张灯如上元之夕，至淳化元年六月，始罢中元、下元张灯。

【注释】

①上元：即元宵节。②太一：天帝，神明。③敕：帝王的命令、诏书。金吾：汉朝掌管京师事务的官员为"执金吾"。

【译文】

元宵节挂灯笼，在《太平御览》一书中记载的《史记·乐书》中写道："汉朝的时候祭祀神明，要从黄昏一直持续到天亮。"现在的人每当正月十五到来时都会去观赏花灯，这是从汉朝传下来的习俗，但是在现在的《史记》中却没有记载这段文章。唐韦述在《两京新记》中写道："正月十五日的晚上，皇上命令执金吾解除禁令，前后两天都能够出来看花灯。"本朝在京城看花灯的时间现在已经增加到了五个晚上。世

俗说钱忠懿为了能够招揽贤士，花钱买下了两个晚上的灯展，就像是过去史书中记载的花钱买酒宴一样。看花灯最初是在正月十二和十三的晚上，到了宋徽宗崇宁初年，因为这两天正好是国家的忌日，因此推迟到了十七、十八的晚上。我查看国史，乾德五年的正月，皇上下诏说朝廷上下平安无事，天下太平，于是让开封府增加了十七、十八这两天的观灯。由此可以看出，世俗所流传下来的因为钱氏花钱买灯及崇宁更改了灯展日期的说法，并不是真的。宋太宗太平兴国五年十月下元节的时候，京城开始像上元节一样挂上花灯，一直到淳化元年六月，才将中元、下元挂花灯的习俗取消了。

汉宣帝不用儒

【原文】

汉宣帝不好儒，至云俗儒不达时宜，好是古非今，使人眩于名实，不知所守，何足委任。匡衡为平原文学[①]，学者多上书荐衡经明，当世少双，不宜在远方。事下萧望之、梁丘贺[②]。望之奏衡经学精习，说有师道，可观览。宣帝不甚用儒，遣衡归故官。司马温公谓俗儒诚不可与为治，独不可求真儒而用之乎？且是古非今之说，秦始皇、李斯所禁也，何为而效之邪？既不用儒生而专委中书宦官，弘恭、石显因以擅政事，卒为后世之祸，人主心术，可不戒哉！

【注释】

①匡衡：字稚圭，西汉后期人，生卒年不详，西汉经学家，官至丞相，因“凿壁偷光”的故事而被世人所赞扬。②萧望之：字长倩，是萧

何的六世孙，担任过大鸿胪、太傅等官。梁丘贺：复姓梁丘，西汉时今文《易》学“梁丘学”的开创者。

【译文】

汉宣帝不喜欢儒学，甚至说出“俗儒不通达人情事理，喜欢赞颂古时否定现在，致使人们在虚名和务实的问题上有些混乱，不知道要坚守什么，怎么来委派重任”这些话。匡衡担任平原郡的教官，学者们多次上书推荐，说他精通经学，世上很少有比得上他的，不应该待在远离都城的山东。宣帝将这件事交给了萧望之、梁丘贺来处理。萧望之上奏说匡衡对经学十分通晓，他的学说有师承来历，值得参阅。因为宣帝不怎么喜欢儒学，最终还是让匡衡官复原职。司马光曾经说俗儒确实不能和他讨论治理国家的道理，但是难道不能够求取真正的儒者来任用他们吗？而且肯定古时否定现在的说法，是秦始皇、李斯禁儒的时候提出来的，为何要去效仿秦始皇的错误做法呢？由于不任用儒生而专门委任中书令宦官，因此弘恭、石显才会擅权政事，最终给后世留下了祸患，作为君主，要考虑的是治国的方法，不应该引以为戒吗？

刘项成败

【原文】

汉高帝、项羽起兵之始，相与北面共事怀王[①]。及入关破秦，子婴出降，诸将或言诛秦王。高帝曰：“始怀王遣我，固以能宽容，且人已服降，杀之不祥。”乃以属吏。至羽则不然，既杀子婴，屠咸阳，使人致命于怀王。王使如初约，先入关者王其地[②]。羽乃曰：“怀王者，吾家武信

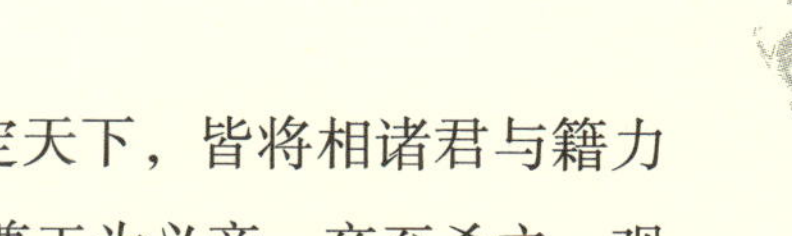

君所立耳，非有功伐，何以得颛主约[3]？今定天下，皆将相诸君与籍力也，怀王亡功，固当分其地而王之。”于是阳尊王为义帝，卒至杀之。观此二事，高帝既成功，犹敬佩王之戒，羽背主约，其未至于如此，成败之端，不待智者而后知也。高帝微时，尝繇咸阳[4]，纵观秦皇帝，喟然太息曰：“大丈夫当如此矣！”至羽观始皇，则曰：“彼可取而代也。”虽史家所载，容有文饰，然其大旨，固可见云。

【注释】

①相与：约定，约好。②王其地：统治这片土地。王，统治。③颛（zhuān）主约：独断专行地把持盟约。④繇（yáo）：同“徭”，徭役。

【译文】

刘邦、项羽起兵反秦的时候，曾经约定面向北面共同听从楚怀王的号令。当刘邦率军进入关中地区战胜秦朝的军队时，秦王子婴出来投降，将领中有人提议将秦王杀掉。刘邦说：“最开始怀王之所以会派遣我，是因为我做人一向宽厚容忍，况且子婴已经投降，将他杀死的话就不吉利了。”于是将子婴任命为自己手下的一名官吏。到了项羽入关时就不是这样做了，他先将子婴杀死，之后又血洗了咸阳城，做完之后才派人向楚怀王报告请求受命。楚怀王命他遵守最初的盟约，指明谁先进入关中地区，谁就先统治这个地方。项羽说："楚怀王，是我的叔父武信君项梁所拥立的，没有任何战绩，有什么资格来独断专行地把持这份盟约？如今天下被平定，都是仰仗着各位将领和我项羽的功劳，楚怀王没有丝毫功绩，原本就应该将他的地盘也瓜分掉来统治。"于是他表面上将楚怀王尊为义帝，最终却将他杀害。分析刘邦、项羽这两件事，汉高祖已经攻破了秦都攻进了关中地区，却还是毕恭毕敬地遵循着楚怀王的告诫。而项羽不仅违反了盟约，后来甚至杀死了楚怀王。成功和失败的端倪，聪明人无须等待就知晓了最终的结果。汉高祖在身份还十分低贱的时候，曾经在咸阳服徭役，远远地看到秦始皇，就感叹说："大丈夫就该是这样啊！"项羽看到秦始皇的时候，则说："我能够将他取而代之。"虽然这都是史家记载的，可能有一些夸张的成分，但是他们各自的主张，已经可以窥见了。

无名杀臣下

【原文】

《传》曰："欲加之罪，其无辞乎？"古者置人于死地，必求其所以死。然固有无罪杀之，而必为之名者。张汤为汉武造白鹿皮币①，大农颜异以为本末不相称，天子不悦。汤又与异有隙。异与客语初令下有不便者，异不应，微反唇。汤奏当异九卿，见令不便，不入言而腹非，论死。自是后有腹非之法。曹操始用崔琰，后为人所谮②，罚为徒隶，使

人视之，词色不挠。操令曰："琰虽见刑，而对宾客，虬须直视[3]，若有所瞋。"遂赐琰死。隋炀帝杀高颎之后，议新令，久不决。薛道衡谓朝士曰："向使高颎不死，令决当久行。"有人奏之，帝怒，付执法者推之。裴蕴奏："道衡有无君之心，推恶于国，妄造祸端。论其罪名，似如隐昧[4]，原其情意，深为悖逆[5]。"帝曰："公论其逆，妙体本心。"遂令自尽。冤哉此三臣之死也！

【注释】

①张汤：西汉时期的酷吏，以廉洁著称。白鹿皮币：西汉武帝元狩四年发行的一种货币。②谮（zèn）：被人诬陷，中伤。③虬（qiú）须直视：吹胡子瞪眼。④隐昧：隐匿，隐晦。⑤悖逆：违背正道。

【译文】

《左传》中说："想要给某人扣上罪名，何愁找不到借口呢？"古代想要将人置于死地，一定能够找到让他死的理由。但是也有因为没有罪过而被杀害的，而且这些人都一定是遭人诬陷的。张汤为汉武帝制造白鹿皮币，大司农颜异认为这会造成重商轻农的情况出现，汉武帝听后很不高兴。张汤又和颜异有了矛盾。有一次，颜异和客人讨论到刚实行的政令存在一些不合理的问题，颜异并没有回应，只是稍微撅起了嘴。张汤因为这件事而弹劾颜异，说颜异身为九卿，明知刚施行的政令不合理却不向皇上禀告而是在内心中非议，应当处死。从此之后，颜异就背上了腹诽的罪名。曹操曾经任用崔琰，后来崔琰被人所诬陷，被贬为徒隶，曹操派人去看他，崔琰言辞对曹操十分不敬且不顺从。曹操下令说："崔琰虽然是在服刑，但是却对来看他的人，吹胡子瞪眼，好像是被人诬陷了一样。"于是就将崔琰处死。隋炀帝处死高颎之后，与朝廷的大臣们一起商讨新的法令，久久无法做出裁决。薛道衡对朝中的大臣们说："如果高颎没有被处死，那么法令恐怕早就开始实行了。"有人把这件事上奏给了隋炀帝，隋炀帝大怒，将他送到了执法者那里接受审问。裴蕴上奏说："道衡是在无视皇上的用心，将罪过推给了朝廷，想要胡乱制造祸端。想要给他定下罪名，看上去似乎十分模糊，但是如果推到他的本意，实在是大逆不道啊。”隋炀帝说：“你所说的道衡的罪过，很巧妙地揭露了他的本心。”于是下令让薛道衡自杀。这三个臣子的死实在是太冤枉了。

介推寒食

【原文】

《左传》晋文公反国，赏从亡者，介之推不言禄[①]，禄亦弗及，推遂与母偕隐而死。晋侯求之不获，以绵上为之田[②]，曰：“以志吾过。”绵上者，西河介休县地也。其事始末只如此。《史记》则曰：“子推从者书宫门，有‘一蛇独怨’之语。文公见其书，使人召之，则亡。闻其入绵上山中，于是环山封之，名曰介山。”虽与《左传》稍异，而大略亦同。至刘向《新序》始云：“子推怨于无爵齿，去而之介山之上，文公待之，不肯出。以谓焚其山宜出，遂不出而焚死。”是后杂传记，如《汝南先贤传》则云：“太原旧俗，以介子推焚骸，一月寒食。”《邺中记》云：“并州俗，冬至后一百五日，为子推断火冷食三日。魏武帝以太原、上党、西河、雁门皆冱寒之地[③]，令人不得寒食，亦为冬至后百有五日也。”按《后汉·周举传》云：“太原一郡，旧俗以介子推焚骸，有龙忌之禁。至其亡月，咸言神灵不乐举火，由是士民每冬中辄一月寒食，莫敢烟爨[④]。举为并州刺史，乃作吊书置子推庙，言盛冬去火，残损民命，非贤者之意，宣示愚民，使还温食。于是众惑稍解，风俗颇革。”然则所谓寒食，乃是冬中，非今节令二三月间也。

【注释】

①禄：俸禄和爵位，借指官职。②绵上：古地名，春秋晋地，地处现在的山西介休东南一带。③冱（hù）寒：极为寒冷。④烟爨（cuàn）：指灶台。

【译文】

《左传》中记载，晋文公重耳在返回国家之后，对跟他一起流亡的人进行了封赏，介之推没有说要官职，因此也就没有给他官职，于是介之推就跟老母亲一起隐居最后死了。晋文公去找他也没有找到，于是便将绵上作为介子推的封地，说："以此来表达我的过错。"绵上，就是西河介休县的一个地方。这件事的来龙去脉就是这样。《史记》中说："介之推的随从在宫门上写了一些话，其中包括'只有一条蛇怨恨'这样的话。晋文公看到这些话，派人召见介之推，介之推却跑了，听说他进入绵上的山里，晋文公于是派人将山围住封了起来，叫这座山为介山。"虽然和《左传》的记载稍有不同，但是大体上是相同的。到了汉朝刘向的《新序》却开始说："介之推因为怨恨没有得到爵邑，便离开了晋文公来到了介山，晋文公等他回来，他却不愿意出来。晋文公以为放火烧山能够让他出来，没想到介子推没出来就被烧死了。"从这之后，各种言论开始流传开来并被记载了下来，如《汝南先贤传》中说："太原的风俗，因为介子推被烧死了，因此一月份要吃凉饭。"《邺中记》中说："并州风俗，冬至过后的第一百零五天，为了纪念介子推要断火吃三天冷食。魏武帝考虑到太原、上党、西河、雁门这些地区都极其寒冷，下令人们不能吃冷食，时间也是指冬至之后的第一百零五天。"经过考证，《后汉书·周举传》中记载："太原郡，这个旧风俗中有因为介之推被烧死，有禁火的风俗。每到介之推死的一月份，都说神灵不喜欢点火，因此群众每年冬天要吃一个月的冷食，无人敢生火做饭。周举担任并州刺史之后，就写了凭吊介之推的祭文张贴在了介子推的庙前，说严寒的天气不生火，是在残害百姓的性命，这不是介之推这位贤人的本意，告知百姓，让他们恢复吃热食的习惯。之后，群众的迷惑才稍有缓解，寒食的风俗颇有革除。”从这里可以看出所说的寒食节，是在冬天，并不是在现在的二三月间。

魏收作史

【原文】

魏收作元魏一朝史[①]，修史诸人，多被书录，饰以美言，夙有怨者，多没其善。每言：“何物小子，敢共魏收作色[②]，举之则使上天，按之当使入地。”故众口喧然，称为“秽史”。诸家子孙，前后投诉，云遗其家世职位，或云不见记录，或云妄有非毁，至于坐谤史而获罪编配，因以致死者。其书今存，视南北八史中，最为冗谬[③]。其自序云：“汉初，魏无知封高良侯，子均，均子恢，恢子彦，彦子歆，歆子悦，悦子子建，子建子收。”无知于收，为七代祖，而世之相去七百余年。其妄如是，则其述他人世系与夫事业，可知矣！

【注释】

①魏收：北齐文学家、史学家。字伯起，小字佛助，北魏骠骑大将军魏子健的儿子。与温子升、邢劭一起被称为“北地三才子”。②作色：生气，脸色变了，形容神情严肃，或发怒。③冗：平庸，庸劣。谬：不合理的，荒谬的。

【译文】

魏收在编写北魏这一代历史时，参与编撰的众多人士，大多都被收

录到了这本书里，并用赞美的话来描述他们，而那些往日与魏收有矛盾怨恨的人，他们的大部分善行都被掩盖了。魏收经常会说：“这小子什么东西，竟然胆敢和我魏收作对，我要是抬举你，就能将你捧到上天，要是想贬低你，一定能够让你跌入地狱。”因此众人听到这些话，都议论纷纷，并说《魏书》是“秽史”。各位大臣的子孙后代，也相继向朝廷投诉，说《魏书》一书中遗漏了他们的家世职位，有些人没有被记录下来，也有一些人因为被故意诽谤，甚至有人因为诽谤国史的罪名而获罪被发配到了边远地区，也有人因此而被处死。这本书现在还有留存，查看南北八史，这本书最为荒谬。《魏书》的自序中说：“汉朝初年，魏无知被封为高良侯，他的儿子是均，均的儿子是恢，恢的儿子是彦，彦的儿子是歆，歆的儿子是悦，悦的儿子是子建，子建的儿子是收。”魏无知是魏收的七代祖，而两人相差七百多年。他自己家的历史记载都如此荒唐，那么他记录别人的世系和事业，也就可想而知了！

东坡和陶诗

【原文】

《陶渊明集·归园田居》六诗，其末“种苗在东皋”一篇，乃江文通杂体三十篇之一，明言斆陶征君《田居》①，盖陶之三章云：“种豆南山下，草盛豆苗稀。晨兴理荒秽，带月荷锄归。”故文通云：“虽有荷锄倦，浊酒聊自适。”正拟其意也。今陶集误编入，东坡据而和之。又《东方有一士》诗十六句，复重载于《拟古》九篇中，坡公遂亦两和之，皆随意即成，不复细考耳。陶之首章云："荣荣窗下兰，密密堂前柳。初与君别时，不谓行当久。出门万里客，中道逢嘉友。未言心先醉，不在接杯酒。兰枯柳亦衰，遂令此言负。"坡和云："有客扣我门，系马庭前柳。庭空鸟雀噪，门闭客立久。主人枕书卧，梦我平生友。忽闻剥啄声，惊散一杯酒。倒裳起谢客，梦觉两愧负。"二者金石合奏[2]，如出一手，何止子由所谓遂与比辙者哉！

【注释】

①明言：明确说明。②金石：比喻诗文音调铿锵有力，文辞优美。

【译文】

《陶渊明集·归园田居》中的六首诗，最后一篇"种苗在东皋"，是南朝文学家江文通杂体诗三十首中的一篇，并明确说明了这首诗是学陶征君的《田居》所写的，陶渊明的第三首中写道："种豆南山下，草盛豆苗稀。晨兴理荒秽，带月荷锄归。"所以江文通说："虽有荷锄倦，浊酒聊自适。"正是模仿这首诗的意境。现在的陶渊明的文集中误把这首诗编了进去，苏东坡根据陶渊明诗集中的诗来和诗。又有《东方有一士》十六句诗，被重复记录在《拟古》九篇之中，苏东坡竟然两次写诗相和，都是随意写成的，没有详细地考证。陶渊明六首诗中的第一首写道："荣荣窗下兰，密密堂前柳。初与君别时，不谓行当久。出门万里客，中道逢嘉友。未言心先醉，不在接杯酒。兰枯柳亦衰，遂令此言负。"苏东坡相和说："有客扣我门，系马庭前柳。庭空鸟雀噪，门闭客立久。主人枕书卧，梦我平生友。忽闻剥啄声，惊散一杯酒。倒裳起谢客，梦觉两愧负。"这两首诗简直就是金石合奏，仿佛是出自一个人的笔下，怎么能是苏辙所说的仅是和陶渊明的诗呢！

三竖子

【原文】

赵为秦所围，使平原君求救于楚，楚王未肯定从。毛遂曰："白起，小竖子耳[①]！兴师以与楚战，举鄢、郢，烧夷陵，辱王之先人，此百世之怨也。"是时，起已数立大功，且胜于长平矣。人告韩信反，汉祖以问诸将，皆曰："亟发兵坑竖子耳！"帝默然。唯陈平以为兵不如楚精，诸将用兵不能及信。英布反，书闻，上召诸将问计，又曰："发兵击之，坑竖子耳！"夫白起、信、布之为人，材能不可掩，以此三人为竖子，是天下无复有壮士也。毛遂之言，只欲激怒楚王，使之知合从之利害，故不得不以起为懦夫。至如高帝诸将，不过周勃、樊哙之俦[②]。韩信因执而归，栖栖然处长安为列侯，盖一匹夫也。而哙喜其过己，趋拜送迎，言称臣，况于据有全楚万乘之地，事力强弱，安可同日而语？英布固尝言："诸将独患淮阴、彭越，今皆已死，余不足畏。"则竖子之对，可谓勇而无谋，殆与张仪诋苏秦为反覆之人相似。高帝默然，顾深知其非也。至于陈平，则不然矣。若乃韩信谓魏将柏直为竖子，则诚然。柏直庸庸无所知名，汉王亦称其口尚乳臭[③]，真一竖子也。阮籍登广武，叹曰："时无英雄，使竖子成名。"盖叹是时无英雄如昔人者。俗士不达，以为籍讥汉祖，虽李太白亦有是言，失之矣。

【注释】

①竖子：小子，对人的蔑称。②俦（chóu）：同辈，一类。③口尚乳臭（xiù）：嘴里还有奶腥味。表示对年轻人的轻视。

【译文】

赵国被秦国所围困，赵王派遣平原君到楚国请求救援，楚王无法确定是否答应。毛遂说："秦国的大将白起，不过是个毛头小子罢了！他发兵跟楚国交战，攻占了楚国鄢、郢这两个地区，烧毁了夷陵，侮辱了大王的祖先，这是百年都难以化解的仇恨啊。"当时，白起已经多次立下战功，且在长平之战中胜利而归。有人告发韩信要反叛，汉高祖向将领们询问意见，将领们都说："赶紧派兵活埋了这个小子。"汉高祖沉默没有说话。只有陈平觉得军队没有楚国的军队精良，各将领派兵遣将的本领比不上韩信。英布反叛，上书奏闻，皇上将各位将领召集起来询问解决方法，各位将领又说："派兵攻打他，活埋了这小子就行了！"白起、韩信、英布这三个人的才能不能被掩盖，如果这三个人是臭小子的话，那么天下就没有壮士了。毛遂的话，不过是想要激怒楚王，让他了解合纵的利害，因此不得不把白起称为懦夫。至于像汉高祖的各位将领，都不过是周勃、樊哙这类的水准。当年韩信被抓回长安，在不安中担任长安列侯，那时他差不多就是个匹夫，而樊哙因为赞赏他的才能超越了自己，奉承讨好经常去拜访他，说话的时候一定自称为臣，更何况占据了全楚万辆战车的地盘，军事

力量的强弱，怎么能够同日而语呢！英布原本就曾经说过："在这些将领中，只畏惧淮阴侯韩信、梁王彭越，现在这两个人都死了，我也就没有什么可害怕的了。"那么说臭小子的这些回答，可以称得上是有勇无谋了，差不多与张仪诋毁苏秦是反复无常的小人的说法是一样的。汉高祖沉默没有说话，是因为深知他们所说的是不对的。至于陈平，则不是这样。如果韩信叫魏将柏直"臭小子"，那么可能确实是这样。柏直平庸没有什么值得称赞的名声，汉王也叫他"乳臭未干的臭小子"，是真正的臭小子。阮籍登上光武城楼，感叹说："现在没有英雄，能够让臭小子功成名就啊！"大概是在感伤当时没有像古人一样的英雄。世俗之人不了解事理，以为是阮籍在讥笑汉高祖。李白也说过这样的话，而这话说得并不对。

宣告错误

【原文】

士大夫告命，间有错误，如文官，则犹能自言，书铺亦不敢大有邀索[①]。独右列为可怜[②]，而军伍中出身者尤甚。予检详密院诸房日，有泾原副都军头乞换授，而所持宣内添注"副"字，为房吏所沮，都头者不能自明。两枢密以事见付，予视所添字与正文一体，以白两枢曰："使诉者为奸，当妄增品级，不应肯以都头而自降为副，其为写宣房之失，无可疑也。"枢以为然，乃为改正。武翼郎李青当磨勘[③]，尚左验其文书，其始为"大李青"，吏以为罔冒，青无词以答。周茂振权尚书，阅其告命十余通，其一告前云"大李青"，而告身误去"大"字，故后者相承，只云“李青”，即日放行迁秩，且给公据付之。两人者几困于吏手，幸而获直。用是以知枉郁不伸者多矣！

【注释】

①邀索：要挟勒索。这里指为难。②右列：指武官。在古代，武官站在朝班的右面。③磨勘：古代政府通过考察官员的政绩，任命和使用官员的一种考核方式。

【译文】

士大夫的委任状，有时候会出现一些错误，如果是文官，尚且能够自己解释清楚，中书省也不会太过为难他。只是武官就比较可怜了，尤其是那些军队中出身的人情况就更加不妙了。我担任检详密院诸房的时候，有一位来自泾原的副都军头请求调换官职，他所拿的委任状里添注着一个“副”字，让管房的官吏拦了下来，都头自己又说不清楚。两位枢密将那个委任状拿给我看，我看到所多出的“副”字和正文中描述的是一样的，就对两枢密说：“如果是要求授官的人作假，应该是想要升官，不可能自己将都头降为‘副’，这应该是写委任状的人的过失，没有什么可怀疑的。”枢密认为我说的很对，于是将委任状改了过来。武翼郎李青应当升职，尚书左丞相查验他的委任状，开头的部分写着“大李青”，官吏于是认为面前的这个李青是假冒的，李青也无法辩驳。周茂振当时暂代尚书一职，看了十几遍委任状，委任状前面写了“大李青”三个字，而委任状的内容里却遗落了“大”这个字，一直到最后都是这样，只写了“李青”，当天就将李青放行让他升官，并且给他开具了一个凭证。这两人都差点被困在房吏手中，侥幸得到解决。由此可见，被冤枉却不能申辩的人应该有很多啊！

孔子正名

【原文】

子路曰："卫君待子而为政，子将奚先？"子曰："必也正名乎！"子路曰："子之迂也！奚其正？"夫子责数之以为"野"。盖是时夫子在卫，当辄为君之际，留连最久，以其拒父而窃位，故欲正之，此意明白。然子欲适晋，闻其杀鸣犊[①]，临河而还，谓其无罪而杀士也。里名胜母，曾子不入，邑称朝歌，墨子回车，邑里之名不善，两贤去之，安有命世圣人，而肯居无父之国，事不孝之君哉？是可知已！夫子所过者化，不令而行，不言而信，卫辄待以为政，当非下愚而不移者。苟其用我，必将导之以天理，而趣反其真，所谓命驾虚左而迎其父不难也[②]。则其有补于名义，岂不大哉！为是故不忍亟去以须之。既不吾用，于是慨然反鲁。则辄之冥顽悖乱[③]，无所逃于天地之间矣！子路曾不能详味圣言[④]，执迷不悟，竟于身死其难。惜哉！

【注释】

①鸣犊（dú）：春秋时期晋国的贤大夫窦鸣犊，因政见不合，而被正卿赵简子杀害。②虚左：将左边的位置空出来。古代以左为尊，虚左是对宾客的一种尊敬。③悖（bèi）乱：惑乱，昏乱。④详味：仔细体味。

【译文】

子路问："如果卫君等着您去处理政事，您准备从哪些事开始呢？"孔子回答说："一定会先去纠正名分不当的现象！"子路说："这有些不合时宜了吧！有必要去纠正吗？”孔子责备子路太过草率。当时孔子在卫国，而辄正好是当时魏国的国君，孔子在卫国停留的时间最长，因为辄拒绝接他的父亲回国而窃取了皇位，所以孔子想要纠正他，这里的意思已经很清楚了。但是孔子想要前往晋国，听说晋国的赵简子杀死了鸣犊，到了河边就又回来了，说晋国杀死了没有罪的贤大夫。里名有一个叫胜母的地方，因为名字中有不孝的含义，曾子不愿意到那个地方去，邑中有一个名字叫作朝歌的，墨子听到了坐着车就回去了，县邑的名字不合时宜，两位贤人都不去那里，更何况是闻名于世的圣人，怎么会愿意居住在无父之国，侍奉不孝顺的君主呢？这一点是毋庸置疑的！只要是孔子所经过的地方，当地百姓都会被孔子的学说所感化，即便没有法令规定也会去做，不用说就会去相信，卫辄等待孔子来辅佐朝政，说明他并不是不能改变的愚笨之人。如果卫国国君真的采用了孔子的话，孔子一定会用天理来引导他，所说的驾着将左边的座位空出来的马车来迎接他的父亲也不是一件特别困难的事情。这样不仅能够与父亲重归于好，而且能够赢得一个好的名声，难道不是一件伟大的事业吗！孔子为此不甘心而等待着，但是卫国的国君还是没有任用孔子，于是孔子满怀感慨地离开了卫国，返回了鲁国。最后卫国国君狂妄忤逆的本性并没有丝毫改变，违背了天命一定很难逃脱天地间的制裁。子路无法了解孔子所说的话的深刻含义，坚持错误而不改正，竟然在卫国以身殉难。真是让人可惜啊！

缚鸡行

【原文】

老杜《缚鸡行》一篇云："小奴缚鸡向市卖，鸡被缚急相喧争。家中厌鸡食虫蚁，不知鸡卖还遭烹。虫鸡于人何厚薄？吾叱奴儿解其缚。鸡虫得失无了时，注目寒江倚山阁。"此诗自是一段好议论，至结句之妙，非它人所能跂及也[①]。予友李德远尝赋《东西船行》，全拟其意。举以相示云："东船得风帆席高，千里瞬息轻鸿毛。西船见笑苦迟钝，汗流撑折百张篙。明日风翻波浪异，西笑东船却如此。东西相笑无已时，我但行藏任天理。"是时，德远诵至三过，颇自喜，予曰："语意绝工[②]，几于得夺胎法[③]，只恐'行藏任理'与'注目寒江'之句，似不可同日语。"德远以为知言，锐欲易之，终不能满意也。

【注释】

①跂及：企及，比得上。②语意绝工：语句绝妙工整。③夺胎：本为道家语，指夺人之胎以转生，易去凡骨为仙骨。后比喻学习前人不露痕迹，并能创新。

【译文】

杜甫在《缚鸡行》一诗中写道："小奴缚鸡向市卖，鸡被缚急相喧争。家中厌鸡食虫蚁，不知鸡卖还遭烹。虫鸡于人何厚薄？吾叱奴儿解其缚。鸡虫得失无了时，注目寒江倚山阁。"这首诗确实是一段很好的议论，一直到最后一句都十分巧妙，不是其他人所能够比拟的。我的好友李德远曾经写了一首《东西船行》，全部都在模仿这首诗的意境。拿过来给我看，上面写道："东船得风帆席高，千里瞬息轻鸿毛。西船见笑苦迟钝，汗流撑折百张篙。明日风翻波浪异，西笑东船却如此。东西相笑无已时，我但行藏任天理。"当时，李德远自己已经读了三遍，很是沾沾自喜，我说："语句绝妙工整，几乎快要到模仿杜甫的诗而不露痕迹的地步了，只怕'行藏任理'和'注目寒江'这两句，看上去似乎不能相提并论。"李德远认为我说的很有道理，执意更改，最终也没有取得让人满意的结果。

贤士隐居者

【原文】

士子修己笃学[①]，独善其身，不求知于人，人亦莫能知者，所至或有之，予每惜其无传。比得上虞李孟传录示四事，故谨书之。其一曰，慈溪蒋季庄，当宣和间，鄙王氏之学，不事科举，闭门穷经，不妄与人接。高抑崇居明州城中，率一岁四五访其庐。季庄闻其至，必倒屣出迎，相对小室，极意讲论，自昼竟夜，殆忘寝食。告去则送之数里，相得欢甚。或问抑崇曰："蒋君不多与人周旋，而独厚于公，公亦惓惓于彼，愿闻其故？"抑崇曰："闷终岁读书，凡有疑而未判，与所缺而未知者，每积至数十，辄一扣之[②]，无不迎刃而解。"而蒋之所长，他人未必能知之。世之所谓知己其是乎？

其二曰，王茂刚，居明之林村，在岩壑深处，有弟不甚学问，使颛治生以糊口，而刻意读书，足迹未尝妄出，尤邃于《周易》。沈焕通判州事，尝访之。其见趣绝出于传注之外云。气象严重[③]，窥其所得，盖

进而未已也。

其三曰，顾主簿，不知何许人，南渡后寓于慈溪。廉介有常，安于贫贱，不蕲人之知[④]。至于践履间，虽细事不苟也。平旦起，俟卖菜者过门，问菜把直几何[⑤]，随所言酬之。它饮食布帛亦然。久之人皆信服，不忍欺。苟一日之用足，则玩心坟典，不事交游。里中有不安其分、武断强忮者[⑥]，相与讥之，曰："汝岂顾主簿耶？"

其四曰，周日章，信州永丰人。操行介洁，为邑人所敬。开门授徒，仅有以自给，非其义一毫不取。家至贫，常终日绝食[⑦]，邻里或以薄少致馈。时时不继，宁与妻子忍饿，卒不以求人。隆寒披纸裘[⑧]，客有就访，亦欣然延纳。望其容貌，听其论议，莫不耸然[⑨]。县尉谢生遗以袭衣，曰："先生未尝有求，吾自欲致其勤勤耳，受之无伤也。"日章笑答曰："一衣与万钟等耳，倘无名受之，是不辨礼义也。"卒辞之。汪圣锡亦知其贤，以为近于古之所谓独行者。

是四君子，真可书史策云。

【注释】

①修己笃学：专心学习，提高自己的道德修养。②扣：拜访，看望。③气象严重：气质严谨慎重。④不蕲（qí）人之知：不祈求别人知道他。⑤直几何：值多少钱。直，通"值"。⑥强忮（zhì）：刚愎，违逆。⑦绝食：没有东西吃。⑧纸裘：像纸一样薄的棉衣。⑨耸然：尊敬端庄的样子。

【译文】

读书人专心治理学问，提高自己的修养，来维护自己的声望，不求被人知道，别人也无法了解他，达到这种境界的人是有的，不过让我可惜的是他们并没有被记载下来。最近看到了上虞李孟传记录了四件事，因此严谨地记录下来。其中之一是说，慈溪的蒋季庄，他在宣和年间，瞧不起王安石主持编辑的经义，从来不参加科举考试，只是关起门来研究经书，不轻易和人接触。高抑崇（高闶）住在明州城里，通常一年会到蒋季庄的家里拜访四五次。蒋季庄听说他来拜访，经常会因为着急欢迎他而穿反自己的鞋，两人相对着坐在小屋里，尽情地讲解讨论，从白天到晚上，废寝忘食。高抑崇告别离去的时候，季庄一定会出门送他好几里，双方相处十分融洽、欢乐。有人向高抑崇询问说："蒋季庄很少与人交际，但是却独独和你交情深厚，你也十分诚恳地对待他，想要听听其中的缘由？"高抑崇说："我一年到头都在读书，有时候会有疑问不能解答，而且自己有所欠缺的地方也不知晓，每当我的疑惑记载了几十条时，就去拜访他一次，没有不迎刃而解的。"而蒋季庄君所擅长的，别人不一定会知道。世上的人所说的知己，不就是这样吗？

第二个要说的是王茂刚，他居住在明州的林村，位于山涧的深处，他有一个弟弟不擅长读书，茂刚让他通过经商来养家糊口，而他自己则专心读书，脚步从来没有乱了方寸。尤其对《周易》这本书的见解十分深邃。沈焕在担任明州通判时，曾经去拜访过他，说他见识旨趣远远超出了有经注的那些人。气质严谨庄重，窥探他的知识，大概是没有穷尽的。

第三个要说的是顾主簿，不知道他是哪里人，高宗南渡之后，他就

居住在慈溪。一直保持着廉洁的德行，安心于贫贱的生活，不祈求别人知晓他。他所经历的事情，即便是一些小事也一丝不苟地对待。天亮的时候起床，等待卖菜的经过自家的房门时，就向其询问菜价多少钱，根据菜贩所说的来给钱而不会怀疑。他在吃饭穿衣方面也都是这样。时间一久，人们都对他十分信服，不忍心欺骗他。假如这些菜够一天用的，他就专心钻研典籍，不喜欢应酬和交游。里中有一些武断刚愎的人，嘲讽他说："难道你就是顾主簿吗？"

第四个要说的是周日章，是信州永丰县人。他一直保持着廉洁的操行，被县里的人所尊敬。他开门教授徒弟，收入只够养活自己，不是他应该得到的钱财他一毫也不拿。家中贫苦至极，常常一天到晚都没有东西吃，邻居有时会给他一些微薄的东西。家中经常上顿不接下顿，他宁愿和妻子挨饿，也不会去求别人。严冬的时候穿的都是像纸一样的棉衣。有客人来拜访的时候，还是会高兴地宴请款待，看他的容貌，聆听他的议论，没有不让人尊敬的。县尉谢生送给他一件裘衣，说："先生从来对我没有什么请求，这是我自己想要献给你的殷勤，接受它不会有什么妨碍的。"周日章笑着回答说："一套衣服和万钟的粮食意义是等同的，倘若不清不楚地接受了，不就是不能分辨礼仪了吗。"最后还是推辞掉了。汪圣锡也知道他的贤能，认为他的行为是唯一最接近古人的人。

这四位君子，实在是应该被写在史册中。

杜诗命意

【原文】

杜公诗命意用事①，旨趣深远②，若随口一读，往往不能晓解，姑纪一二篇以示好事者。如："能画毛延寿③，投壶郭舍人④。每蒙天一笑，复似物皆春。政化平如水，皇恩断若神。时时用抵戏，亦未杂风尘。"第三联意味颇与前语不相联贯，读者或以为疑。按杜之旨，本谓技艺倡优，不应蒙人主顾眄赏接，然使政化如水，皇恩若神，为治大要既无可损，则时时用此辈，亦亡害也。又如："乱后碧井废，时清瑶殿深。铜瓶未失水，百丈有哀音。侧想美人意，应悲寒甃沉。蛟龙半缺落，犹得折黄金。"此篇盖见故宫井内汲者得铜瓶而作，然首句便说废井，则下文翻覆铺叙为难，而曲折宛转如是，它人毕一生模写不能到也。又一篇云："斗鸡初赐锦，舞马既登床。帘下宫人出，楼前御柳长。仙游终一閟，女乐久无香。寂寞骊山道，清秋草木黄。"先忠宣公在北方，得唐人画《骊山宫殿图》一轴，华清宫居山颠，殿外垂帘，宫人无数，穴帘隙而窥，一时伶官戏剧，品类杂沓，皆列于下⑤。杜一诗真所谓亲见之也。

【注释】

①命意用事：构思与用典。②旨趣：宗旨趣味。③毛延寿：西汉元帝时期的宫廷画师。传闻元帝选妃时，会根据毛延寿的画像来选取，因此很多宫娥会向他行贿，只有王昭君没有这么做。于是毛延寿就把王昭君画得特别丑，也正是因为如此，王昭君一直没有得到宠幸。后来

匈奴来议和，元帝根据画像，将王昭君嫁给匈奴王。直到看到了王昭君的容貌时元帝才后悔不已，于是在送昭君出塞之后，就下令将毛延寿处死了。④郭舍人：汉武帝身边的戏子，备受武帝宠幸。⑤下：大殿之下。

【译文】

杜甫诗中的命题立意及所用的典故，都寓意深远，如果随口一读，常常不明白其中的含义，现在姑且分析一两篇以供好奇的人品评。例如："能画毛延寿，投壶郭舍人。每蒙天一笑，复似物皆春。政化平如水，皇恩断若神。时时用抵戏，亦未杂风尘。"这首诗的第三联的意味看上去与前面是不连贯的，因此读到这里的人常常会觉得疑惑。查看杜甫的本意，是想说舞乐戏谑的艺人，不应该承蒙皇上的眷顾接受皇上的赏赐，但是如果政治教化清明如水，皇上判断政务像神明一般，治国的根本没有出现任何问题，那么偶尔与这些人在一起，也没有坏处。又如："乱后碧井废，时清瑶殿深。铜瓶未失水，百丈有哀音。侧想美人意，应悲寒甃沉。蛟龙半缺落，犹得折黄金。"这首诗大概是杜甫看到旧宫殿内负责打水的人得到了铜瓶而写的，但是开头一句就说废井，到了下文反复铺叙十分困难，而又如此曲折婉转，别人穷尽一生的精力去写也达不到这样的水准。又有一篇写道："斗鸡初赐锦，舞马既登床。帘下宫人出，楼前御柳长。仙游终一閟，女乐久无香。寂寞骊山道，清秋草木黄。"先父忠宣公被押在金国时，曾经得到了唐朝人所画的《骊山宫殿图》一轴，画中的华清宫建在山顶上，殿外垂着帘子，里面有无数的宫人，从帘子的缝隙中偷窥，看到伶官在演奏戏剧，人员众多杂乱，都排列在殿下。杜甫这首诗写得像是真的亲眼看到了这样的情景一样。

韩苏文章譬喻

【原文】

韩、苏两公为文章，用譬喻处，重复联贯，至有七八转者。韩公《送石洪序》云：“论人高下，事后当成败，若河决下流东注，若驷马驾轻车就熟路，而王良、造父为之先后也①，若烛照数计而龟卜也。”《盛山诗序》云：“儒者之于患难，其拒而不受于怀也，若筑河堤以障屋溜②；其容而消之也，若水之于海，冰之于夏日；其玩而忘之以文辞也，若奏金石以破蟋蟀之鸣③、虫飞之声。”苏公《百步洪》诗云“长洪斗落生跳波，轻舟南下如投梭。水师绝叫凫雁起，乱石一线争磋磨。有如兔走鹰隼落，骏马下注千丈坡。断弦离柱箭脱手，飞电过隙珠翻荷”之类，是也。

【注释】

①王良、造父：都是古代著名的驾驭马车的能手。②屋溜（liù）：下雨时屋檐上流下的水，这里指的是湍急的水流。③奏金石：敲击金箔的声音。

【译文】

韩愈、苏轼这两个人写文章时，在使用比喻修辞的地方，经常会重复连贯，甚至有七八次转换。韩公在《送石洪序》中写道：“评价一个人能力的高低，就要看他完成事情后是成功还是失败，就像是黄河决下而向东流，就像是四匹马驾着轻车走熟路，而善于驾车的王良、造父在马前车后，就像是查看计算然后再占卜一般。”《盛山诗序》中写道：“儒

家对于祸患灾难，应该拒绝的就不会接受，就像是筑造河堤用阻塞急流一样；应该容纳并化解它，就像是水要流向大海一样，冰放在夏天一样；用读书写文章来消遣忘记忧虑，就像是用敲击金石的声音来掩盖蟋蟀的叫声、虫子飞来飞去的声音一样。”苏公在《百步洪》一诗中写道“长长的洪流突然向低处倾泻而下，溅起了层层浪花；我坐着小船，快得就像是投掷梭子一样，顺着水流一路南下。船工们大声地叫喊着，将一群正在觅食的野鸭惊了起来；小船在狭成一线的水道中穿行，船舷仿佛已经在和乱石相互摩擦。你看，船走得多快，就像是野兔逃窜，鹰隼降落，骏马迅疾地驰下千丈高坡；又好像是琴弦迸断飞离了琴柱，羽箭瞬间从手中射出，电光从缝隙中闪过，水珠从荷叶上滚落。”之类，使用的都是这样的比喻。

孙宣公谏封禅等

【原文】

景德、祥符之间，北戎结好，宇内乂宁[①]，一时邪谀之臣，唱为瑞应祺祥，以罔明主[②]，王钦若、陈彭年辈实主张之。天书既降，于是东封、西祀、太清之行，以次丕讲，满朝耆老方正之士，鲜有肯启昌言以遏其奸焰，虽寇莱公亦为之。而孙宣公奭独上疏争救[③]，于再于三，《真录》出于钦若提纲，故不能尽载，以故后人罕称之。予略摘其大概纪于此。

一章论西祀，曰：“汾阴后土，事不经见。汉都雍，去汾阴至近；河东者，唐王业所起之地，且又都雍，故武帝、明皇行之。今陛下经重关，越险阻，远离京师根本之固，其为不可甚矣。古者圣王先成民而后致力于神，今土木之功，累年未息，水旱作沴[④]，饥馑居多[⑤]，乃欲劳民事神，神其享之乎！明皇嬖宠害政[⑥]，奸佞当涂，以至身播国屯。今议者引开元故事以为盛烈，臣窃不取。今之奸臣，以先帝诏停封禅，故赞陛下，以为继承先志。且先帝欲北平幽朔，西取继迁，则未尝献一谋，画一策以佐陛下。而乃卑辞重币，求和于契丹，蹙国縻爵，姑息于保吉。谓主辱臣死为空言，以诬下罔上为己任，撰造祥瑞，假托鬼神，才毕东封，便议西幸。以祖宗艰难之业，为佞邪侥倖之资，臣所以长叹而痛哭也！”

二章论争言符瑞，曰：“今野雕山鹿，并形奏简，秋旱冬雷，率皆称贺。将以欺上天，则上天不可欺；将以愚下民，则下民不可愚；将以惑后世，则后世必不信。腹非窃笑，有识尽然。”

三章论将幸亳州，曰：“国家近日多效唐明皇所为。且明皇非令德之君，观其祸败，足为深戒，而陛下反希慕之！近臣知而不谏，得非奸佞乎？明皇奔至马嵬，杨国忠既诛，乃谕军士曰：‘朕识理不明，寄任失所，近亦觉寤。’然则已晚矣，陛下宜早觉寤，斥远邪佞，不袭危乱之迹，社稷之福也！”

四章论朱能天书，曰：“奸憸小人，妄言符瑞，而陛下崇信之，屈至尊以迎拜，归秘殿以奉安。百僚黎庶，痛心疾首，反唇腹非，不敢直言。臣不避死亡之诛，听之罪之，惟在圣断。昔汉文成、五利，妄言不雠，汉武诛之。先帝时，侯莫陈利用方术奸发，诛于郑州。唐明皇得灵符宝券，皆王铁、田同秀等所为，不能显戮[⑦]，今日见老君于阁上，明日见老君于山中，大臣尸禄以将迎，端士畏威而缄默。及禄山兆乱，辅国劫迁，大命既倾，前功并弃。今朱能所为是已。愿远思汉武之雄材，近法先帝之英断，中鉴明皇之召祸，庶几灾害不生，祸乱不作。”奭之论谏，虽魏郑公、陆宣公不能过也。

【注释】

①乂（yì）宁：安宁。②罔：欺骗，蒙蔽。③孙宣公奭（shì）：字宗古，北宋经学家、教育家。他自幼读经书，笃学成才，以经学成名，一生坚守儒家之道。④作沴（lì）：作害。⑤饥馑：饥荒。⑥嬖（bì）宠：备受帝王宠信的人。⑦显戮：明正典刑，陈尸示众。

【译文】

宋真宗景德、祥符年间，与辽国交好，天下太平，一时间那些擅长阿谀奉承的奸诈之臣，开始宣扬这是祥瑞的征兆，想要以此来欺骗英明的君主。王钦若、陈彭年就是主张这些说法的人。皇上的诏令已经下达，于是东封泰山、西祀汾阴、太清宫祭祀老子，依照顺序来举办，老臣中为人正直的人也很少会有因此而直言不讳地揭发这种奸邪之气的，即便是寇准这样的大臣也主张祥瑞封禅。而宣公孙奭独自一人上奏救弊，而且是再三这样做，《真宗实录》是王钦若拟定的提纲，因此不能完全将孙奭尚书的内容全部记录下来，所以后人很少对他有所赞扬，我大略将他的奏疏记录在这里。

他在第一章讨论了西祀，说："汾

阴祭祀地神，这件事经书中没有记载。西汉在雍城的长安建立了朝都，离汾阴只有咫尺之遥；河东是唐朝帝王的事业开始繁盛的地方，而且又在雍州设立了都城，因此汉武帝、唐明皇都会到这里来祭祀。现在陛下经历了重重险关，翻越了层层险阻，远离了京师根本之地，这样做是不可取的。古代圣明的君主都是先安顿好百姓然后再想着如何祭祀神灵，现在大兴土木的事情，已经进行了多年，还没有停息，再加上水旱等灾害，忍饥挨饿的人还有很多，这样的情况下还想着劳民伤财来侍奉神灵，神灵也不能安心享用啊！唐明皇沉迷于美色而相信奸臣，奸臣当道，败坏朝纲导致霍乱，现在讨论的人引用开元的故事，认为这是十分盛大的功业，我认为这样做并不可取。现在的奸臣，因为先帝下诏暂停封禅，因此开始怂恿陛下做这件事，还说陛下是在继承先皇的遗志。但是先皇曾经想要向北平定幽燕，向西夺取西夏，那些奸臣从来没有为此献过一计一策来帮助陛下。这些人只会做一些卑劣之事来置我朝的利益而不顾，向契丹求和，甚至不惜割让我朝的疆土，赐给他们爵位，来安抚辽国，以求得一时的安定。说什么皇上受辱臣就请死的话都不过是一些空话，污蔑下属欺瞒皇上才是他们的工作，假造什么祥瑞，假托什么鬼神，刚刚才结束了东封泰山，便开始讨论西幸。用祖宗创下的艰巨大业，作为奸臣博取宠幸的资本，我因此而叹息不已痛哭不止啊！”

第二章跟皇上讨论了所谓的天降符瑞的事情，说：“现在即便出现了一只野兽、一只山鹿，都会将情形写在奏章中向皇上禀奏，甚至连秋旱冬雷，都会被说成是祥瑞拿来称赞。如果是想要欺骗上天，那么上天是不会被欺瞒的；想要愚弄百姓，百姓也不是能被愚弄的；想要迷惑后人，可是后人必然是不会相信的。这样的做法只会让有识之士在暗地里偷偷嘲笑。”

第三章讨论的是将要巡幸亳州的事情，说：“国家最近多在效仿唐明皇的做法，不要说唐明皇并非有多么好的品德，看他自己的所作所为引

发的祸端，就足以让后世引以为戒了，而陛下却反而十分仰慕他。身边的臣子明知道这点却没有劝谏，这不就是在成全奸诈之人吗？唐明皇逃到马嵬驿的时候，杨国忠已经被诛杀掉了，于是下令对众将士说：‘我没能辨明是非，任命大臣有失妥当，最近已经觉悟了。’但是那时其实已经晚了，如果陛下能够早点觉悟，远离那些奸佞小人，不重蹈唐明皇时危乱的覆辙，是天下的福气啊！”

第四章讨论的是批判朱能编纂的所谓的天书，说：“奸诈无知的小人，胡乱说什么符瑞，而陛下竟然轻而易举地相信了，自降尊贵的身份来迎拜他，将他迎回秘殿来供奉安置。百官黎民为此痛心疾首，讥笑嘲讽，却没有一个人敢于直言相劝。我不惜怀着必死的信念说了出来，是听我的话还是怪罪于我，都只看陛下您的判决了。过去汉朝的文成将军、五利将军，都乱说什么符瑞，汉武帝将这两个人都处死了。先帝在世时，侯莫陈利用方术假托是祥瑞，最后被人告发了，被杀死在郑州。唐明皇得到所谓的灵符宝券，都是王铁、田同秀这些人在背地里做的，今天看到太上老君在殿上，明天看到太上老君在山中，大臣明知荒谬不可信，却还是去迎接他，而正直的人因为害怕惹祸上身而选择缄默。到了安禄山发动叛乱时，李辅国想要迁走都城，国家的命运将要倾倒，前面的功绩都一并丢弃了。现在朱能的所作所为就是这样的。希望陛下远能够参考汉武帝的雄才大略，近能够效仿先帝的英明武断，其间可以再借鉴唐明皇因为纵容敌人招致祸乱的事例，这样才能让灾害不再发生，祸乱不再兴起。”孙奭的这番进谏之言，即便是魏郑公、陆宣公也是无法超过的。

周武帝宣帝

【原文】

周武帝平齐，中原尽入舆地[①]，陈国不足平也，而雅志节俭，至是愈笃。后宫唯置妃二人，世妇三人，御妻三人，则其下保林、良使辈，度不过数十耳。一传而至宣帝，奢淫酗纵，自比于天，广搜美女，以实后宫，仪同以上女不许辄嫁，遂同时立五皇后。父子之贤否不同，一至于此！

【注释】

①舆地：大地、土地，这里指领土。

【译文】

北周武帝平定北齐之后，中原地区都成了他的疆土，位于江南的陈国也就不在话下了，而周武帝平时特别节俭，到了这个时候节俭的意志变得更加坚定。后宫只有两名妃子，三名世妇，三名御妻，再加上其他像保林、良使这样的女官，最多也不过几十人。北周的政权传到他的儿子宣帝时，就开始变得骄奢淫逸整日醉酒放纵起来，周宣帝将自己与上天相比，到处搜集美女，来充实自己的后宫，规定仪同三司官员以上的女儿不能随意出嫁，同时册立了五名皇后。父子两人的贤恶的差异，竟然达到了这种地步！

节度使称太尉

【原文】

唐节度使带检校官，其初只左右散骑常侍，如李愬在唐邓时所称者也[①]，后乃转尚书及仆射、司空、司徒，能至此者盖少。僖、昭以降，藩镇盛强，武夫得志，才建节钺，其资级已高，于是复升太保、太傅、太尉，其上惟有太师，故将帅悉称太尉。元丰定官制，尚如旧贯。崇宁中，改三公为少师、少傅、少保，而以太尉为武阶之冠，以是凡管军者，犹悉称之。绍兴间，叶梦得自观文殿学士，张澄自端明殿学士，皆拜节度。叶尝任执政，以暮年拥旄[②]，为儒者之荣，自称叶太尉。张微时用邓洵武给使恩出身，羞为武职，但称尚书如故，其相反如此。

【注释】

①李愬（sù）：唐代中期名将，自小慈孝过人，曾担任过太子右庶子，坊、晋二州刺史，金紫光禄大夫，太子詹事。②拥旄（máo）：借指统率军队。

【译文】

唐朝节度使带检校官，最初的时候只有左右散骑在身边服侍，就像李愬在唐州、邓州时所说的那样。后来就转任为尚书及仆射、司空、司徒，不过能够走到这一步的人很少。僖宗、昭宗以来，藩镇的势力开始变得强大起来，练武的人备受重视，才被赏赐了符节和斧钺，因为资历级别已经很高了，再升的话就只能是太保、太傅、太尉，上面只有太师了，所以将帅全都被称为太尉。元丰时制定官制，还像旧例一样。徽宗崇宁年间中，将三公改为少师、少傅、少保，并将太尉作为武官中的最高等级，因此只要是掌管军事的人，依旧叫作太尉。高宗绍兴年间，叶梦得自观文殿学士，张澄自端明殿学士，都被称为节度使。叶梦得曾经执掌政事，在晚年得到了军职，对儒家文人来说是种光荣的赞誉，因此自称为叶太尉。张澄卑贱时曾通过邓洵武给予的一个使恩的出身才得以做官，一直将武职作为一种羞耻的象征，只好自称尚书，这两个人想法正好相反。

唐贤启状

【原文】

故书中有《唐贤启状》一册，皆泛泛缄题[①]。其间标为独孤常州及、刘信州太真、陆中丞长源、吕衡州温者，各数十篇，亦无可传诵。时人以其名士，故流行至今。独孤有《与第五相公书》云："垂示《送丘郎中》两诗，词清兴深，常情所不及。'阴天闻断雁，夜浦送归人。'浓丽闲远之外，文句窈窕悽恻，比顷来所示者，才又加等。但吟诵叹咏，大谈于吴中文人耳。"又云："昨见《送梁侍御》六韵，清丽妍雅，妙绝今时，掩映风骚，吟讽不足。"按第五琦乃聚敛之臣，不以文称[②]，而独孤奖重之如此。观表出十字，诚为佳句，乃知唐人工诗者多，不必专门名家而后可称也。

【注释】

①泛泛缄题：扣题不够深入。②不以文称：不以善于作诗文而被世人称道。

【译文】

以前的书里有《唐贤启状》一册，都有些扣题不够深入。其中有标为独孤常州及、刘信州太真、陆中丞长源、吕衡州温的，每个人有几十篇之多，都没有什么值得被人传诵的。当时的人认为他们都是有名的士人，所以流传到现在。独孤在《与第五相公书》中写道：“承蒙你将《送丘郎中》两诗拿给我看，文词清雅，意蕴深厚，是一般的感情所不能够表达出来的。‘阴天闻断雁，夜浦送归人。’这两句除了有着浓丽闲远的意境之外，文句窈窕凄凉，比最近所看到的，又高了一个等级。所以我不仅自己常常会吟诵叹咏，还会与吴中的文人来谈论这首诗。”又说：“昨天看到了《送梁侍御》六韵，文辞清丽妍雅，比现在很多诗都要更加绝妙，其雅致隐约掩映在《国风》《离骚》之中，可以说是吟咏百遍也不会满足。”考证了一下，唐朝的第五琦原本指的是朝廷中专门负责理财的官员，并不以善于写文章而被人称道，而独孤及竟然如此夸奖看重他。看他表扬的这十个字，也的确可以称得上是佳句，这才知道唐朝人中善于作诗的人太多，不一定只有专门的名家才值得称道。

赦放债负

【原文】

淳熙十六年二月《登极赦》：“凡民间所欠债负，不以久近多少，一切除放。”遂有方出钱旬日，未得一息，而并本尽失之者，人不以为便①。何澹为谏大夫，尝论其事，遂令只偿本钱，小人无义，几至喧竞。绍熙五年七月覃赦，乃只为蠲三年以前者②。按晋高祖天福六年八月，赦云："私下债负取利及一倍者并放。"此最为得[③]。又云："天福五年终以前，残税并放。"而今时所放官物，常是以前二年为断[④]，则民已输纳，无及于惠矣。唯民间房赁欠负，则从一年以前皆免。比之区区五代，翻有所不若也。

【注释】

①人不以为便：百姓都认为不够合理。②蠲（juān）：免除，免去。③得：得体，合适，恰当。④断：期限。

【译文】

宋孝宗淳熙十六年二月颁布了《登极赦》，上面写道："只要是民间所欠的债款，不管时间过去多久，数量是多是少，全部都被免除。"于是刚借出的钱还没超过十天，不仅没有得到一点利息，而且连本钱都失去了，人们都认为这个条令不合理。当时，何澹担任大夫一职，曾经讨论这件事，于是又下令只需要偿还本钱，谁知一些小人贪利忘义，觉得本不用还的东西又要还了，于是开始吵闹。绍熙五年七月，朝廷又颁布了一项赦令，规定免除三年以前所欠的债款。我经过考证发现，晋高祖天福流年八月，赦令说："只要是私人之间的债务往来，如果债主收取的利息是本金的一倍，可以加以免除，不得再追还。"这个赦令是最为恰当的。又说："天福五年年底之前，过去残留的一些赋税都一律被免除。"如果按照当时的这项规定，现在朝廷免除的官税，常常都是按照过去两年作为期限，而两年之后，百姓几乎都已经将税钱或者实物按照数量缴纳给了官府，这样的赦免是不会使百姓从中获取好处的。只有民间的租赁欠负，以一年作为期限可以被免除。如此看来，现在的赦令跟小小的五代相比，反而比不上前者啊。

周玄豹相

【原文】

唐庄宗时，术士周玄豹以相法言人事[①]，多中。时明宗为内衙指挥使，安重诲使他人易服而坐[②]，召玄豹相之。玄豹曰："内衙贵将也，此不足当之。"乃指明宗于下坐，曰："此是也。"因为明宗言其后贵不可言。明宗即位，思玄豹以为神。将召至京师，宰相赵凤谏，乃止。观此事，则玄豹之方术可知。然冯道初自燕归太原，监军使张承业辟为本院巡官，甚重之，玄豹谓承业曰："冯生无前程，不可过用。"书记卢质曰："我曾见杜黄裳写真图，道之状貌酷类焉，将来必副大用[③]，玄豹之言不足信也。"承业于是荐道为霸府从事。其后位极人臣，考终牖下[④]，五代诸臣皆莫能及，则玄豹未得擅唐、许之誉也。道在晋天福中为上相，诏赐生辰器币。道以幼属乱离，早丧父母，不记生日，恳辞不受。然则道终身不可问命，独有形状可相，而善工亦失之如此。

【注释】

①相法：相面的方法。②易服：换衣服。③副：辅佐。④考终牖（yǒu）下：寿终正寝，老死在家中。

【译文】

后唐庄宗在位时，术士周玄豹经常用相面的方式来预测人间将要发生的事情，很多都灵验了。当时明宗还在担任内衙指挥使，安重诲故意派遣别人穿着内衙指挥使的衣服坐在内衙指挥使的座位上，召玄豹过来相面。玄豹说："内衙是地位显贵的将领，这个人不够资格来担任。"于是指着下边的明宗说："这个人才是内衙指挥使。"因为明宗的富贵逼人不能言说。明宗即位之后，想到玄豹相面如神。想把他再次召到京师，宰相赵凤对这件事多加劝阻，这才放弃了这个念头。看这件事，就能够了解玄豹的方术在当时是很有名的。但是冯道当初从幽州投靠太原时，监军使张承业担任本院巡官，对他十分看重，玄豹对张承业说："冯道这个人没什么前途，不能过分信任他。"书记卢质说："我曾经看到过唐朝杜黄裳的一幅画像，冯道的样貌和他十分相似，将来一定能够辅佐君主得到重用，周玄豹的话不足以相信啊。"张承业于是就推荐冯道担任幕府从事。之后，冯道位居宰相，得以善终，五代时期的各位大臣都没有超过他的，因此周玄豹并没有得到袁王刚、许负扇这样的专擅术士的名誉。冯道在后晋天福年间担任上相，皇上下诏赐给他生辰器币。冯道因为小时候遭遇丧乱，父母早亡，不清楚自己的生日是何时，于是诚恳地推辞没有接受。而冯道终身都没有询问命格，只有样貌可以观察，最擅长相面的人也有失手的时候啊。

君臣事迹屏风

【原文】

唐宪宗元和二年，制《君臣事迹》。上以天下无事，留意典坟，每览前代兴亡得失之事，皆三复其言。遂采《尚书》《春秋后传》《史记》《汉书》《三国志》《晏子春秋》《吴越春秋》《新序》《说苑》等书君臣行事可为龟鉴者[①]，集成十四篇，自制其序，写于屏风，列之御座之右，书屏风六扇于中，宣示宰臣。李藩等皆进表称贺，白居易翰林制诏有批李夷简及百寮严绶等贺表，其略云："取而作鉴，书以为屏。与其散在图书，心存而景慕，不若列之绘素[②]，目睹而躬行，庶将为后事之师，不独观古人之象。"又云："森然在目，如见其人。论列是非，既庶几为坐隅之戒；发挥献纳，亦足以开臣下之心。"居易代言，可谓详尽。又以见唐世人主作一事而中外至于表贺，又答诏勤渠如此，亦几于丛脞矣[③]。宪宗此书，有《辨邪正》《去奢泰》两篇，而末年用皇甫镈而去裴度，荒于游宴[④]，死于宦侍之手，屏风本意，果安在哉？

【注释】

①龟鉴：借鉴。②绘素：在白色底子上画画。③丛脞（cuǒ）：杂乱，细碎。④荒于游宴：沉溺于行酒作乐中。

【译文】

唐宪宗元和二年，编写了《君臣事迹》这本书。皇上因为天下安定，于是开始留意典籍，每当看到前朝一些兴亡得失的事情，都会反复咀嚼探究。于是将《尚书》《春秋后传》《史记》《汉书》《三国志》《晏子春秋》《吴越春秋》《新序》《说苑》这些书中记载的君臣做事时可以当作借鉴的案例，收集了十四篇，自己亲手写了序，写在屏风上，放在御座的右边，写了六扇屏风，放在了中间，展示给宰臣大臣们。李藩等都上表向他祝贺，翰林学士白居易拟定了诏书答复李夷简和文武百官严绶等人的贺表，其中有句说："收集起来作为借鉴，书写出来作为屏风。与其让这些事情只存在于图书之中，不如放在心里并仰慕着，不如写在绘帛上，每天看到并亲身去实行，希望后人能够有所效法，不只是当作在看古人而已。"又说："这些事情历历在目，就像是看到他们本人一样。如果要讨论是非，希望不久就能成为大家借鉴的榜样；发挥献言和采纳的风气，也能够诱发臣子的忠心啊。"白居易的代言，可以说十分详细。从中又能够看出，唐朝皇帝作序这件事就能够让朝臣上下上表祝贺，而回答的诏书又是如此快速谨慎，考虑得也如此周到。宪宗的这本书，有《辨邪正》《去奢泰》这两篇文章，而他晚年的时候却任用皇甫镈而免去裴度，沉迷于行酒作乐之中，最后死在宦官的手中，屏风原本要传达的意思，哪里还存在呢？

河伯娶妇

【原文】

《史记》褚先生所书魏文侯时西门豹为邺令，问民所疾苦。长老曰："吾为河伯娶妇，以故贫。"豹问其故，对曰："邺三老、廷掾常岁赋敛百姓钱[①]，得数百万，用其二三十万为河伯娶妇，与祝巫分其余钱持归[②]。巫行视小家女好者，即聘取，为治斋宫河上，粉饰女，浮

之河中而没。其人家有好女者，多持女远逃亡，以故城中益空无人。"豹曰："至娶妇时，吾亦往送。"遂投大巫妪及三弟子并三老于河，乃罢去。从是以后，不敢复言为河伯娶妇。予按此事，盖出于一时杂传记，疑未必有实。而《六国表》秦灵公八年，"初以君主妻河。"言初者，自此年而始，不知止于何时，注家无说。司马贞《史记索隐》乃云，初以君主妻河"谓初以此年取他女为君主，君主犹公主也。妻河，谓嫁之河伯，故魏俗犹为河伯娶妇，盖其遗风。"然则此事秦、魏皆有之矣。

【注释】

①三老：古代掌管教化的乡官。廷掾（yuàn）：县令的下属。②祝巫：掌管占卜祭祀的人。古代把事鬼神的人称为巫，把祭主赞词的人称为祝。

【译文】

《史记》中褚先生写了这样一件事：战国时期，魏文侯在担任魏国的国君时，西门豹担任邺县县令，他向民众询问疾苦。年长的人说："我们要给河伯娶妻，因此变得十分贫困。"西门豹于是询问为何要给河伯娶妻，回答说："邺县的三老、廷掾经常以此为借口来搜刮百姓的钱财，得到几百万，用其中的二三十万来给河伯娶妻，再与掌管占卜祭祀的祝巫瓜分剩下的钱。祝巫每天都到处巡视，看到有长得好看的女子，就把她聘为河伯的妻子。娶妻之前，他们会在漳河边建造斋宫，并把这个女孩精心装扮一番，将她抛入河中然后看着她慢慢被淹没。家中有长得好看的姑娘的，大多都带着女儿逃得远远的了，因此城中慢慢变得空荡无人。"西门豹说："到了河伯娶妻的日子，我也要前往欢送一下。"于是到了河伯娶妻的时候，西门豹就以河伯的命令作为借口，将大巫婆和她的三个弟子及三老都投入河里，从此废除了这个习俗。从这之后，再也没人说河伯娶妻这件事了。我对这件事进行了考证，原来是出自当时的一些杂传，怀疑不一定有这件事。而《六国表》中记载说，秦灵公八年，

“初以君主妻河。”这句所说的初，就是从这一年开始，不知道于哪一年结束，注释的人也没有说明。司马贞在《史记索隐》中也说，初以君主妻河“所说的就是这一年开始将普通人家的女儿作为君主，君主也就是公主。妻河，说的就是把这些招认的公主嫁给河伯为妻，所以魏国一直保持着为河伯娶妻的习俗，大概这是一种很久以前就流传下来的风俗。”不过这件事在秦国、魏国都有发生。

老子之言

【原文】

老子之言，大抵以无为、无名为本，至于绝圣弃智①。然所云：“将欲歙之②，必固张之；将欲弱之，必固强之；将欲废之，必固兴之；将欲夺之，必固与之。“乃似于用机械而有心者。微言渊奥，固莫探其旨也。

【注释】

①绝圣弃智：将头脑中的权威概念消除，让自己盲目地听从任何人的观点，抛弃所有都想要的念头。②歙（xī）：通“翕”，收缩。

【译文】

老子的言论，大体上是将无为和无名作为根本，从而产生了消除脑中的权威，抛弃贪欲的想法。但是他所说的“想要收缩它，就一定要扩张它；想要削弱它，就一定要让它变强大；想要废除它，就一定要将它振兴；想要夺取它，就一定要先给予它”，就像是用机械和心机相结合的方法在讨论君主怎样来控制臣子。语言微妙，道理深奥难懂，无法探明他想要表达的本来意思。

桃源行

【原文】

陶渊明作《桃源记》云："源中人自言，先世避秦时乱，率妻子邑人来此绝境，不复出焉，乃不知有汉，无论魏、晋。"系之以诗曰："嬴氏乱天纪，贤者避其世。黄、绮之商山，伊人亦云逝。愿言蹑轻风，高举寻吾契。"自是之后，诗人多赋《桃源行》，不过称赞仙家之乐。唯韩公云："神仙有无何渺茫，桃源之说诚荒唐。世俗那知伪为真，至今传者武陵人。"亦不及渊明所以作记之意。按《宋书》本传云："潜自以曾祖晋世宰辅①，耻复屈身后代。自宋高祖王业渐隆，不复肯仕。所著文章，皆题其年月。义熙以前，则书晋氏年号，自永初以来，唯云甲子而已。"故五臣注《文选》用其语。又继之云："意者耻事二姓，故以异之。"此说虽经前辈所诋，然予窃意桃源之事，以避秦为言。至云"无论魏、晋"，乃寓意于刘裕，托之于秦，借以为喻耳。近时胡宏仁仲一诗，屈折有奇味。大略云："靖节先生绝世人，奈何记伪不考真？先生高步窘末代，雅志不肯为秦民。故作斯文写幽意，要似寰海离风尘。"其说得之矣。

【注释】

①宰辅：辅政的大臣，通常指宰相。

【译文】

陶渊明写的《桃花源记》中说："桃花源里面的人自己说，先祖为了躲避秦末时的战乱，带着妻子儿女和乡亲来到了这个与外界隔绝的地方，没有再出来，因此不知道有汉朝，也不知道魏、晋。”写了与此相关的诗有：“嬴氏乱天纪，贤者避其世。黄、绮之商山，伊人亦云逝。愿言蹑轻风，高举寻吾契。”自此以后，后世的诗人将《桃源行》作为题材的有很多，不过称赞的都是仙家远离尘嚣的逍遥自在。只有韩愈写诗说：“神仙有无何渺茫，桃源之说诚荒唐。世俗那知伪为真，至今传者武陵人。”这也没有接近陶渊明写《桃花源记》的本意。《宋书》本传中说：“陶渊明因为曾祖是晋朝的宰辅，所以认为自己屈身于取代晋朝的王朝是种耻辱。从宋高祖以来，帝王的事业开始慢慢兴隆起来，不再愿意担任官职。因此写了这篇文章，标明了年月。东晋安帝义熙之前，就标明了晋代的年号。不过从南朝宋高祖永初年间之后，就只写干支了。”所以，在给《文选》做注解的时候用了这些话，接着说：“本意是认为侍奉两个姓氏的帝王做事是种羞辱，所以区别对待。”这种说法虽然被前辈所批评，但是我个人认为《桃花源》中所说的事情，借着逃避秦时战乱这样的话，来影射当时的战乱。至于说到“无论魏、晋”，则是在暗指南朝的刘裕，假借着秦朝的名号，只不过是想借此来讽喻罢了。近代的胡宏（字仁仲）写了一首诗，委婉有味。大体上是说：“靖节先生绝世人，奈何记伪不考真？先生高步窘末代，雅志不肯为秦民。故作斯文写幽意，要似寰海离风尘。”他的说法是最接近陶渊明本意的吧。

汉文帝不用兵

【原文】

《史记·律书》云："高祖厌苦军事[①]，偃武休息。孝文即位，将军陈武等议曰：'南越、朝鲜，拥兵阻阸，选蠕观望[②]。宜及士民乐用，征讨逆党，以一封疆。'孝文曰：'朕能任衣冠，念不到此。会吕氏之乱，误居正位，常战战栗栗，恐事之不终。且兵凶器，虽克所愿，动亦耗病，谓百姓远方何？今匈奴内侵，边吏无功，边民父子荷兵日久，朕常为动心伤痛，无日忘之。愿且坚边设候，结和通使，休宁北陲，为功多矣。且无议军。'故百姓无内外之繇，得息肩于田亩，天下富盛，粟至十余钱。"予谓孝文之仁德如此，与武帝黩武穷兵，为霄壤不侔矣[③]。然班史略不及此事。《资治通鉴》亦不编入，使其事不甚暴白，惜哉！

【注释】

①厌苦：厌烦，将……作为苦事。②选蠕观望：等待时机图谋作乱。③霄壤不侔（móu）：天壤之别，指差距巨大。

【译文】

《史记·律书》中说："汉高祖刘邦厌恶战争，于是就停止战争，休养生息。孝文帝（刘恒）即位之后，将军陈武等人商讨说：'南越、朝鲜，手握重兵把守险要的地方，等待时机图谋作乱。现在最好趁着士兵、民众愿意为国效劳的时候，来征讨叛贼，统一疆土。'孝文帝说：'我能够继承先祖的衣冠，并没有想要动用军队。只是恰逢吕氏作乱，我凑巧当了皇帝，心中经常忐忑不安，担心事情不会有好的结果。况且武器属于凶器，虽然克敌之后也许能够如愿，但是一旦动用武力，也会耗损国力，更不要说百姓的长远利益怎么办了。现在匈奴入侵，驻守在边境的官吏没有退敌的功劳，边境的民众也已经驻守边境很长时间了，我经常会为他们感到不安，没有一天能够忘记他们。我只希望能够坚守边防设立封侯，同时能够派使节去求和，让北方的边境能够安定下来，这就是大的功德了。暂时还是不要讨论动用军队打仗的事情。’因此，百姓被免除了内外的徭役，得以休生养息，积极地耕种农田，天下变得富庶起来，谷子降到了十多钱。”我认为孝文帝能够仁义到这样的程度，与汉武帝黩武穷兵，真是有着天壤之别啊。但是班固的史书却省略没有提及这件事。《资治通鉴》也没有编辑录入，让这件事没有被广泛传播，真是可惜啊！

东坡三诗

【原文】

东坡初赴惠州，过峡山寺，不值主人，故其诗云："山僧本幽独，乞食况未还。云碓水自舂，松门风为关。石泉解娱客，琴筑鸣空山。"既至惠州，残腊独出，至栖禅寺，亦不逢一僧，故其诗云："江边有微行，诘曲背城市[①]。平湖春草合，步到栖禅寺。堂空不见人，老稚掩关睡。所营在一食，食已宁复事。客行岂无得？施子净扫地。风松独不静，送我作鼓吹。"后在儋耳作《观棋》诗，记游庐山白鹤观，观中人皆阖户昼寝，独闻棋声，云："五老峰前，白鹤遗址。长松荫庭，风日清美。我时

独游，不逢一士。谁欤棋者[2]？户外屦二。不闻人声，时闻落子。”其寂寞冷落之味，可以想见，句语之妙，一至于此。

【注释】

①诘曲：曲折。②欤：语气助词，表示疑问感叹。

【译文】

苏东坡第一次去惠州时，途经峡山寺，没有看到主人，因此题诗说：“山僧本幽独，乞食况未还。云碓水自舂，松门风力关。石泉解娱客，琴筑鸣空山。”到了惠州之后，在腊月快要结束的时候独自出游，来到了栖禅寺，也没有看到一个僧人，于是写诗说：“江边有微行，诘曲背城市。平湖春草合，步到栖禅寺。堂空不见人，老稚掩关睡。所营在一食，食已宁复事。客行岂无得？施子净扫地。风松独不静，送我作鼓吹。”后来在儋耳又写了一首《观棋》，记录了自己游览庐山白鹤观时，大白天看到观中的人都关着房门睡觉，只听到下棋的声音，于是说：“五老峰前，白鹤遗址。长松荫庭，风日清美。我时独游，不逢一士。谁欤棋者？户外屦二。不闻人声，时闻落子。”这些诗中传达的寂寞冷清的感觉，可以猜想出来，语句如此巧妙，竟然达到了这样的境地。

人当知足

【原文】

予年过七十，法当致仕，绍熙之末，以新天子临御，未敢遽有请，故玉隆满秩，只以本官职居里。乡衮赵子直不忍使绝禄粟，俾之因任，方用赘食太仓为愧，而亲朋谓予爵位不逮二兄①，以为耿耿。予诵白乐天《初授拾遗诗》以语之曰："奉诏登左掖②，束带参朝议。何言初命卑，且脱风尘吏。杜甫、陈子昂，才名括天地。当时非不遇，尚无过斯位。"其安分知足之意，终身不渝。因略考国朝以来，名卿伟人负一时重望而不跻大用者，如王黄州禹偁，杨文公亿，李章武宗谔，张乖崖咏，孙宣公奭，晁少保迥，刘子仪筠，宋景文祁，范蜀公镇，郑毅夫獬，滕元发甫，东坡先生，范淳父祖禹，曾子开肇，彭器资汝砺，刘原甫敞，蔡君谟襄，孙莘老觉，近世汪彦章藻，孙仲益觌，诸公皆不过尚书学士，或中年即世，或迁谪留落，或无田以食，或无宅以居，况若我忠宣公者，尚忍言之！则予之忝窃亦已多矣。

【注释】

①不逮：比不上，不及。②左掖（yè）：宫城正门左边的小门。

【译文】

我七十多岁了，按说应准备告老回乡了，可是在宋光宗绍熙末年，因为新皇刚刚临朝打理政务，不敢请求告老还乡，因此到了玉隆任满，才在原来的职位上退下来隐居乡里。同乡的赵子直因为不忍心看我断绝了俸禄粮饷，怜悯我的处境，认为靠太仓的粮食供应我而对我有愧，而

亲朋好友也说我的爵位低于两位兄长，所以一直耿耿于怀。我给他们念白居易的《授拾遗诗》这首诗来回答他们："奉诏登左掖，束带参朝议。何言初命卑，且脱风尘吏。杜甫、陈子昂，才名括天地。当时非不遇，尚无过斯位。"白居易能够安分守己知足常乐，终身都没有改变。于是我粗略地对宋朝以来的历史进行了考证，发现有很多名卿伟人，在一段时间被给予厚望却没有担任重要的职位，如王禹偁、杨亿、李宗谔、张咏、孙奭、晁迥、刘筠、宋祁、范镇、郑獬、滕甫、苏东坡、范祖禹、曾肇、彭汝砺、刘敞、蔡襄、孙觉、近来还有汪藻、孙觌，上面这些人担任的职位都没有超过尚书学士的，有的人中年就从任上退了下来，有的被贬官迁地，有的没有农田来种粮食吃饭，有的没有宅院可以居住，他们的生活待遇都比不上我，都忍耐着没有说，那么我享受的已经足够多了。

渊明孤松

【原文】

渊明诗文率皆纪实①，虽寓兴花竹间亦然。《归去来辞》云："景翳翳以将入②，抚孤松而盘桓。"其《饮酒诗》二十首中一篇云："青松在东园，众草没其姿。凝霜殄异类，卓然见高枝。连林人不觉，独树众乃奇。"所谓孤松者是已，此意盖以自况也。

【注释】

①率：大体，大多，大部分。②翳（yì）翳：昏暗不明的样子。

【译文】

陶渊明所写的诗文大部分都是记录实况的，即使是寄寓在花竹之中的诗文也是这样。《归去来兮辞》中写道：“景翳翳以将入，抚孤松而盘桓。”《饮酒诗》二十首中有一首诗是这样写的：“青松在东园，众草没其姿。凝霜殄异类，卓然见高枝。连林人不觉，独树众乃奇。”这些都是描写孤松的，也都是用来比喻自己的。

作文字要点检

【原文】

作文字不问工拙小大，要之不可不著意点检，若一失事体，虽遣词超卓，亦云未然。前辈宗工，亦有所不免。欧阳公作《仁宗御书飞白记》云：“予将赴亳，假道于汝阴，因得阅书于子履之室。而云章烂然，辉映日月，为之正冠肃容再拜而后敢仰视，盖仁宗皇帝之御飞白也①。曰：‘此宝文阁之所藏也，胡为乎子之室乎？’曰：‘曩者天子燕从臣于群玉②，而赐以飞白，予幸得预赐焉。’”乌有记君上宸翰而彼此称“予”，且呼陆经之字？又《登贞观御书阁记》，言太宗飞白，亦自称“予”。《外制集序》，历道庆历更用大臣，称吕夷简、夏竦、韩琦、范仲淹、富弼，皆斥姓名，而曰“顾予何人，亦与其选”，又曰“予时掌诰命”，又曰“予方与修祖宗故事”，凡称“予”者七。东坡则不然，为王诲亦作此记，其语云“故太子少傅、安简王公讳举正，臣不及见其人矣”云云。是之谓知体。

【注释】

①飞白：书法中的一种特殊的笔法，相传是蔡邕受到修鸿都门的工匠用帚子蘸白粉刷字的启发而创造的。②曩（nǎng）者：过去，以前。

【译文】

写文章无论技巧好坏，最重要的是不能不注意文字的使用是否妥当，如果用字不当，不管文辞使用得多么精彩卓绝，都不能算是好文章。前辈宗师所写的文章，也无法避免这个问题。欧阳修所写的《仁宗御书飞白记》一文中说："我将要赶赴亳州，途中经过汝阴，因此得以在子履的房间里阅览书籍。看到一篇文章中的文字光辉璀璨，月光照在上面，让我不得不整理仪容，严肃地叩拜之后，才敢抬起头来看，这就是仁宗皇帝亲手写下的飞白啊。于是问他说：'这是宝文阁中收藏的东西，怎么会在你的房间里？'回答说：'过去天子大宴群臣的时候，用飞白赏赐大臣，我有幸得到了赏赐。'"哪有记皇上的墨迹而彼此称"予"的，况且称呼的还是陆经中的字？又有《登贞观御书阁记》，说到了太宗的飞白，也是自称为"予"。在《外制集序》中，历数仁宗庆历年间变更的大臣，叫吕夷简、夏竦、韩琦、范仲淹、富弼，这些都是直呼其名，而说"顾予何人，亦与其选"，又说"予时掌诰命"，又说"予方与修祖宗故事"，有七处都自称为"予"。苏轼并不是这样，为王诲也写了这样一篇文章，其中说"故太子少傅、安简王公讳举正，臣不及见其人矣"等。苏轼的这种自称，是一种得体的称呼。

神宗待文武臣

【原文】

元丰三年，诏知州军不应举京官职官者，许通判举之。盖诸州守臣有以小使臣为之，而通判官入京朝，故许之荐举。今以小使臣守沿边小郡，而公然荐人改官，盖有司不举行故事也。神宗初即位，以刑部郎中刘述（今朝散大夫），久不磨勘，特命为吏部郎中（今朝请大夫）。枢密院言："左藏库副使陈昉恬静，久应磨勘，不肯自言。"帝曰："右职若效朝士养名①，而奖进之，则将习以为高，非便也。"翌日，以兵部员外郎张问（今朝请郎）十年不磨勘，特迁礼部郎中（今朝奉大夫）。其旌赏驾御②，各自有宜，此所以为综核名实之善政。见《四朝志》。

【注释】

①养名：为自己招揽名声。②旌（jīng）赏：表扬奖赏。

【译文】

宋神宗元丰三年，诏令让那些知州、知军不参加京官职务考试的人，可以通过通判来推荐任用。大概是各州驻守的臣子大多都是用小使臣来担任，而通判都是由京官来担任，可以入朝见到皇上，所以准许通判可以推荐。现在派遣小使臣来驻守一些沿边小郡，还可以公开推荐人员改官，这大概是因为相关部门不能够照原有的条例来办事的缘故。神宗刚刚即位不久，因为刑部郎中刘述（现在的散大夫），长期没有被考核提拔，特地任命为吏部郎中（今朝请大夫）。枢密院说："左藏库副使

陈昉性情安静，长时间没有被考核提拔，也不愿意为自己申诉。”皇上说：“左藏库副使如果效仿朝士来培养自己的声名，而受到嘉奖提拔，这样将会培养人们沽名钓誉的习惯，绝不是什么妥善的方法。”第二天，因为兵部员外郎张问（今朝请郎）十年没有被提拔，于是特准提拔他为礼部郎中（今朝奉大夫）。这种表扬嘉奖，各有其稳妥之处，这叫作能综核名实的善政。其事，见《四朝志》。

夫人宗女请受

【原文】

戚里宗妇封郡国夫人，宗女封郡县主，皆有月俸钱米，春冬绢绵，其数甚多，《嘉祐禄令》所不备载。顷见张抡娶仲儡女，封遂安县主，月入近百千，内人请给，除粮料院帮勘[①]、左藏库所支之外，内帑又有添给[②]，外庭不复得知。因记熙宁初，神宗与王安石言，今财赋非不多，但用不节，何由给足？宫中一私身之奉，有及八十贯者，嫁一公主，至用七十万缗[③]，沈贵妃料钱月八百贯。闻太宗时，宫人惟系皂绸襜，元德皇后尝以金线缘襜而怒其奢。仁宗初定公主俸料，以问献穆大主，再三始言，其初仅得五贯耳。异时[④]，中官月有止七百钱者。礼与其奢宁俭，自是美事也。一时旨意如此，不闻奉行。以今度之，何止百十倍也。

【注释】

①帮勘：帮助审查。②内帑（tǎng）：古代国库里的钱财。③缗（mín）：古代穿铜钱用的绳子。一缗通常是一千文钱。④异时：过去，以前。

【译文】

皇帝家属的宗妇被册封为郡国夫人，宗女被册封为郡县主，都可以享有月俸钱米，春冬绢绵，而且数量都特别多，《嘉祐禄令》中并没有完全的记载下来。最近看到张抡娶了赵仲儡的女儿，于是被册封为安县主，每月都有将近十万的收入，内人的补给，除了粮料院帮助审核、左藏库支出的一部分之外，内库还会给予一些供应，这个数额多少外庭就不知晓了。因而想起了熙宁初年，神宗对王安石说，现在的财富并不是不充裕，而是不知道如何节制地使用，如何能够供应充足呢？宫里一个私人的俸禄，有达八十贯的，一位公主出嫁，费用能够达到七十万缗，沈贵妃的食料钱每月要用八百贯。听说太宗时，宫人只穿皂色粗绸的短衣，元德皇后曾经因为有人穿着金线沿边的衣服而大怒，呵斥他太过奢侈。仁宗最开始给公主定俸料时，曾询问献穆大公主，一再询问下才透露个数，当初只有五贯。那时候，宦官每月的俸禄只有七百钱。从礼节上说与其奢侈宁愿坚持简朴，这是一种美德。一时皇上下达的旨意是这样，却没有多少人奉行。与现在相比，何止超过以前的十倍百倍啊！

杯水救车薪

【原文】

孟子曰：“仁之胜不仁也，如水胜火，今之为仁者，犹以一杯水救一车薪之火也，不熄，则谓之水不胜火。”予读《文子》[①]，其书有云：“水之势胜火，一勺不能救一车之薪；金之势胜木，一刃不能残一

林；土之势胜水，一块不能塞一河。”文子，周平王时人，孟氏之言盖本于此。

【注释】

①《文子》：是辛文子所写。辛文子是春秋战国宋国人，散文家。

【译文】

孟子说：“仁义能够战胜不仁义，就像是水能够战胜火，现在追求仁义的人，就像是用一杯水去扑灭一车燃烧的柴禾，浇不灭，就说水不能够战胜火。”我在读《文子》一书时，其中有一段话说：“水能够战胜火，但是一勺水却无法扑灭一车燃烧的柴禾；金能够战胜木，但一把刀却不能砍掉一片树林；土能够打败水，但是一块土地却无法填平一条大河。”辛文子是周平王时期的人，孟子的言论大概是从这里得来的。

颜鲁公戏吟

【原文】

陶渊明作《闲情赋》，寄意女色。萧统以为白玉微瑕①。宋广平作《梅花赋》，皮日休以为铁心石肠人②，而亦风流艳冶如此。《颜鲁公集》有七言联句四绝，其目曰：《大言》《乐语》《嚵语》《醉语》。于《乐语》云：“苦河既济真僧喜，新知满坐笑相视。戍客归来见妻子，学生放假偷向市。”《嚵语》云：“拈鎚舐指不知休，欲炙侍立涎交流。过屠大嚼肯知羞，食店门外强淹留。”《醉语》云：“逢糟遇麴便酩酊，覆车坠马皆不醒。倒著接䍦发垂领，狂心乱语无人并。”以公之刚介守正③，而作是诗，岂非以文滑稽乎？然语意平常，无可咀嚼，予疑非公诗也。

【注释】

①白玉微瑕：白玉上的微小瑕疵，用来比喻人或者物的缺点。②皮日休：字袭美，一字逸少，曾经居住在鹿门山，自号鹿门子。晚唐文学家、散文家，后参加黄巢起义，起义失败后失踪。③刚介守正：刚强耿介、恪守正道。

【译文】

陶渊明写的《闲情赋》，表达了他对女色的向往。萧统认为这是陶渊明的瑕疵。宋广平写了一篇《梅花赋》，皮日休觉得宋广平就算是铁石心肠的人，也会有这样的风流艳遇。《颜鲁公集》中有四首七言联句，题目分别是：《大言》《乐语》《馋语》《醉语》。其中的《乐语》中写道："苦河既济真僧喜，新知满坐笑相视。戍客归来见妻子，学生放假偷向市。"《馋语》写道："拈馅舐指不知休，欲炙侍立涎交流。过屠大嚼肯知羞，食店门外强淹留。"《醉语》云："逢糟遇麹便酩酊，覆车坠马皆不醒。倒著接䍦发垂领，狂心乱语无人并。"这些都表明颜真卿虽然是刚强、耿介、持心守正的人，却也能够写出这样的诗句，难道不是用写文章来滑稽取宠吗？不过这些诗句的语境平常，不能反复咀嚼品味，我怀疑它并不是颜真卿所写。

四、容斋四笔

孔庙位次

【原文】

自唐以来，相传以孔门高弟颜渊至子夏为十哲，故坐祀于庙堂上。其后升颜子配享[①]，则进曾子于堂，居子夏之次以补其阙。然颜子之父路、曾子之父点，乃在庑下从祀之列[②]，子处父上，神灵有知，何以自安？所谓子虽齐圣，不先父食，正谓是也。又孟子配食与颜子并，而其师子思、子思之师曾子亦在下。此两者于礼、于义，实为未然，特相承既久，莫之敢议耳。

【注释】

①配享：合祭；祔祀，指孔子弟子或历代名儒祔祀于孔庙。享，通“飨”。②庑（wǔ）：正房对面和两侧的屋子。

【译文】

自唐朝以来，相传孔子门下的弟子从颜渊到子夏这十个人被人们誉为十哲，因此都排列祭祀在孔庙的正堂之上。之后，将颜渊升到了孔子身旁陪同孔子合祭，于是又增加了曾子坐祀正堂，居于子夏的后面来填补颜渊空出来的位置。可是颜渊的父亲颜路、曾子的父亲曾点，都只被安排到了正方对面和两侧的屋子里祭祀，儿子位居父亲之上，如果神灵知晓，如何能够心安理得地享用自己的祭品呢？百姓都说，即便儿子的地位显赫，能够与圣人同列，也不能在父亲之前享用食物，说的就是这个道理。还有就是孟子与颜回在孔庙的位置并列，而孟子的老师子思、子思的老师曾子的位置却排在了颜回的下面。上

面这两种情况，不管是从礼仪上还是从道义上来讲，都是不恰当的，只是因为是世代传承的，就这样一直延续着，并没有人敢提出异议罢了。

周三公不特置

【原文】

周成王董正治官①，立太师、太傅、太保，兹惟三公，而云："官不必备，惟其人。"以书传考之，皆兼领六卿，未尝特置也。周公既为师，然犹位冢宰②，《尚书》所载召公以太保领冢宰，芮伯为司徒，彤伯为宗伯，毕公以太师领司马，卫侯为司寇③，毛公以太傅领司空是已。其所次第惟以六卿为先后，而师傅之尊乃居太保下也。

【注释】

①董正：监督纠正，督查整顿。②冢宰：太宰。西汉时期设置的官职，地位仅次于三公，是六卿之首。③司寇：西汉设置的官职，地位与六卿相等，管理刑狱、纠察等事宜。

【译文】

周成王监督整顿官制，设立了太师、太傅、太保，作为三公，并说："官员不用太完备，只要人用对了就行。"根据书传来考证它，当时三公皆兼领六卿之职，并没有特别设置。周公当太师时，还在担任冢宰，《尚书·顾命》中记载说召公在太保的职位上还要兼任冢宰一职，芮伯担任司徒一职，彤伯担任宗伯一职，毕公在担任太师一职的同时兼任司马，卫侯担任司寇，毛公在担任太傅一职的同时兼任司空，都是这样的情况。

他们名次的排列，也只将六卿的高下作为评判的标准，而三公中的太师、太傅的地位虽然高贵却要排在太保的下面。

云梦泽

【原文】

云梦，楚泽薮也[①]，列于《周礼·职方氏》。郑氏曰：“在华容。”《汉志》有云梦官。然其实云也、梦也，各为一处。《禹贡》所书：“云土梦作乂。”注云：“在江南[②]。”惟《左传》得其详，如郧夫人弃子文于梦中。注云：“梦，泽名，在江夏安陆县城东南。”楚子田江南之梦。注云：“楚之云、梦，跨江南北。”楚子济江入于云中。注：“入云泽中，所谓江南之梦。”然则，云在江之北，梦在其南也。《上林赋》：“楚有七泽，尝见其一，名曰云梦，特其小小者耳，方九百里。”此乃司马长卿夸言。今为县，隶德安，询诸彼人，已不能的指疆域。《职方氏》以“梦”为“瞢”，《前汉·叙传》：子文投于瞢中，音皆同。

【注释】

①泽薮（sǒu）：原是对湖泽的通称，也指水少而草木茂盛的湖泽。

②江南：长江以南。

【译文】

云梦是楚国一块水少而草木茂盛的湖泽，在《周礼·职方氏》中有所记载。郑氏注解说：“在华容一带。”《汉志·地理志》中记录了云梦当地的官员。但是云和梦各是一个地方。《禹贡》中记载说：“云土梦作乂。”注解说：“在长江以南。”只有《左传》记录得十分详细，如郧夫人将子文遗弃在梦地。注解说："梦，沼泽的名字，位于江夏安陆县城东南。"又记录了楚王在长江以南的梦地打猎的事情。注解说："楚国的云、梦两地，横跨了长江的南北。"楚子渡江进入云地。注解说："进入云地的沼泽中，就是所说的长江之南的梦地。"这样看来，云地在长江的北面，梦地在长江的南面。《上林赋》中说："楚国有七处沼泽，曾经见过一个，名字叫云梦，是特别小的一个地方，面积只有九百里。"这是司马长卿的夸张说法。云梦现在是一个县，隶属于德安，我询问了当地的人，他们已经无法明确地指出云梦的范围了。《职方氏》中将"梦"写成"瞢"，《前汉·叙传》中记载：将子文遗弃在梦中，瞢、梦两个字的读音是相同的。

诏令不可轻出

【原文】

人君一话一言不宜轻发①，况于诏令形播告者哉！汉光武初即位，既立郭氏为皇后矣，时阴丽华为贵人，帝欲崇以尊位，后固辞，以郭氏有子，终不肯当。建武九年，遂下诏曰："吾以贵人有母仪之美，宜立为后，而固辞不敢当，列于媵妾②。朕嘉其义让，许封诸弟。"乃追爵其父及弟为侯，皆前世妃嫔所未有。至十七年，竟废郭后及太子强，而立贵人为后。盖九年之诏既行，主意移夺，已见之矣。郭后岂得安其位乎？

【注释】

①不宜轻发：不适合轻易说出。②媵（yìng）妾：姬妾。

【译文】

君主的每句话都不适合轻易说出，更何况用诏书命令的方式来传播告知天下呢！东汉光武帝刚即位时，已经将郭氏册立为后。当时阴丽华是贵人，光武帝想要把皇后的位置给她，阴氏执意推辞掉了，以郭氏已经有了儿子为由，一直不肯接受。建武九年（公元33年），光武帝于是下诏说："我认为贵人阴丽华有着天下女子的典范，应该册立她为皇后，但是她执意推辞，不敢升为皇后，而满足于待在姬妾之中。我要嘉奖她的谦让，准许将她的弟弟们都册封为官。"于是追封她的父亲和弟弟为侯爵，这是以前的嫔妃亲属中都不曾享有的。到了建武十七年（公元41年），光武帝竟然将郭皇后与太子废去，册立贵人阴丽华作为皇后。这样，建武九年下达的诏令已经实行，光武帝的主意要变更，从这里就能看到。郭皇后如何能够安心地待在皇后之位呢？

诸家经学兴废

【原文】

稚子问汉儒所传授诸经，各名其家，而今或存或不存，请书其本末为《四笔》一则。乃为采摭《班史》及陆德明《经典释文》并他书，删取纲要，详载于此。

《周易》传自商瞿始，至汉初，田何以之颛门[①]。其后为施仇、孟喜、梁丘贺之学，又有京房、费直、高相三家。至后汉，高氏已微，晋永嘉之乱，梁丘之《易》亡。孟、京、费氏人无传者，唯郑康成、王弼所注行于世。江左中兴，欲置郑《易》博士，不果立，而弼犹为世所重。韩康伯等十人并注《系辞》，今唯韩传。

《尚书》自汉文帝时伏生得二十九篇，其后为大小夏侯之学。古文

者，武帝时出于孔壁[②]，凡五十九篇，诏孔安国作传，遭巫蛊事，不获以闻，遂不列于学官，其本殆绝，是以马、郑、杜预之徒皆谓之《逸书》。王肃尝为注解，至晋元帝时，《孔传》始出，而亡《舜典》一篇，乃取肃所注《尧典》，分以续之，学徒遂盛。及唐以来，马、郑、王注遂废，今以孔氏为正云。

《诗》自子夏之后，至汉兴，分而为四，鲁申公曰《鲁诗》，齐辕固生曰《齐诗》，燕韩婴曰《韩诗》，皆列博士。《毛诗》者出于河间人大毛公，为之故训，以授小毛公，为献王博士，以不在汉朝，不列于学，郑众、贾逵、马融皆作《诗》注，及郑康成作笺，三家遂废。《齐诗》久亡，《鲁诗》不过江东，《韩诗》虽在，人无传者，唯《毛诗》郑笺独立国学，今所遵用。

汉高堂生传《士礼》十七篇，即今之《仪礼》也。《古礼经》五十六篇，后苍传十七篇，曰《后氏曲台记》，所余三十九篇名为《逸礼》。戴德删《古礼》二百四篇为八十五篇，谓之《大戴礼》，戴圣又删为四十九篇，谓之《小戴礼》。马融、卢植考诸家异同，附戴圣篇章，去其烦重及所缺略而行于世，即今之《礼记》也。王莽时，刘歆始建立

《周官经》，以为《周礼》，在三礼中最为晚出。

左氏为《春秋传》，又有公羊、穀梁、邹氏、夹氏。邹氏无师，夹氏无书。《公羊》兴于景帝时，《穀梁》盛于宣帝时，而《左氏》终西汉不显。迨章帝乃令贾逵作训诂[③]，自是《左氏》大兴，二传渐微矣。

《古文孝经》二十二章，世不复行，只用郑注十八章本。

《论语》三家：《鲁论语》者，鲁人所传，即今所行篇次是也；《齐论语》者，齐人所传，凡二十二篇；《古论语》者，出自孔壁，凡二十一篇。各有章句。魏何晏集诸家之说为《集解》，今盛行于世。

【注释】

①颛（zhuān）门：独立门户，自成一家。②孔壁：孔子故宅的墙壁。③训诂：解释。

【译文】

我年幼的孩子问我，汉代儒家所传授的各类典籍，每家都有各自的称呼，而现在有些保存了下来，有些已经遗失了，请我写出他们的源流本末，做出《四笔》一则。于是，我收集了班固的《汉书》、陆德明的《经典释文》，以及其他的一些史书，进行删取列出纲要，详细地记录在这里。

《周易》出自春秋时鲁国人商瞿之手。到了汉朝初年，田何因为独自传授而自成一家。这之后，施仇、孟喜、梁丘贺都有学习，又有京房、费直、高相三家也进行了传承。到了东汉时期，高氏一家已经衰落，经过晋朝的永嘉之乱之后，梁丘所传承的《周易》已经遗失。孟、京、费氏这些家族也没有下传的人，只有郑康成、王弼所作的注释还流传于世。东晋中兴年间，想要设置郑玄注释的《周易》学博士，但是并没有实现，而王弼的注释在当时也被世人所重视。韩康伯等十个人曾经注释《系辞》，而到了现在只有韩康伯的版本依然流传于世。

《尚书》从汉文帝时的伏生那里所传授的二十九篇，经过发展成为之后的“大夏侯学”和“小夏侯学”。《古文尚书》是在汉武帝时在孔子居

住的宅院的墙壁上发现的，共有五十九篇。汉武帝下令命孔安国来做注释，后来孔安国因为遇到“巫蛊之狱”这件事，导致做注释这件事就此搁置，而并没有被列为官学，他的注释版本也已经遗失了，因此马融、郑玄、杜预这些人都把这本书称为《逸书》。王肃曾经为这本书做过注解，到了晋元帝时，《孔传》才开始出现，而已经遗失的《舜典》这一篇，是摘录自王肃所注《尧典》中的部分加以补录。这样传承的人慢慢多了起来。从唐朝以来，马融、郑玄、王肃所作的注释版本已经废弃不用，现在都将孔氏版本作为正宗。

《诗经》从子夏之后，到汉朝建立，传习的人分为四家，鲁国申公传的称为《鲁诗》，齐国辕固生传的称为《齐诗》，燕国韩婴传的称为《韩诗》，这些人都被列为博士官。《毛诗》源自河间人大毛公，他对其中的诗句做了注解，并将这个传授给了小毛公，小毛公曾经担任河间献王博士，因为时间并不是在汉朝，因此并没有被列为官学。郑众、贾逵、马融都曾为《诗经》做过注解，到了郑康成做过作笺之后，这三家的注解已经渐渐废弃不用。《齐诗》很早就遗失了，《鲁诗》并没有流传到江东地区，《韩诗》虽然还有保留，但是并没有人传习，只有《毛诗》郑康成做的笺注依然独自作为京师国学，到现在还在沿用。

汉朝高堂生传习下来的《士礼》共有十七篇，也就是现在的《仪礼》。《古礼经》有五十六篇，后苍传习下来的有十七篇，被称为《后氏曲台记》，剩下的三十九篇被称为《逸礼》。戴德将《古礼》的二百零四篇删减为八十五篇，称为《大戴礼》，之后，戴圣又把这八十五篇删减为四十九篇，称为《小戴礼》。马融、卢植考证了各家的异同，加入戴圣的篇章之后，删除那些烦琐、重复的部分并对缺少及省略的部分作了补充，流传在世上，也就是现在的《礼记》了。王莽时期，刘歆向朝廷建议设立《周官经》一学，作为《周礼》，是《仪礼》《礼记》《周礼》这三礼中最晚出现的。

左丘明编写《春秋传》，又有公羊、穀梁、邹氏、夹氏这几家为之做传。邹氏的学说没有人传承，夹氏的学说没有书籍流传于世。《公羊传》在汉景帝时兴起，《榖梁传》在汉宣帝时盛行，而《左传》一直到西汉末年都没有在世上流传开来。到了东汉章帝时，才让贾逵为之做注解，这之后《左传》才开始流传开来，《公羊传》和《榖梁传》则渐渐衰微。

《古文孝经》共有二十二章，世上已经没有留存了，只有郑玄注释的十八章的版本还有保留。

《论语》共有三家在传习：《鲁论语》是鲁国人所传习，也就是现在所通用的版本；《齐论语》是齐国人所传习，有二十二篇；《古论语》源自孔子宅院的墙壁上的记载，共有二十一篇。以上三家都有各自章句分析的解释。三国时期魏国的何晏整理集中各家说法编成《集解》，现在依然在世上盛行。

鬼谷子书

【原文】

鬼谷子与苏秦、张仪书曰："二足下功名赫赫，但春华至秋，不得久茂。今二子好朝露之荣，忽长久之功；轻乔、松之永延，贵一旦之浮爵，夫女爱不极席，男欢不毕轮，痛哉夫君！"《战国策》楚江乙谓安陵君曰："以财交者，财尽而交绝；以色交者，华落而爱渝。是以嬖女不敝席[①]，宠臣不敝轩。"吕不韦说华阳夫人曰："以色事人者，色衰而爱弛。"《诗·氓》之序曰："华落色衰，复相弃背。"是诸说大氐意同[②]，皆以色而为喻。士之嗜进而不知自反者，尚监兹哉！

【注释】

①嬖女：受帝王宠幸的姬妾。②大氐（dǐ）：大抵，大概，大都。

【译文】

鬼谷子给苏秦和张仪写信说："你们两个都已经有了显赫的功名，但是春花到了秋天，不可能长期茂盛。如今你们都喜欢早晨露水一样的荣耀，而忽视了长久的功业。轻视了乔木、松树这样长久的声名，贪图一时的荣华富贵。女子对男子的爱不会因为席子磨损而消逝，男子对女子的爱没等到车轮磨损就已经没有了。我为你感到痛心啊！"《战国策》中说到楚国江乙对安陵君说："因为财富而成为朋友的，财富没了就会断绝关系；因为美色而交朋友的，容颜消逝宠爱也就消失了。因此，受到宠爱的女子不能破坏宴席乘车的规定，被帝王宠信的臣子不能破坏上下级的规定。"吕不韦对华阳夫人说："用美貌来侍奉别人，那么容颜衰老之后爱也会被遗弃。"《诗经·氓》的序说："女子容颜消退，会心相背而遭到抛弃。"这些说法意思上大体都是一样的，都是将容颜作为比喻。士大夫们一心想要晋升高位却不知道自我反省，是还没有以此为鉴啊！

韩公称李杜

【原文】

《新唐书·杜甫传赞》曰："昌黎韩愈于文章重许可[①]，至歌诗，独推曰：'李杜文章在，光焰万丈长。'诚可信云。"予读韩诗，其称李、杜者数端，聊疏于此[②]。《石鼓歌》曰："少陵无人谪仙死，才薄将奈石鼓何？"《酬卢云夫》曰："高揖群公谢名誉，远追甫白感至诚。"《荐士》

曰："勃兴得李杜，万类困凌暴。"《醉留东野》曰："昔年因读李白杜甫诗，长恨二人不相从。"《感春》曰："近怜李杜无检束，烂漫长醉多文辞。"并《唐·志》所引，盖六用之。

【注释】

①重许可：赞许，推荐十分严谨。②疏：记录，记载。

【译文】

《新唐书·杜甫传》中说："韩愈在推荐文章方面十分严谨，对于诗歌来说，只推荐过李白、杜甫所写的，说：'李杜文章在，光焰万丈长。'这是可以相信的。"我在读韩愈的诗时看到，他多次称赞李白、杜甫，我把知道的粗略地记载在这里。他在《石鼓歌》中写道："少陵无人谪仙死，才薄将奈石鼓何？"在《酬卢云夫》中写道："高揖群公谢名誉，远追甫白感至诚。"《荐士》中说："勃兴得李杜，万类困凌暴。"《醉留东野》中写道："昔年因读李白杜甫诗，长恨二人不相从。"《感春》中写道："近怜李杜无检束，烂漫长醉多文辞。"这都是《新唐书·志》中所引用的诗句，一共有六处。

李杜往来诗

【原文】

李太白、杜子美在布衣时，同游梁、宋，为诗酒会心之友。以杜集考之，其称太白及怀赠之篇甚多。如"李侯金闺彦，脱身事幽讨"，"南寻禹穴见李白，道甫问讯今何如"，"李白一斗诗百篇，自称臣是酒中仙"，"近来海内为长句，汝与山东李白好"，"昔者与高李，晚登单父

台"，"李侯有佳句，往往似阴铿①"，"忆与高李辈②，论交入酒垆"，"白也诗无敌，飘然思不群"，"昔年有狂客，号尔谪仙人"，"落月满屋梁，犹疑照颜色"，"三夜频梦君，情亲见君意"，"秋来相顾尚飘蓬，未就丹砂愧葛洪"，"寂寞书斋里，终朝独尔思"，"凉风起天末，君子意如何"，"不见李生久，佯狂真可哀"，凡十四五篇。至于太白与子美诗略不见一句。或谓《尧祠亭别杜补阙》者是已。乃殊不然，杜但为右拾遗，不曾任补阙，兼自谏省出为华州司功，迤逦避难入蜀，未尝复至东州，所谓"饭颗山头"之嘲，亦好事者所撰耳。

【注释】

①阴铿：字子坚，南北朝时代梁朝、陈朝著名诗人、文学家，自幼好学，能诵诗赋，长大后博涉史传，尤其善于写五言诗，被当时所称颂。②高李：指的是高适、李白。

【译文】

李白和杜甫在还是普通百姓时，一起游览了梁、宋地区，互为彼此吟诗行酒的挚友。从杜甫的文集中可知，他称赞李白、怀念及赠送给李白的文章特别多。例如，"李侯金闺彦，脱身事幽讨"，"南寻禹穴见李白，道甫问讯今何如"，"李白一斗诗百篇，自称臣是酒中仙"，

"近来海内为长句，汝与山东李白好"，"昔者与高李，晚登单父台"，"李侯有佳句，往往似阴铿"，"忆与高李辈，论交入酒垆"，"白也诗无敌，飘然思不群"，"昔年有狂客，号尔谪仙人"，"落月满屋梁，犹疑照颜色"，"三夜频梦君，情亲见君意"，"秋来相顾尚飘蓬，未就丹砂愧葛洪"，"寂寞书斋里，终朝独尔思"，"凉风起天末，君子意如何"，"不见李生久，佯狂真可哀"，至少有十四五篇。而李白的诗中却没有提及杜甫。有人认为《尧祠亭别杜补阙》就是李白赠送给杜甫的。实际上并不是这样，杜甫曾经担任过右拾遗一职，但是却从来没有担任过补阙一职，再加上他自从解除右拾遗一职，出任华州司功之后，就辗转到四川避难，从来没有到过东州，所说"饭颗山头"这类嘲讽的话，不过是多事的人所编纂出来的吧。

吕子论学

【原文】

《吕子》曰："天生人而使其耳可以闻，不学，其闻则不若聋；使其目可以见，不学，其见则不若盲；使其口可以言，不学，其言则不若喑[①]；使其心可以智，不学，其智则不若狂。故凡学，非能益之也，达天性也，能全天之所生，而勿败之[②]，可谓善学者矣。"此说甚美，而罕为学者所称，故书以自戒。

【注释】

①喑（yīn）：哑，不能说话。②败：败坏，荒废。

【译文】

《吕氏春秋·劝学》中说："上天让人的耳朵能够听到声音，如果不学习的话，那么听到还不如像聋子一样听不到；让人的眼睛能够看清东西，如果不学习的话，那么看到还不如像盲人一样看不到；让人的嘴能够说话，如果不学习的话，那么说话还不如像哑巴一样不能说话；让人的心能够思考，如果不学习的话，人还不如像疯子、傻子一样不会思考。因此，学习并不是为了让人的天赋增长，而是为了全面地发挥自身的才能，而不至于荒废自己的天赋，这样就能被称为擅长学习的人了。"这种说法十分巧妙，却很少能够看到被学者所称赞引用，所以写下来自省。

陈翠说燕后

【原文】

赵左师触龙说太后，使长安君出质，用爱怜少子之说以感动之。予尝论之于《随笔》中。其事载于《战国策》《史记》《资治通鉴》，而《燕语》中又有陈翠一段，甚相似。云："陈翠合齐、燕，将令燕王之弟为质于齐，太后大怒曰：'陈公不能为人之国，则亦已矣，焉有离人子母者！'翠遂入见后曰：'人主之爱子也，不如布衣之甚也，非徒不爱子也，又不爱丈夫子独甚[①]。'太后曰：'何也？'对曰：'太后嫁女诸侯，奉以千金。今王愿封公子，群臣曰，公子无功不当封。今以公子为质，且以为功而封之也。太后弗听，是以知人主之不爱丈夫子独甚也。且太后与王幸而在，故公子贵。太后千秋之后，王弃国家，而太子即位，公子贱于布衣。故非及太后与王封公子，则终身不封矣。'太后曰：'老妇不知长者之计。'乃命为行具[2]。"此语与触龙无异，而《史记》不书，《通鉴》不取，学者亦未尝言。

【注释】

①丈夫子：儿子，男孩。古时子女通称子，男称丈夫子，女称女子子。②行具：出行的用具。

【译文】

赵国左师触龙劝说赵太后，让长安君到别的国家去当人质，用疼爱自己小儿子的说法感动了赵太后。我曾经在《随笔》中讨论过这件事。这件事记载在《战国策》《史记》和《资治通鉴》里。而《战国策·燕策》中还有一段关于陈翠的记载，故事和这件事很相似。里面说道："陈翠拉拢齐国与燕国之间的关系，打算让燕王的弟弟到齐国去当人质，燕国太后听说之后十分生气说：'陈翠不能为我们国家出谋划策，也就够了，怎么能够让我们母子分离呢？'于是陈翠入宫见太后说：'太后宠爱自己的儿子，还不如普通百姓爱得深呢，您不是不疼爱自己的孩子，而是不疼爱自己的儿子啊。'太后说：'为什么这么说？'陈翠回答说：'太后将自己的女儿嫁给了诸侯，给她千两黄金作为嫁妆。现在国君想要册封您的儿子，群臣却说，公子没有功绩不应当受封。如今让公子去齐国充当人质，并将这个作为功绩来进封他，太后又不肯。因此，我知道您不爱自己的孩子了。况且，太后和君王都还健在，因此公子能够地位显贵。太后您去世之后，君主也下位之后，太子将会继承王位，到那时公子的地位将会比布衣还低贱。所以，如果没有趁着太后和君主都在世时册封您的这个儿子，那么他一辈子可能都得不到册封了。'太后说：'老妇不知道您竟然有这样的打算。'因此下令为公子准备行李。"这段话和触龙所说的并没有差异，不过《史记》没有记载，《资治通鉴》没有摘取，学者也从来没有说过。

水旱祈祷

【原文】

海内雨旸之数，郡异而县不同，为守为令，能以民事介心[①]，必自知以时祷祈，不待上命也。而省部循案故例，但视天府为节，下之诸道转运司，使巡内州县，各诣名山灵祠，精洁致祷，然固难以一概论。乾道九年秋，赣、吉连雨暴涨。予守赣，方多备土囊，壅诸城门[②]，以杜水入，凡二日乃退。而台符令祷雨，予格之不下，但据实报之。已而闻吉州于小厅设祈晴道场，大厅祈雨。问其故，郡守曰："请霁者，本郡以淫潦为灾[③]，而请雨者，朝旨也。"其不知变如此，殆为侮惑神天，幽冥之下，将何所据凭哉？俚语笑林谓"两商人入神庙，其一陆行欲晴，许赛以猪头，其一水行欲雨，许赛羊头。神顾小鬼言：'晴干吃猪头，雨落吃羊头，有何不可。'"正谓此耳。坡诗云："耕田欲雨刈欲晴，去得顺风来者怨。若使人人祷辄遂，造物应须日千变。"此意未易为庸俗道也。

【注释】

①介心：放在心上。②壅（yōng）：堆积。③淫潦：长期下雨积水造成灾祸。

【译文】

全国各地出现的旱涝次数，各个郡县都有所差异。作为当地的守令长官，如果能够注重民事，一定能够知晓根据时节的不同来祈祷，不用等待上面下达命令。而三省六部查看灾情的旧制度，都只是将都城附近的气候和司天监颁布的节气作为标准，这些命令下达到各路的转运司之后，再让他们巡察其管辖范围内的各个州县，分别到各自的名山灵祠，去虔诚地进行祭拜祈祷。不过这些事情很难做到统一的安排。孝宗乾道九年秋天，赣州、吉州地区连续数日降下暴雨，致使水位暴涨。我当时正在赣州担任知府一职，在得知灾情之后马上让各个部门多准备土囊，堵住各个城门，以防止洪水进入城中，两天之后，水位才退去。可是，朝廷却下令要祷雨，我一直压着这个诏令，没有向下传达执行，然后将赣州的实际情况上报给朝廷。不久之后，我听说吉州出现了在小房间开设祈晴的道场，在大房间开设祈雨的道场。我询问其中的缘由，郡守说："祈祷晴天，是因为本州连续降雨已经导致洪涝灾害，而祈祷下雨，是朝廷的旨意。"他们的思想竟然如此僵化不知道变通，以至于侮辱迷惑神灵，上天在下雨还是晴天之间到底该依据哪个来选择呢？《俚语笑林》中讲了这样一件事，"两个商人进入神庙，其中一个走陆路，希望天晴，用猪头作为祭品来祈求愿望能够实现。另一个走水路，希望能够降雨，将羊头作为祭品希望愿望能够实现。神庙中的小鬼听说之后说："晴天的时候我们吃猪头，雨天的时候吃羊头，有什么不可以的。"说的正是上面的那些愚蠢做法。苏东坡写诗说："耕田欲雨刈欲晴，去得顺风来者怨。若使人人祷辄遂，造物应须日千变。"这里面的意思是上天的意志如何不会被世俗凡人所左右。

栾城和张安道诗

【原文】

张文定公在蜀，一见苏公父子[①]，即以国士许之。熙宁中，张守陈州南都，辟子由幕府。元丰初，东坡谪齐安，子由贬监筠酒税，与张别，张凄然不乐，酌酒相命，手写一诗曰："可怜萍梗飘蓬客，自叹匏瓜老病身。从此空斋挂尘榻，不知重扫待何人？"后七年，子由召还，犹复见之于南都。及元符末，自龙川还许昌，因侄叔党出坡遗墨，再读张所赠诗，其薨已十年，泣下不能已，乃追和之曰"少年便识成都尹，中岁仍为幕下宾。待我江西徐孺子，一生知己有斯人。"两诗皆哀而不怨，使人至今有感于斯文。今世薄夫受人异恩，转眼若不相识，况于一死一生，拳拳如此，忠厚之至，殆可端拜也[②]。

【注释】

①苏公父子：指的是苏洵和他的儿子苏轼、苏辙。②端拜：正身拱手行礼。

【译文】

文定公张方平在四川担任官职时，一看到苏洵父子，就夸奖他们是国家栋梁。熙宁年间，张方平担任陈州南都长官，推荐子由（苏辙）在州府官署中担任官职。元丰初年，苏轼被贬到齐安，苏辙也因此受到牵连而被贬到筠州监盐酒税，与张方平分别，张方平心中难过，摆酒席践行，亲手写下一首诗："可怜萍梗飘蓬客，自叹匏瓜老病身。从此空斋挂尘榻，不知重扫待何人？"七年之后，苏辙被召回京城，又在南都与张方平见面。等到了元符末年，从龙川回到许昌，因为侄子苏叔党拿出苏轼遗留下的手迹，再次读到了张方平所赠的诗，而那时张方平已经过世十年了，苏辙痛哭不止，于是追和一首诗说："少年便识成都尹，中岁仍为幕下宾。待我江西徐孺子，一生知己有斯人。"这两首诗都十分哀伤却没有怨恨，让人到现在依然会被这两首诗所感动。现在世情淡薄，接受了别人的恩惠，转眼就好像根本不认识一样，更何况阴阳两隔，苏辙的拳拳之情到了这种地步，忠厚到了极点，简直要整理衣冠向他郑重地行礼来表示敬意了。

王荆公上书并诗

【原文】

王荆公议论高奇[①]，果于自用。嘉祐初，为度支判官，上《万言书》，以为"今天下财力日以困穷，风俗日以衰坏。患在不知法度，不法先王之政故也。法先王之政者，法其意而已。法其意，则吾所改易更革，不至乎倾骇天下之耳目，而固已合矣。因天下之力，以生天下之财。取天下之财，以供天下之费。自古治世，未尝以不足为公患也，患在治财无其道尔。在位之人才既不足，而闾巷草野之间，亦少可用之材，社稷之托，封疆之守，陛下其能久以天幸为常，而无一旦之忧乎？愿监苟且因循之敝，明诏大臣，为之以渐，期为合于当世之变。臣之所称，流俗之所不讲，而议者以为迂阔而熟烂者也。"当时富、韩二公在相位，读之不乐，知其得志必生事。后安石当国，其所注措，大抵皆祖此书。又不忍贫民，而深疾富民，志欲破富以惠贫。尝赋《兼并》诗一篇，

曰："三代子百姓，公私无异财。人主擅操柄，如天持斗魁。赋予皆自我，兼并乃奸回。奸回法有诛，势亦无自来，后世始倒持，黔首遂难裁。秦王不知此，更筑怀清台。礼义日已偷，圣经久堙埃。法尚有存者，欲言时所咍。俗吏不知方，掊克乃为才。俗儒不知变，兼并可无摧。利孔至百出，小人司阖开。有司与之争，民愈可怜哉！"其语绝不工。迨其得政，设青苗法以夺富民之利[②]，民无贫富，两税之外，皆重出息十二。吕惠卿复作手实之法，民遂大病。其祸源于此诗。苏子由以为昔之诗病未有若此其酷也。痛哉！

【注释】

①王荆公：王安石的封号，王安石，字介甫，晚号半山，小字獾郎，封荆国公，故世人又称王荆公，世称临川先生，北宋著名的政治家、思想家、文学家、改革家。被列宁誉为"中国十一世纪伟大的改革家"。

②青苗法：王安石变法采取的措施之一。主要是对原有的常平仓制度的"遇贵量减市价粜，遇贱量增市价籴"的死板做法进行改革。灵活地把常平仓、广惠仓的储粮核算成本，以百分之二十的年利率贷给农民、城市手工业者，来缓解民间高利贷盘剥的现象，同时增加朝廷收入，改善了北宋"积贫"的现象。

【译文】

王安石所探讨的观点常常十分高深且新奇，他的结论最终在朝廷中得以实行。宋仁宗嘉祐初年，他担任三思度支判官，在上奏给仁宗的《万言书》中认为："当今天下的财力日渐衰竭，风俗日渐败坏。造成这种忧患的关键原因在于没有相关具体的法令制度，也没有效法先王的政令。效法先王政令的话，就要效法最本质的东西。要效法最本质的东西，那么我们要实行的变革政策和措施，就不至于让天下人觉得是危言耸听了，而会觉得是适应国家形势的了。借助国家的能力，来创造国家的财富，利用国家的财富，来促进国家的消费。从古代以来，对国家的治理，都没有出现过因为财力不够而导致整个国家陷入困局的情况，真正的问题是没有正确的财政制度。如果统治者的才能不够，而各个地方也缺少能够任用的人才，那么要撑起一个国家，固守疆土，陛下您只能长期任由天意来宠幸了，这样怎么会不遇到一点意外呢？我希望您能够认识到得过且过的坏处，明确地下令让大臣们慢慢做起，期望能够这样来适应当前社会形势的变化。我所说的，都是普通人不愿意讲的，也是那些议论的人认为是迂腐不堪的东西。”当时，富弼、韩琦二人担任宰相一职，看到王安石这篇文章之后很不高兴，知道王安石执掌政权之后必然会变法生事。后来，王安石当了宰相，他所实行的改革，大致就是根据这篇上书而来的。他对贫民十分怜悯，又特别嫉恨富民，想要让富人破财来给贫民带来好处。曾经写了《兼并》一诗说：“三代子百姓，公私无异财。人主擅操柄，如天持斗魁。赋予皆自我，兼并乃奸回。奸回法有诛，势亦无自来，后世始倒持，黔首遂难裁。秦王不知此，更筑怀清台。礼义日已偷，圣经久堙埃。法尚有存者，欲言时所咍。俗吏不知方，掊克乃为才。俗儒不知变，兼并可无摧。利孔至百出，小人司阖开。有司与之争，民愈可怜哉！”这首诗的语言并不绝妙。等到他担任宰相之后，实行“青苗法”来夺取富人的利益，平民不管贫穷还是富有，

除了要缴纳两税之外，还要缴纳青苗借贷的利息钱十分之二。吕惠卿实行了“手实法”，民间于是出现了更为严重的问题。实行“手实法”造成混乱的根源在于这首诗。苏辙认为过去的诗并没有像这首诗一样产生过这么严重的后果，我也为此十分痛惜！

饶州风俗

【原文】

嘉祐中，吴孝宗子经者，作《余干县学记》，云：“古者江南不能与中土等，宋受天命[①]，然后七闽二浙与江之西东，冠带《诗》《书》，翕然大肆[②]，人才之盛，遂甲于天下[③]。江南既为天下甲，而饶人喜事，又甲于江南。盖饶之为州，壤土肥而养生之物多，其民家富而户羡，蓄百金者不在富人之列。又当宽平无事之际，而天性好善，为父兄者，以其子与弟不文为咎；为母妻者，以其子与夫不学为辱。其美如此。”予观今之饶民，所谓家富户羡，了非昔时，而高甍巨栋连阡亘陌者，又皆数十年来寓公所擅[④]，而好善为学，亦不尽如吴记所言。故录其语以寄一叹。

【注释】

①宋受天命：宋朝建立。②翕（xī）然大肆：十分盛行。③甲于天下：居于天下之首。④擅：占据。

【译文】

宋仁宗嘉祐年间，吴孝宗曾经编写了《余干县学记》。其中写道：“古时，江南地区不能与中原地区相比较。宋朝自从建立以来，七闽、二浙，以及大江东西，读书的风气，突然席卷了整个地区，人才之多，居于全国的首位。江南既然成为全国第一，饶州人因为擅长做事，所以又称为江南的第一。饶州作为一个州，因为土壤肥沃，生长在这里的物种繁多，百姓家中富裕而且有积蓄，家中有白银百两的家庭不能被列入富人的行列。又因为当时天下太平没有事端，饶州人都乐于行善。做父亲、兄长的，常常会因为自己的儿子、弟弟不学习文化而自责。做母亲、妻子的，常常会因为自己的儿子、丈夫不学习文化而感到耻辱。这样的风气是多么美好啊！”我观察现在饶州的民众，所说的家境富裕有积蓄，已经与过去全然不同了。高楼拔地而起、田地相连的，通常都是最近几十年从外地搬过去的人家。那种乐于行善、喜好学习的风俗，也不再像吴孝宗所说的那样了。因此记下吴孝宗所说的场景来表达我的惋惜。

徙木偾表

【原文】

商鞅变秦法①，恐民不信，乃募民徙三丈之木而予五十金。有一人徙之，辄予金，乃下令。吴起治西河，欲谕其信于民，夜置表于南门之外，令于邑中曰：“有人能偾表者②，仕之长大夫。”民相谓曰：“此必不信。”有一人曰：“试往偾表，不得赏而已，何伤？”往偾表，来谒吴起，起仕之长大夫。自是之后，民信起之赏罚。予谓鞅本魏人，其徙木示信，盖以效起，而起之事不传。

【注释】

①商鞅：战国时期卫国人，我国古代著名的政治家，他是卫国庶出的国君的后代，原叫公孙鞅，后来因为被封商地，所以叫商鞅。他曾在秦国实行变法，就是著名的“商鞅变法”。②偾（fèn）表：放倒标帜。

【译文】

商鞅变更秦国的律法，担心百姓不信服，于是就向百姓宣布谁能够搬走三丈高的木杆就给他黄金五十斤。有一个人搬走了木杆，于是商鞅兑现了诺言，将黄金给了他，然后下令变法。吴起在治理西河地区时，想要取信于民，晚上在南门外立下了一根测时间的标杆，在城中下令说：“谁可以把这个标杆放倒，我就让他担任长大夫。”百姓们议论纷纷说：“这个一定是不能相信的。”有一个人说：“尝试一下把标杆放倒，最多得不到奖赏而已，对自己能有什么损害？”于是就去把标杆放倒了，来拜见吴起，吴起于是就让他担任了长大夫。从这之后，百姓相信吴起能够赏罚分明。我认为商鞅原来是魏国人，他用移动木杆来表示自己很守信用，这大概是在效仿吴起，而吴起的事却没有流传下来。

娑罗树

【原文】

世俗多指言月中桂为娑罗树，不知所起。按《酉阳杂俎》云：“巴陵有寺，僧房床下，忽生一木，随伐而长，外国僧见曰：‘此娑罗也。’元嘉中，出一花如莲。唐天宝初，安西进娑罗枝，状言：‘臣所管四镇拔汗那国，有娑罗树，特为奇绝，不比凡草，不止恶禽，近采得树枝二百茎以进。'"予比得楚州淮阴县唐开元十一年海州刺史李邕所作《娑罗树碑》云："非中夏物土所宜有者，婆娑十亩，蔚映千人[①]。恶禽翔而不集，好鸟止而不巢。深识者虽徘徊仰止而莫知冥植，博物者虽沉吟称引而莫辩嘉名。随所方面，颇证灵应，东瘁则青郊苦而岁不稔[②]，西茂则白藏泰而秋有成。尝有三藏义净，还自西域，斋戒瞻叹。于是邑宰张松质请邕述文建碑。"观邕所言，恶禽不集，正与上说同。又有松质一书答邕云："此土玉像，爰及石龟，一离淮阴，百有余载，前后抗表，尚不能称，赖公威德备闻，所以还归故里，谨遣僧三人，父老七人，赍状拜谢[③]。"宣和中，向子諲过淮阴，见此树，今有二本，方广丈余，盖非故物。蒋颖叔云："玉像石龟，不知今安在？"然则娑罗之异，世间无别种也。吴兴芮烨国器有《从沈文伯乞娑罗树碑》古风一首云："楚州淮阴娑罗树，霜露荣悴今何如？能令草木死不朽，当时为有北海书。荒碑雨侵涩苔藓，尚想墨本传东吴。"正赋此也。欧阳公有《定力院七叶木》诗云："伊洛多佳木，娑罗旧得名。常于佛家见，宜在月宫生。扣砌阴铺静，虚堂子落声。"亦此树耳，所谓七叶者未详。

【注释】

①蔚映千人：可以供上千人乘凉。②岁不稔：一年到头没有收成。③赍（jī）：带着，怀抱着。

【译文】

世间大部分人都会把月亮上的桂树称为娑罗树，不知道这种说法是从哪里开始的。考证了《酉阳杂俎》，里面说："巴陵有一座寺庙，在僧人的床底下，忽然长出一棵树，一边砍一边长，有一位外国的僧人看到后说，这是娑罗树。元嘉年间，这棵树上突然开了一朵特别像莲花的花。唐朝天宝初年，安西向朝廷进奉了娑罗枝，在给朝廷呈上的奏文中说："臣所管辖的四镇，在拔汗郍国，长有娑罗树，形状十分奇特，与一般的杂草不同，凶恶的禽兽不会在那里停留，最近采了这棵树的树枝二百茎来进献给皇上。"我看到了唐朝开元十一年海州刺史李邕在楚州

淮阴县所写的《娑罗树碑》，上面说："这种树木并不适合在中国的气候土地中生长，娑罗树很大，一棵就要占地十亩，树荫可以供上千人乘凉。凶恶的禽鸟可以在上空飞翔但是不会在树上停留，益鸟可以在树上停落但是不会在树上筑巢。博文广识的人虽然总在树下徘徊抬头查看却不知道它到底是如何生长的，见识广博的人虽然吟咏称赞却无法说出他的美名。它的各个方面，一旦出现变化，都会有事情发生。经过证实都十分灵验。如果东面出现枯萎，那么国家的东部就会出现旱灾导致一年都没有收成，如果西面生长茂盛，那么西部就会十分安定并且到了秋天会丰收。曾经有过三藏义净，从西域返回时，在这里斋戒瞻叹。因此，邑宰张松质就请李邕写了一篇文章，在这里建立了一个石碑，来描述这件事。"对李邕所说的进行考证，凶恶的飞禽不会在这里聚集，正好与上面的说法相同。又有松质在一封信中回复李邕说："这些土像、玉像，以及石龟，离开淮阴，已经有一百多年了，在此之前，曾经多次上奏给朝廷，请求下旨，归还这些遗物，但是到现在都没能如愿。现在希望借住您的威望，让这些遗物能够回到故乡。现在特地派遣了三名僧人，七位百姓，带着状纸来拜谢。"宋徽宗宣和年间，向子諲途经淮阴，看到这棵树，当时那里长有两棵，长宽各有一丈多，已经不是过去的那棵娑罗树了。蒋颖叔写道："玉像、石龟，不知道现在在哪里啊？"不过娑罗树的不同，世上再也没有其他品种了。吴兴的芮烨国器曾经写有《从沈文伯乞娑罗树碑》古风一首，里面写道："楚州淮阴娑罗树，霜露荣悴今何如？能令草木死不朽，当时为有北海书。荒碑雨侵涩苔藓，尚想墨本传东吴。"说的正是这棵树。欧阳公写有《定力院七叶木》一诗，上面写道："伊洛多佳木，娑罗旧得名。常于佛家见，宜在月宫生。扣砌阴铺静，虚堂子落声。"说的也是这棵树。所说的"七叶"到底指的是什么，并没有详细记载。

得意失意诗

【原文】

旧传有诗四句夸世人得意者云："久旱逢甘雨，他乡见故知。洞房花烛夜，金榜挂名时。"好事者续以失意四句曰："寡妇携儿泣，将军被敌擒。失恩宫女面，下第举人心①。"此二诗，可喜可悲之状极矣。

【注释】

①下第：科举时代指殿试或乡试没考中。

【译文】

过去流传有一首四句诗，对人得意时的情境进行称道，说："久旱逢甘雨，他乡遇故知。洞房花烛夜，金榜挂名时。"有喜欢多事的人仿照这首诗续了四句来表达人失意的情境，说："寡妇携儿泣，将军被敌擒。失恩宫女面，下第举人心。"这两首诗，把人们的喜悦、悲伤的情况写到了极致。

莆田荔枝

【原文】

莆田荔枝[1]，名品皆出天成，虽以其核种之，终与其本不相类。宋香之后无宋香，所存者孙枝尔。陈紫之后无陈紫，过墙则为小陈紫矣。《笔谈》谓焦核荔子，土人能为之，取本木，去其大根，火燔令焦[2]，复植于土，以石压之，令勿生旁根，其核自小。里人谓不然，此果形状，变态百出，不可以理求，或似龙牙，或类凤爪，钗头红之可簪，绿珠子之旁缀，是岂人力所能加哉？初，方氏有树，结实数千颗，欲重其名，以二百颗送蔡忠惠公，给以常岁所产止此。公为目之曰"方家红"，著之于谱，印证其妄。自后华实虽极繁茂，逮至成熟，所存者未尝越二百，遂成语谶[3]。此段已载《遯斋闲览》中，郡士黄处权复志其详如此。

【注释】

①莆（pú）田：现为福建省下辖的一个地级市，是福建省著名的历史文化古城，素有"海滨邹鲁""文献名邦"之美誉。②火燔（fán）：放在火上烤。③语谶（chèn）：负面的预言。

【译文】

莆田的荔枝，其中著名的品种都是自然而生的。虽然用它的核作为种子种下，但是最后结出来的果实和母树还是很不相同。就像是宋诚家的宋香之后就再也没有纯正的宋香，存在于世上的不过都是它的变种罢了。陈琦家的陈紫之后再也没有真正的陈紫了，越过陈琦家的院墙而长出的，叫作小陈紫。沈括在《梦溪笔谈》一书中说道：焦核荔枝，当地人就能够培植出来，采取它的树枝，将树根部分去除，用火将底部烧焦，再种在土里，用石头压在上面，让它不能生出旁根，这样生长出来的荔枝核就会很小。当地人却说不是这样，这个果实的形状各种各样，不能固定，有的像龙爪，有的像凤爪，钗头红当簪子，绿珠子能够做旁缀，这怎么能是人力可以强行干预得了的呢？最初，方氏家有一棵荔枝树，每年能结数千颗果实，方氏想要提高这棵树的名声，就拿了二百颗果实送给蔡忠惠公襄，并欺骗蔡襄说我们家的荔枝每年就只能结这么多果实。蔡襄给方氏送来的荔枝取名为“方家红”，并记录在《荔枝谱》中，来印证方氏所说的都是实话。从这之后，方家的荔枝，虽然枝繁叶茂，但是到了成熟的时候，留下来的荔枝都没有超过二百颗。当年的谎言竟然成了应验的诅咒。这个故事已经记录在《遯斋闲览》这本书中，本郡的黄处权又详细地记载了下来。

欧阳公辞官

【原文】

欧阳公自亳州除兵部尚书知青州，辞免至四，云：“恩典超优，迁转颇数。臣近自去春由吏部侍郎转左丞，未逾两月，又超转三资，除刑部尚书。今才逾岁，又超转两资。尚书六曹①，一岁之间，超转其五。”累降诏不从其请。此是熙宁元年未改官制时，今人多不能晓。盖昔者左右丞在尚书下，所谓左丞超三资除刑书者，谓历工、礼乃至刑也。下云又超两资者，谓历户部乃至兵也。其上唯有吏部，故言尚书六曹，超转其

五云。

【注释】

①尚书六曹：东汉尚书分六曹，每曹有尚书一名，但是官名前不会加上曹名，所以不称六曹尚书。汉灵帝任命梁鹄为选部尚书，开始在尚书前面加上曹名。

【译文】

欧阳修自从调任亳州任兵部尚书负责治理青州事务以来，曾经上书请辞了四次，说："承蒙皇上恩宠太过优越，在短时间内晋升多次。我去年春天从吏部侍郎晋升担任了尚书左丞一职，在任上还没超过两个月，又被破格提拔三级，晋升为刑部尚书。到了今年才过一年，又被破格提拔二级。尚书六部，一年之间，竟然提升了五级。"皇帝多次下诏没有同意他的请求。这件事发生在熙宁元年还没有改革官制时，当今的人大多都不能明白上面的话。大概是过去尚书左丞、右丞位于六部尚书的下面，所说的尚书左丞连升三级晋升为刑部尚书，是没有经过工部、礼部尚书直接转为刑部尚书。下面说的连升二级，是说没有经过户部尚书直接提升为兵部尚书。兵部的上级只有吏部，所以欧阳修说自己身在尚书六部中，连续破格提升了五次。

誉人过实

【原文】

称誉人过实，最为作文章者之疵病[1]，班孟坚尚不能免。如荐谢夷吾一书，予盖论之于《三笔》矣。柳子厚复杜温夫书云：“三辱生书，书皆逾千言，抵吾必曰周、孔，周、孔安可当也？语人必于其伦。生来柳州，见一刺史即周、孔之，今而去我，道连而谒于潮，又得二周、孔。去之京师，京师显人，为文词立声名以千数，又宜得周、孔千百。何吾生胸中扰扰焉多周、孔哉？”是时，刘梦得在连，韩退之在潮，故子厚云然。此文人人能诵，然今之好为谀者[2]，固自若也。予表出之，以为子孙戒。张说贺魏元忠衣紫曰：“公居伊、周之任。”即为二张所谗，几于陨命。此但形于语言之间耳。

【注释】

①疵（cī）病：缺点，毛病。②谀者：阿谀奉承的人。

【译文】

写文章夸赞一个人过于夸大以至于超过了事实本身，是写文章的人很容易犯的毛病，连班固这样的大家也无法避免。例如，班固在写荐谢夷吾这篇文章时就是这样，我已经在《容斋三笔》中简单地提过了。唐代的柳宗元在《复杜温夫书》中说：“承蒙多次寄来信件，每次写信都有数千字之多，将我比作周公、孔子，我如何敢与周公、孔子相提并论呢？描述一个人一定要和他的同类相比较。您到柳州，看到一个刺史就说他是周公、孔子，现在和我分别了，路过连州，去了潮州，看到了二

州刺史，又称赞他们是周公、孔子。到了京师，京师中名人显贵众多，能文善墨并且有一定名气的人数以千计，如果他们每个人都是周公、孔子，那不是世上又多了几千几百个周公、孔子。为何你的心中会有这么多周公、孔子呢？”当时，刘梦得正在连州，韩愈正在潮州，所以柳宗元在信里这样说。柳宗元的这篇文章，在当时几乎每个人都能背诵，但是到了现在那些喜欢阿谀奉承的人，却仍然心安理得，像是丝毫没有听过这样的言论一样。我把这篇文章提出来，目的就是要让子孙后代能够以此自省。张说在对魏元忠升官献上贺词时说：“公位居伊尹、周公之任。”这种夸张的赞扬马上遭到了攻击，让他险些失了性命。这些都只是出在语言文字之间的事。

书简循习

【原文】

近代士人，相承于书尺语言，浸涉奇猥，虽有贤识，不能自改。如小简问委，自言所在，必求新异之名。予守赣时，属县兴国宰诒书云：“潋水有驱策，乞疏下。”潋水者，彼邑一水耳，郡中未尝知此，不足以为工，当言下邑、属邑足矣。为县丞者，无不采蓝田壁记语，云，“负丞某处”“哦松无补”“涉笔承乏”皆厌烂陈言。至称丞曰“蓝田”，殊为可笑。初赴州郡，与人书，必言“前政颓靡[①]，仓库匮乏，未知所以善后”，沿习一律。正使真如所陈，读者亦不之信。予到当涂日，谢执政书云：“郡虽小而事简，库钱仓粟，自可枝梧，得坐啸道院，诚为至幸。”周益公答云：“从前得外郡太守书，未有不以窘冗为词，独创见来缄如此[②]。”盖觉其与它异也。此两者皆狃熟成俗[③]，故纪述以戒子弟辈。

【注释】

①颓靡：衰败。②缄（jiān）：书信。③狃（niǔ）熟成俗：习以为常变成了一种风俗习惯。

【译文】

最近，人们在写信的时候，喜欢使用一些稀奇古怪的套话，虽然有一些贤能有才识的人，却也不能改变这种情况。例如，写信问候别人的时候，说到自己的地址，一定会写一些新奇的名字。我在赣州担任太守时，所属兴国县的县令写信给我说：“想要让潋水做什么，请下令就可以了。”所谓潋水，是兴国县境内的一条小河，当地人都不清楚它的名字，（更何况是我呢？），因此根本不能用潋水作为兴国县的代称。县令写下下邑、属邑就可以了。那些担任县丞的人，常常喜欢使用蓝壁记语，说“负丞某处（即在某处担任县丞）”“哦松无补（即站在松树下吟诗却管不好县里的事）”“涉笔承乏（即拿起笔就想起自己没有尽职尽责）”这些词语都是一些让人厌烦的陈词滥调。甚至有人将县丞称为“蓝田”，更是让人哭笑不得。那些刚担任州郡长官的人，到任之后，在给别人写信的时候，必然会说：前任政绩颓靡，骄奢淫逸，库存空虚，不知道要用怎样的方法来给他善后”，这都是套话，沿袭下来已经成为一种规律。就算实际情况果真像说的那样，也不能让读到这封信的人信以为真了。我到当涂县担任县令之后，给执政周必大的答谢信中写道：“当涂这个地方虽然小，相应的需要办理的事情也少，仓库中存留的钱粮，还勉强够用。因此，我能够安心地坐在道院中吟诗，这实在是我的大幸啊。”周必大回信说：“从前每次收到外郡太守的书信，没有不说他们那里财政如何困难的，只有你的信是这样写的。”大概是因为周必大认为我的信和别人的不一样，所以才会这么说。上面两种情况，都是因为沿袭下来变成了一种习俗。因此，我记录在这里，希望后辈们能够引以为戒。

文字书简谨日

【原文】

作文字纪月日，当以实言，若拘拘然必以节序，则为牵强，乃似麻沙书坊桃源居士辈所跋耳。至于往还书问，不可不系日①，而性率者，一切不书。予有婿生子，遣报云："今日巳时得一子。"更不知为何时。或又失之好奇。外姻孙鼎臣，每致书，必题其后曰："某节"，至云"小暑前一日""惊蛰前两日"之类。文惠公常笑云："看孙鼎臣书，须着置历日于案上。"盖自元正、人日、三元、上巳、中秋、端午、七夕、重九、除夕外，虽寒食、冬至，亦当谨识之，况于小小气候？后生宜戒。

【注释】

①系：写清。

【译文】

写文章写书信都应该标明日期，并按照真实的日期去写，如果只是写出了写文章时的节气，就显得有些牵强，就好像麻沙书坊刻印桃源居士辈所写的跋文这种感觉一样。对于书信往来，更不能不标明日期，而性格直率粗心大意的人，经常月份日期都不会标明。我有一个女婿生了个儿子，就派人送来书信说："今天巳时生了个儿子。"看完之后根本不知道是哪天。有些人则是为了追求新奇。我的外孙孙鼎臣，每次给我写信，一定会在后面写上某个节气或者写上"小暑的前一天""惊蛰的前两日"这样的话。我的哥哥洪适看到之后经常笑话他说："看孙鼎臣的书信，一定要摆放一个日历在桌子上。"这是因为除了元正、人日、三元、上巳、中秋、端午、七夕、重九、除夕这些节日被人们熟知之外，即便是寒食、冬至这样的节气，也应该小心谨慎地把具体日期写在信上，更何况是那些小小的节气呢？后生晚辈们写信落款时最好能以此为戒。

更衣

【原文】

雅志堂后小室，名之曰“更衣”，以为姻宾憩息地[①]。稚子数请所出，因录班史语示之。《灌夫传》：“坐乃起更衣。”颜注：“更，改也。凡久坐者皆起更衣，以其寒暖或变也。”“田延年起，至更衣。”颜注：“古者延宾必有更衣之处，”《卫皇后传》：“帝起更衣，子夫侍，尚衣。”

【注释】

①憩（qì）息：休息。

【译文】

在雅志堂的后面有一个小房间，我将其取名为“更衣”，并作为亲戚朋友会客休息的场所。年幼的孩子多次问我为什么叫更衣，因此我将班固在《汉书》中的相关记载抄给他看。《灌夫传》中说：“坐着起来的时候更衣。”颜师古注解说：“更是改变的意思。只要是长久坐着的人，起来的时候都要换衣服，因为冷热可能会发生变化。”《灌夫传》中写道：“田延年起来，去更衣。”颜师古注解说：“古时候宴请宾客一定要有换衣服的地方。”另外，《卫皇后传》中也写道：“皇帝起来更衣，由卫子夫服侍，为皇上挑选合适的衣服。”

青莲居士

【原文】

李太白《赠玉泉仙人掌茶诗序》云："荆州玉泉寺近清溪诸山，往往有乳窟[①]。其水边处处有茗草罗生[②]，枝叶如碧玉，唯玉泉真公常采而饮之。余游金陵，见宗僧中孚，示予茶数十片，其状如手，名为'仙人掌茶'，盖新出乎玉泉之山，旷古未觌[③]，因持以见遗，兼赠诗，要予答之，遂有此作。后之高僧大隐，知仙人掌茶发乎中孚禅子及青莲居士李白也。"太白之称，但有"谪仙人"尔，"青莲居士"，独于此见之，文人未尝引用，而仙人掌茶，今池州九华山中亦颇有之，其状略如蕨拳也[④]。

【注释】

①乳窟：石钟乳有很多洞穴。②罗生：到处生长。③觌（dí）：看到，见到。④蕨拳：指蕨芽。因为末端卷曲如拳，所以这样命名。

【译文】

李白在《赠玉泉仙人掌茶诗序》里写道："在荆州玉泉寺周围有清溪诸山，山中常常会有一些布满石钟乳的洞穴。在溪水边到处都生长着一种叫作茗草的茶草。茗草的枝叶像碧玉一般，只有玉泉寺的真公经常会采摘回来当作茶叶饮用。我游览金陵时，看到了僧人中孚，他拿出几十片茶叶给我看，叶片的形状看上去像是人的手掌，名字叫'仙人掌茶'，是新从玉泉山上采集而来，自古以来就没有见到过，因此特地拿来送给我，并赠了一首诗，让我也写一首诗作为答谢。于是我就写下了这首诗。

后来的一些高僧和著名的隐士，都知晓仙人掌茶是中孚禅子和青莲居士李白发现的。”太白这个称号，只有“谪仙人”，而“青莲居士”这个称号，却只在这里看到过，还没有人引用这个称号来称呼他。至于仙人掌茶，现在池州九华山上也有出产，它的形状大体上跟刚长出来的蕨芽差不多。

闽俗诡秘杀人

【原文】

奸凶之民，恃富逞力，处心积虑，果于杀人①。然揆之以法②，盖有敕律所不曾登载，善治恶者，当原情定罪，必致其诛可也。闽中习俗尤甚，每执缚其仇，穷肆残虐。或以酒调锯屑逼之使饮，欲其黏着肺腑，不能传化③，驯致痰渴之疾。或炒沙镕蜡灌注耳中，令其聋聩。或以湿荐束体④，布裹卵石痛加殴捶，而外无痕伤。或按擦肩背，使皮肤宽皱，乃施针刺入肩井，不可复出。或以小钓钩藏于鳅鱼之腹，强使吞之，攻钻五脏，久而必死。凡此术者，类非一端，既痕肿不露于外，检验不得而见情犯，巨蠹功意两恶而法所不言⑤。颜度鲁子为转运使，尝揭榜禁约。予守建宁，亦穷治一两事，吴、楚间士大夫宦游于彼者，不可不察也。

【注释】

①果：手法彪悍。②揆（kuí）：管理，治理。③传化：消化排泄。④荐：草垫子，草席。⑤巨蠹：十恶不赦的人。功意两恶：手法和主观意图都十分邪恶。

【译文】

那些凶狠残暴的恶毒之徒，凭借着财富和权势，想方设法，用残忍的手段谋害人命。然而，如果按照正常的法律去制裁他们，常常找不到法律条款作为依据。想要惩治恶人，就应当按照实际情况来给他定罪，一定让他们无法逃脱严厉的惩罚。隐秘不易捉摸而将人杀死的案件，在闽中地区情况最为严重。这些人每次抓到仇人，都会穷尽一切残暴虐待的手段来处理。有的人将锯末调入酒中，逼迫仇人喝下去，想要让他的肺腑粘连，不能消化排泄，引发痰渴病症。有的人将沙子炒热，融化石蜡，然后灌入仇人的耳朵里，让他丧失听力，变成聋子。有的人会用湿垫子裹住仇人的身体，然后再包上卵石痛加捶打，这样就会给人造成内伤在外面却看不出伤痕。有的人先给人按肩擦背，让仇人的皮肤放松，然后将铁针刺入肩井，不再拔出。有的会将小钓钩暗藏在鱼肚子里，强逼仇人吞下，穿破那人的五脏六腑，时间一长，那个人一定会因此而死去。上面说的这些方法，杀人的手段凶狠残暴，花样多端，而且因为伤痕没有显露在外面，在检查时不容易弄清受伤人的伤情及搜集罪犯作案的证据。罪大恶极的人作奸犯科，作案的手法和意图都是让人所不耻的，而我朝的法律条文中却没有明确的条款来惩治他们。颜度（字鲁子）担任转运使时，曾经下发了一个告令，严禁这类案件的发生。我在建宁担任知州时，也曾经追查过一两起这样的案件。吴楚一带的士大夫们，如果在这里担任官职，不能不留意查处这类凶杀案件。

东坡诲葛延之

【原文】

江阴葛延之，元符间，自乡县不远万里省苏公于儋耳，公留之一月。葛请作文之法，诲之曰："儋州虽数百家之聚，而州人之所须，取之市而足，然不可徒得也[①]，必有一物以摄之，然后为己用。所谓一物者，钱是也。作文亦然，天下之事散在经、子、史中，不可徒使，必得一物以摄之，然后为己用。所谓一物者，意是也。不得钱不可以取物，不得意不可以用事，此作文之要也。"葛拜其言，而书诸绅。尝以亲制龟冠为献，公受之，而赠以诗曰："南海神龟三千岁，兆叶朋从生庆喜。智能周物不周身，未死人钻七十二。谁能用尔作小冠，岣嵝耳孙创其制。今君此去宁复来，欲慰相思时整视。"今集中无此诗。葛常之，延之三从弟也，尝见其亲笔。

【注释】

①徒得：白白得到，空手就得到。

【译文】

江阴的葛延之，在哲宗元符年间，从家乡不远万里来到儋州探望苏轼，苏轼将他留下来住了一个月。葛延之向苏轼请教写文章的方法，苏轼教导他说："儋州这个地方虽然是个只有几百户人家的小镇，但是州城中的人所需要的日常用品，只需要从市集上购买就能满足，但不是白白得到的，一定要用一种东西来换取，然后这些东西才能归自己所用。所说的这种东西，指的就是钱。写文章也是这样。天下的事情都分散在

经书、诸子百家、史书这些典籍中，不能凭空使用，一定要用一种东西来统摄它们，然后它们才能被自己所用，这里所说的这种东西，指的就是‘思想’。无法得到钱就不能买东西，无法得到思想，就不能利用素材，这就是写文章的关键。”葛延之拜谢他的教诲，将他的话写下来转述给乡绅。曾经亲手做了一个龟冠送给苏轼，苏轼接受了，并回赠了一首诗说：“南海神龟三千岁，兆叶朋从生庆喜。智能周物不周身，未死人钻七十二。谁能用尔作小冠，岣嵝耳孙创其制。今君此去宁复来，欲慰相思时整视。”如今苏轼的诗集中并没有这首诗。葛常之，也就是葛延之的三堂弟，曾经看到过苏轼亲手写的这首诗。

科举之弊不可革

【原文】

法禁益烦，奸伪滋炽[①]，唯科场最然，其尤者莫如铨试。代笔有禁也，禁之愈急，则代之者获赂谢愈多。其不幸而败者百无一二，正使得之，元未尝致法。吏部长贰帘试之制，非不善也，而文具儿戏，抑又甚焉。议论奉公之臣，朝夕建明，然此风如决流偃草，未尝少革。或以谓失于任法而不任人之故，殊不思所任之人，渠肯一意向方，见恶辄取，于事无益，而祸谤先集于厥身矣！开宝中，太子宾客边光范掌选，太庙斋郎李宗讷赴吏部铨，光范见其年少，意未能属辞，语之曰：“苟援笔成六韵，虽不试书判，可入等矣。”宗讷曰：“非唯学诗，亦尝留心词赋。”即试诗赋二首，数刻而就，甚嘉赏之。翌日拟授秘书省正字。今之世，宁复有是哉！

【注释】

①滋炽：日益严重。

【译文】

法律禁令越加烦琐，作弊作假的现象日益严重，在科举考试时情况最为严重，其中最明显的就是选拔官员的考试。让人代笔是被禁止的，但是禁令下发得越快，代笔的人得到的酬劳和答谢就会越多。其中不幸被识破的情况，一百人中也不过只有一两个罢了，即便正好被查出来了，开始的时候也没有按照国家的法律制裁。宋代吏部选拔官员，只要是中选的人，除了进士出身及恩科人员之外，都要赶赴吏部由其长官副长官监考进行帘试，以防止找人代笔的弊端。这个规定并非不完善，但是执行起来却不过是一纸空文，像儿戏一样，甚至连儿戏都比不上。秉公执法，敢于提出异议的大臣，虽然每天都会提出建议，但是这种风气就像是河决水溢，风吹草倒一般，丝毫没有因此而有所改变。有人认为是太过相信法令却不相信执法的人的过失，却不想想，负责执行法令的人，谁愿意为了公平正义，一再地得罪别人，败坏自己的名声，不仅对事情没有帮助，还会先将祸端诽谤集中在自己身上了！宋太祖开宝年间，太子的座上之宾边光范负责选拔官员，太庙斋郎李宗讷到吏部去应试，边光范看他年轻，认为他写不好文章，于是说："如果你能够提笔写出六首带韵的诗，即便不参加其他考试，也能算你入选。"李宗讷说："我不仅学诗，而且也曾经对词赋有所涉猎。"当即写了诗赋两首，没过多久就完成了。边光范赞美并嘉奖了他。第二天，就草拟了让他进入秘书省的正字。现在的世道，还有这样的事情发生吗?

经句全文对

【原文】

予初登词科[1]，再至临安，寓于三桥西沈亮功主簿之馆，沈以予买饭于外，谓为不便，自取家馔日相供。同年汤丞相来访，扣旅食大概，具为言之。汤公笑曰："主人亦贤矣！"因戏出一语曰："哀王孙而进食，岂望报乎？"良久，予应之曰："为长者而折枝，非不能也。"公大激赏而去。汪圣锡为秘书少监，每食罢会茶，一同舍辄就枕不至。及起，亦戏之曰："宰予昼寝，于予与何诛。"众未有言，汪曰："有一对，虽于今事不切，然却是一个出处。"云："子贡方人，夫我则不暇。"同舍皆合词称美。

【注释】

①词科：科举考试的名目之一。此科主要是挑选那些学识渊博，文辞清丽，能够草拟朝廷日常文稿的人才。宋代是宏词科、词学兼茂科、博学宏词科的通称。

【译文】

我首次参加博学宏词科的考试并上榜之后，第二次来到临安，借住在了三桥西沈亮功主簿的客房中，沈主薄因为我在外面买饭，说这样不方便，于是拿家里的饭给我吃，同年汤丞相来拜访我，询问我吃住的情况，我都详细地告诉了他。汤公笑着说："主人十分贤明啊！"并开玩笑写出一联说："哀王孙而进食，岂望报乎？"过了很长时间，我回应说："为长者而折枝，非不能也。"汤公对此十分欣赏就离开了。汪圣锡在担任秘书少监时，每次吃完饭喝茶时，和他住在一起的人常常因为睡觉起不来。到他们起床时，他就调戏着说了一联："宰予昼寝，于予与何诛。"众人没有说话，汪圣锡说："我这里有一个下联，虽然和今天的事情不切合，但是倒是出自同一个地方。"于是说："子贡方人，夫我则不暇。"一起居住的人都一致称赞对得好。

汉重苏子卿

【原文】

汉世待士大夫少恩，而独于苏子卿加优宠[①]，盖以其奉使持节，褒劝忠义也。上官安谋反，武子元与之有谋，坐死。武素与上官桀、桑弘羊有旧，数为燕王所讼，子又在谋中，廷尉奏请逮捕武，霍光寝其奏。宣帝立，录群臣定策功，赐爵关内侯者八人，刘德、苏武食邑[②]。张晏曰："旧关内侯无邑，以武守节外国，德宗室俊彦[③]，胡特令食邑。"帝闵武年老，子坐事死，问左右："武在匈奴久，岂有子乎？"武曰："前发匈奴时，胡妇实产一子通国，有声问来，愿因使者赎之。"上许焉。通国至，上以为郎，又以武弟子为右曹，以武著节老臣，令朝朔望，称祭酒，甚优宠之。皇后父、帝舅、丞相、御史、将军皆敬重武。后图画中兴辅佐有功德知名者于麒麟阁，凡十一人，而武得预。武终于典属国[④]，盖以武老不任公卿之故。先公絷留绝漠十五年，能致显仁皇太后音书，蒙高宗皇帝有"苏武不能过"之语。而厄于权臣，归国仅升一职，立朝不满三旬，讫于窜谪南荒恶地，长子停官。追诵汉史，可为痛哭者已！又按武本传云："奉使初还，拜为典属国，秩中二千石。昭帝时，免武官。后以故二千石与计谋立宣帝，赐爵。张安世荐之，即时召待诏，数

进见，复为典属国。”然则豫定策时，但以故二千石耳。而《霍光传》连名奏昌邑王时，直称典属国，宣纪封侯亦然，恐误也。

【注释】

①苏子卿：即苏武，西汉时期奉汉武帝的命令出使匈奴，被扣押，匈奴贵族曾多次威逼利诱，想要让他投降，他都没有屈服。苏武历尽艰辛，在匈奴待了十九年持节不屈。②食邑：中国古代诸侯封赐所属卿、大夫作为世代俸禄的田邑（包括土地上的劳动者在内），也称为采地、封地。③俊彦：杰出人士。④典属国：负责属国的官员，秩二千石，主要负责少数民族的事务。

【译文】

汉朝对待士大夫十分刻薄，极少会有优待，却只对苏武十分宽厚有加，这是因为他拿着符节出使匈奴时依然能够保持操行，朝廷以此来奖励赞扬他的忠义。上官安谋反，苏武的儿子苏元是他的同谋，因此受到株连而被杀。苏武平日与上官桀、桑弘羊都有旧情，多次被燕王告发，他的儿子又参与了谋反，廷尉就上奏请求下旨逮捕苏武，霍光将这个奏章压了下来。宣帝即位之后，奖赏那些拥护他的大臣，赐给八个人关内侯的爵位，刘德、苏武都得到了封地。张晏说：“过去关内侯并没有食邑，因为苏武出使到国外依然能够保持操行，刘德是天子宗室中较为杰出的青年才俊，因此破例封给了他们食邑。”宣帝怜悯苏武年纪大了，儿子又因为受到株连而被杀，于是就询问身边的侍从：“苏武在匈奴待了那么长时间，有没有儿子啊？”苏武回答说：“臣从匈奴回来时，在匈奴的妻子确实为我生了一个儿子名字叫通国，曾经寄信过来，希望我能够趁着出使的机会将他赎回来。”天子准许了。通国回到汉朝之后，天子封他为郎，又将苏武的弟弟封为右曹，因为苏武是一直保持着气节的老臣，让他每月初一、十五上朝，其他日子都可以免朝，称他为祭酒，对他十分优待宠幸。皇后的父亲、皇太后的兄弟、丞相、御史、将军等都十分敬重苏武。后来画了中兴辅佐皇帝有功德的知名将帅十一人的画像挂在麒麟阁，苏武也位列这十一人之中。苏武最终担任的官职是典属国，大概是因为当时年纪大了不能再担任公卿的缘故。我的父亲洪皓在金朝被囚禁了十五年，能将显仁皇太后的书信从金国带回，承蒙皇上说出了“即便是苏武也超不过他的功劳”这样的话，但是因为受制于有权势的大臣，回国后只升了一级官职，在朝中当官还不到一个月，就被贬到南方荒凉偏僻的地方，我的长兄也被罢官。再追看汉朝的历史，怎么能够不让人痛哭流涕呢！又考证了《汉书·苏武传》，里面说：“(苏武)出使匈奴刚回到汉朝，就被封为典属国，享受两千石的俸禄。汉昭帝时期，苏武被免官。后来他用本是两千石的身份与他人一起合谋拥立宣帝，被赏赐了关内侯的爵位。张安世推举了他，当时就被召见让他等待任命，多次见到天子，恢复了典属国的职务。”由此可以看出，他在定下决策要拥立宣帝时，不过是用原本两千石的身份进行的罢了，《汉书·霍光传》说霍光和苏武联名上书说昌邑王不适合被立为天子时，直接称苏武是典属国，《汉书·宣帝本纪》说苏武当时已经被封侯，恐怕都是错误的记载。

曹马能收人心

【原文】

曹操自击乌桓[①]，诸将皆谏，既破敌而还，科问前谏者，众莫知其故，人人皆惧。操皆厚赏之，曰：“孤前行，乘危以徼幸，虽得之，天所佐也，顾不可以为常。诸君之谏，万安之计，是以相赏，后勿难言之。”魏伐吴，三征各献计，诏问尚书傅嘏，嘏曰：“希赏徼功，先战而后求胜，非全军之长策也。”司马师不从，三道击吴，军大败。朝议

欲贬出诸将，师曰："我不听公休，以至于此，此我过也，诸将何罪？"悉宥之。弟昭时为监军，唯削昭爵。雍州刺史陈泰求敕并州，并力讨胡，师从之。未集，而二郡胡以远役遂惊反，师又谢朝士曰："此我过也，非陈雍州之责。"是以人皆愧悦。讨诸葛诞于寿春，王基始至，围城未合，司马昭敕基敛军坚壁。基累求进讨，诏引诸军转据北山。基守便宜[②]，上疏言："若迁移依险，人心摇荡，于势大损。"书奏报听。及寿春平，昭遗基书曰："初，议者云云，求移者甚众，时未临履，亦谓宜然。将军深算利害，独秉固心，上违诏命，下拒众议，终于制敌禽贼，虽古人所述，不过是也。"然东关之败，昭问于众曰："谁任其咎？"司马王仪曰："责在元帅。"昭怒曰："司马欲委罪于孤耶？"引出斩之。此为谬矣！操及师、昭之奸逆，固不待言。然用兵之际，以善推人，以恶自与，并谋兼智，其谁不欢然尽心悉力以为之用？袁绍不用田丰之计，败于官渡，宜罪己，谢之不暇，乃曰："吾不用丰言，卒为所笑。"竟杀之。其失国丧师，非不幸也。

【注释】

①乌桓：我国古代少数民族之一，原东胡部落联盟中的一支。②便宜（biàn yí）：方便。

【译文】

曹操亲自率领大军攻打乌桓，诸位将领都曾经进谏反对，等到他凯旋归来时，召见了以前那些劝谏的人，众人不知其中的缘由，因此每个人都十分惶恐。曹操重重奖赏了那些曾经劝谏的人，说："我带兵到前线去打仗，冒着危险侥幸取得了胜利，虽然胜利了，但这是因为上天庇佑，决不可以经常这样做。各位的劝谏，是万全之策，因此要给予你们奖赏，以后有什么话请大胆讲，不要有什么顾虑。"魏国攻打吴国，三路军队进言献策，天子召见尚书傅嘏想要听听他的意见，傅嘏说："希望能够用奖赏来鼓励战功，先决定去打仗之后才思考要怎么获取胜利，这不是军队获胜的长久之策。"司马师没有听从他的意见，兵分三路攻打吴国，军队最终惨败。朝臣讨论想要把各位将领贬职，司马师说："我没有听从公休（傅嘏）的建议，才会导致这样的局面，这都是我的过错，与那些将领又有什么关系呢？"将领们因此免去了被处罚。司马师的弟弟司马昭当时正担任监军一职，只削了他的爵位。雍州刺史陈泰请司马师给并州下达命令，将集中力量一起征讨胡人，司马师听从了他的建议。兵力还没集中起来，两州的胡人就因为行程太远而逃回去了，司马师又对朝中的官员说："这是我的过错，并不是雍州刺史陈泰的责任。"这让人们感到又惭愧又欣喜。在寿春城征讨诸葛诞时，王基刚刚到达，对寿春城的包围还没有形成，司马昭命令收拢军队坚守营地。王基多次请求进攻讨伐，司马昭却让他率领各支军队转移去占领北山。王基依据当时的情况，没有服从命令，上奏说："如果将军队转移，只依靠北山险要的地形，军心将会动摇，将会大大破坏现在的战争局面。"奏章递上去之后被批准了。等到寿春城被攻克之后，司马昭写信给王基说："当初，议论这件事的人众说纷纭，请求转移军队的人有很多，我因为没有亲临前线，也认为应该转移。将军深入考察分析转移的利弊，独自秉持着决心，对上敢于违抗下达的诏令，对下能够顶住众人的悠悠之口，最终打败了敌人俘虏了贼军的首领，就算是古人记录的事迹，也没有比得过您的。"但是在东关一战战败之后，司马昭向众将领询问："到底是谁的过错？"司马王仪说："是元帅您的过错。"司马昭发怒说："司马想要把过错强加到我的头上吗？"于是就把王仪拉出去斩首了。这件事情就做错了。曹操和司马师、司马昭的奸诈叛逆，已经不用多说了。在用兵打仗时，将功劳留给别人，将过错归给自己，聪明才智超出了普通人的数倍，还有谁不愿意为这些人尽心尽力呢？袁绍没有采用田丰的计谋，在官渡之战中大败之后，本就应该将过错归给自己，自我批评还来不及，却说："我没有采纳田丰的意见，最后被他嘲笑了。"竟然将田丰杀死了。他丢失了国家，丧失了军队，是应该的啊。

五、容斋五笔

天庆诸节

【原文】

大中祥符之世，谀佞之臣，造为司命天尊下降及天书等事①，于是降圣、天庆、天祺、天贶诸节并兴。始时京师宫观每节斋醮七日②，旋减为三日、一日，后不复讲③。百官朝谒之礼亦罢。今中都未尝举行④，亦无休假，独外郡必诣天庆观朝拜，遂休务⑤，至有前后各一日。此为敬事司命过于上帝矣，其当寝明甚，惜无人能建白者。

【注释】

①造：鼓噪，煽动。②斋醮：请僧道设斋坛，祈祷神佛。③后不复讲：后来就不再举行了。④中都：京城。⑤休务：放下公务。

【译文】

宋真宗大中祥符年间，一些谄媚奸佞的臣子，煽动了掌管命运的天尊下凡及上帝下达天书等事件，因此降圣、天庆、天祺、天贶等这些节日开始纷纷盛行起来。最初，每当碰到上面这些节日京城的宫观都会设下斋坛，向神佛祈祷七天，随即又减为三天、一天，之后就不再举办了。朝廷百官拜谒神佛的礼仪也因此取消了。现在京城中已经不再举办这类活动，遇到上面所说的这些节日也没有休假。只是在一些地方每当遇到这些节日还是一定要到天庆观去朝拜，于是他们停下自己的公务，甚至有朝拜前后要花费两天的。这是孝敬掌管命运的天尊超过了上帝。这类活动应当禁止已经十分明了了，不过让人可惜的是现在没人向皇上提出这个建议。

狐假虎威

【原文】

谚有"狐假虎威"之语，稚子来扣其义，因示以《战国策》《新序》所载。《战国策》云：楚宣王问群臣曰："吾闻北方之畏昭奚恤也，果诚何如？"群臣莫对。江乙对曰："虎求百兽而食之，得狐。狐曰：'子无敢食我矣，天帝使我长百兽①，今子食我，是逆天帝命也。子以我为不信，吾为子先行，子随我后，观百兽之见我而敢不走乎？'虎以为然，故遂与之行。兽见之皆走，虎不知兽畏己而走也，以为畏狐也。今王之地方五千里，带甲百万，而专属之昭奚恤，故北方之畏奚恤也，其实畏王之甲兵也，犹百兽之畏虎也。"《新序》并同。而其后云："故人臣而见畏者，是见君之威也，君不用，则威亡矣。"俗谚盖本诸此②。

【注释】

①长（zhǎng）：通"掌"，掌管，管理。②本诸此：出自这里。

【译文】

有一个成语是"狐假虎威"，我年幼的儿子前来向我询问它的含义，我将《战国策》《新序》这两本书中的记载拿给他看。《战国策》中记载：楚宣王询问群臣说："我听说北方护国很惧怕昭奚恤将军，真的如此吗？"群臣中没有人回答。江乙回答说："老虎每天都会捉各种动物来充饥，一天，它抓到一只狐狸，狐狸说：'你不敢吃我！天帝派我来管理百兽，今天你吃了我，就是违反了天帝的命令。如果你认为我是不能相信的，我可以走在你的前面，你跟在我的后面，看看百兽中有哪个看到我不逃跑的。'老虎认为可以这样做，于是就跟着狐狸一起走。百兽看到它们都慌张地逃跑，老虎不知道它们是因为惧怕自己而逃跑，还真的认为它们是在惧怕狐狸。现在大王你的国土有方圆五千里，有军队百万，将军队交给了昭奚恤来指挥，因此北方各国才会惧怕昭奚恤，实际上它们惧怕的是大王强大的军队啊，这和百兽惧怕老虎的道理是一样的。"《新序》中的记载也是相同的。而在前文之后接着写道："所以说人们害怕那些臣子，主要是害怕君主的威严，君主如果不把那些权力授给臣子，臣子的威严也就消失了。"这个成语大概是出自这里吧。

徐章二先生教人

【原文】

徐仲车先生为楚州教授，每升堂[①]，训诸生曰："诸君欲为君子，而劳己之力，费己之财，如此而不为，犹之可也；不劳己之力，不费己之财，何不为君子？乡人贱之，父母患之，如此而不为可也；乡人荣之，父母欲之，何不为君子？"又曰："言其所善，行其所善，思其所善，如此而不为君子者，未之有也。言其不善，行其不善，思其不善，如此而不为小人者，未之有也。"成都冲退处士章詧隐者[②]，其学长于《易》、《太玄》，为范子功解述大旨，再复《摛》词曰："'人之所好而不足者，善也；所丑而有余者，恶也。君子能强其所不足，而拂其所有余[③]，则《太玄》之道几矣。'此子云仁义之心，予之于《太玄》，述斯而已。或者苦其思，艰其言，迂溺其所以为数，而忘其仁义之大，是恶足以语道哉！"二先生之教人，简易明白，学者或未知之，故表出于此。

【注释】

①升堂：开堂授课，给学生上课。②章詧（chá）：字隐之，精通经学。③拂：摒弃，去除。

【译文】

徐仲车先生曾经在楚州开堂授课，每次开堂授课，他都会告诫在座的学生说："如果你们想要成为君子，并因此而需要消耗自己的体力，损失自己的钱财，这样的话你不想做君子也能说得过去；如果既没有消耗自己的体力，也没有损失自己的钱财，那为什么不去当君子呢？乡里的人贬低君子，父母厌恶君子，因此而不愿意做君子也能够理解；乡里的人将当君子为荣，父母也想要让你当君子，那么为什么不去做君子呢"又说："说的是善意的话，做的是善事，考虑的是善行，这样不是君子的话，世上就没有君子了。说的是恶意的话，做的是坏事，考虑的都是一些坏事，这样还不能被称为小人的话，那么世上就没有小人了。"成都冲退处士章詧隐者，十分精通《易》《太玄》，他为范子功讲解了其中的要义，又用了《摛》中的言辞来解释说："人好而且从来不为此而满足的人，是善；丑陋而有余的人，是恶。君子能够增强自己不足的地方，而摒弃其中多余的部分，对于《太玄》中所说的道理就能够完全领悟了。"这就是孔子所说的仁义之心，我认为《太玄》这本书，说的

就是这些罢了。有的人有时候会因为其中的思想而感到困惑，因为其中晦涩的语言而被难住，有时会沉溺于它所讲述的术数，这样的人怎么来给他们讲那些大道理呢！两位先生教导人的方法简单明了，学习的人还有不知道的，所以在这里记录下来。

王安石弃地

【原文】

熙宁七年，辽主洪基遣泛使萧禧来言河东地界未决。八年再来，必欲以代州天池分水岭为界。诏询于故相文彦博、富弼、韩琦、曾公亮以可与及不可许之状，皆以为不可。王安石当国，言曰："将欲取之，必固与之。"于是诏不论有无照验①，擗拨与之。往时界于黄嵬山麓，我可以下瞰其应、朔、武三州，既以岭与之，虏遂反瞰忻、代，凡东西失地七百里。按庆历中，虏求关南十县，朝廷方以西夏为虑，犹不过增岁币以塞其欲，至于土地，尺寸弗与。熙宁之兵力胜于曩时②，而用萧禧坚坐都亭之故，轻弃疆埸设险要害之处。安石果于大言，其实无词以却之也。孙权谓："鲁肃劝吾借刘玄德地云：'帝王之起，皆有驱除，关羽不足忌。'此子敬内不能辨，外为大言耳！"安石之语亦然。

【注释】

①照验：查验，勘合。②曩（nǎng）时：以前，过去，这里指庆历年间。

【译文】

北宋熙宁七年，辽国皇帝洪基委派使者萧禧，来商讨宋辽两国的河

东地区的边界问题，没有结果。熙宁八年辽国使者再次来访，执意要求将代州天池分水岭作为两国的边界。宋神宗下诏向前宰相文彦博、富弼、韩琦、曾公亮来询问是否能够答应辽国的要求。这些前宰相都认为不能答应。当时，王安石担任宰相一职，说："想要从别人那里拿些什么，一定要先给予什么。"于是神宗下诏说不管查看勘验与否，都要按照辽国所提的要求来进行。过去两国的边界是在黄嵬山麓，这样我宋朝就能够下瞰辽国的应州、朔州、武州这三个州，如果将分水岭作为边界的话，辽人将会反过来下瞰我国的忻州、代州等地区，从东到西损失七百里土地。经过考证，仁宗庆历年间，辽国请求将关南十县划为他们的领地，朝廷当时正因为西夏的事情而忧愁不已，在这种情况下依然不过是用增加岁币的方法来满足他们的欲望，至于土地，则半寸都没有给他们。熙宁年间军事力量要胜过庆历年间的时候，而因为萧禧坚持不达目的不走的缘故，就轻易地放弃了军事上的要塞。王安石说大话就像是真的一样，其实是因为他没有其他措辞来拒绝辽国的无理要求。孙权说："鲁肃劝我借给刘玄德荆州这个地区时说：'帝王治理国家，都是要灵活运用形式，关羽不足为惧。'这是子敬不能分辨形势，空说大话罢了！"王安石说的话也是一样。

张释之柳浑

【原文】

汉张释之为廷尉，文帝出行，有人惊乘舆马[1]，使骑捕之，属廷尉。释之奏当此人犯跸[2]，罚金。上怒，释之曰："方其时，上使使诛之则已。”颜师古谓：“言初执获此人，天子即令诛之，其事即毕。”唐柳浑为相，玉工为德宗作带，误毁一銙[3]，工私市它玉足之。帝识不类，怒其欺，诏京兆论死，浑曰：“陛下遽杀之则已[4]，若委有司，须详谳乃可[5]。于法，罪当杖，请论如律。”由是工不死。予谓张、柳之论，可谓善矣，然张云“上使使诛之则已”，柳云“陛下遽杀之则已”，无乃启人主径杀人之端乎！斯一节未为至当也。

【注释】

①舆马：马车。②犯跸（bì）：冲撞皇帝出行车队的罪名。③銙（kuǎ）：古代挂在腰带上的装饰品。④遽（jù）：快，匆忙，立刻。⑤详谳（yàn）：审判，审理。

【译文】

西汉的张释之担任廷尉时，有一次，文帝出行，有人竟然冲撞了文帝乘坐的马车，文帝派人骑马去逮捕那个人，交给廷尉处理。张释之了解情况之后，上奏说这个人惊扰了圣驾，应当按照汉朝的律法处以罚金。皇帝十分生气，张释之说：“那时候，皇上派人杀了他就算了（如今交给我来处理自然要秉公执法）。”颜师古说：“就是说，当时抓住这个人，皇上马上下令杀了他，这件事就处理完毕了。”唐代柳浑担任宰相时，雕琢玉器的工匠给德宗制作腰带，因为失误毁掉了一块玉，玉匠自己买了一块别的玉补上了。皇帝看出那块玉的不同，对玉匠的欺骗行为十分生气，于是下诏给京城的地方官让他给这个人判死罪，柳浑说：“陛下当时将他杀死就罢了，如果交给衙门去处理，那么官员一定要审问清楚才行。按照法律规定，他罪当杖刑，因此只能按照法律来论处。”因此，玉匠并没有被处死。我认为张释之、柳浑的议论，说得很好，但是张释之说：“皇上派人杀了他就算了。”柳浑说：“陛下当时杀死他罢了。”这不是在启发君主直接杀人的想法吗？这一点不是十分恰当。

唐曹因墓铭

【原文】

庆元三年，信州上饶陈庄发土得唐碑，乃妇人为夫所作。其文曰："君姓曹，名因，字鄙夫，世为鄱阳人。祖、父皆仕于唐高祖之朝，惟公三举不第，居家以礼义自守。及卒于长安之道，朝廷公卿、乡邻耆旧，无不太息。惟予独不然。谓其母曰：'家有南亩，足以养其亲；室有遗文，足以训其子。肖形天地间，范围阴阳内，死生聚散，特世态耳[①]，何忧喜之有哉！'予姓周氏，公之妻室也。归公八载，恩义有夺，故赠之铭曰：'其生也天，其死也天，苟达此理，哀复何言！'"矛案唐世上饶本隶饶州，其后分为信，故曹君为鄱阳人。妇人能文达理如此，惜其不传，故书之，以裨图志之缺。

【注释】

①死生聚散，特世态耳：生死离别，都是世间的常态。

【译文】

宁宗庆历三年，信州上饶陈庄出土了一块唐朝的石碑，是一个妇人为他的丈夫所刻的。碑文中写着："我丈夫姓曹，名因，字鄙夫，世代都是鄱阳人。祖父和父亲都在唐高宗时期担任官职，只有我的丈夫三次参加考试都没有上榜，在家中用礼仪来约束自己。直到他死在了赶往长安的途中，朝廷中的公卿、街坊邻里，没有不为他唏嘘的。只有我并没有这样认为。我对他的母亲说：'家中有良田，足以赡养双亲；居室中有丈夫留下的文章，足以教导孩子。人们生活在天地之间，必然要面对阴阳转换，生死离别，这都是世间的常态，有什么可难过的呢！我姓周，是夫君的原配夫人。嫁给我的丈夫已经八年了，夫妻恩爱有加，所以赠给丈夫一篇铭文是：其生也夭，其死也夭，苟达此理，哀复何言！’”经过考证唐朝上饶本隶饶州，后分为信州，因此曹君为鄱阳人。这位夫人能够写出这么通情达理的文章，可惜并没有流传下来，所以我在这里记录下来。

人生五计

【原文】

朱新仲舍人常云：“人生天地间，寿夭不齐[①]，姑以七十为率[②]：十岁为童儿，父母膝下，视寒暖燥湿之节，调乳哺衣食之宜，以须成立，其名曰生计；二十为丈夫，骨强志健，问津名利之场，秣马厉兵，以取我胜，如骥子伏枥，意在千里，其名曰身计；三十至四十，日夜注思，择利而行，位欲高，财欲厚，门欲大，子息欲盛，其名曰家计；五十之年，心怠力疲，俯仰世间，智术用尽，西山之日渐逼[③]，过隙之驹不留，当随缘任运，息念休心，善刀而藏[④]，如蚕作茧，其名曰老计；六十以往，甲子一周，夕阳衔山，倏尔就木，内观一心，要使丝毫无慊[⑤]，其名曰死计。”朱公每以语人以身计则喜，以家计则大喜，以老计则不答，以死计则大笑，且曰：“子之计拙也。”朱既不胜笑者之众，则亦自疑其计之拙，曰：“岂皆恶老而讳死邪？”因为南华长老作《大死庵记》，遂识其语。予之年龄逾七望八，当以书诸绅云。

【注释】

①寿夭不齐：人的寿命长短不同。②率：标准。③西山之日：死亡

的日子，是一种讳称。④善刀而藏：修缮并将在名利场上厮杀的工具藏起来。⑤无慊：不满，愤恨。

【译文】

舍人朱新仲说："人活在天地之间，寿命长短不一，暂且将七十岁作为基准：十岁之前是儿童，在父母膝下，被父母照顾着适应着气候的寒冷燥热潮湿的变化，调整着衣食住行的合理搭配，直到长大成人，这叫作生计。二十岁时成年，体格强健，迈进了名利场，喂马磨刀，去争取胜利，就像是千里马蜷伏在马槽里，却想要能够驰骋千里一样，这叫作身计。三十岁到四十岁期间，每天都在苦思冥想，做只对自己有利的事情，想要谋得更高的职务，想要获得更多的财富，想要进入更强大的门第，想要让自己的子孙后代更加兴盛，这叫作家计。到了五十岁，身心都开始疲惫，俯仰人世间，自己的才智感觉已经穷尽，死亡的日子也一天天逼近，光阴飞逝不停留，只能听凭命运的安排，束手无策，将名利之心藏起来，就像是蚕一样在自己身边作茧来保护自己，这叫作老计。六十之后，活了一个甲子，已经日薄西山，不久就要进棺材了，开始反省自己的内心，想让自己没有丝毫愧疚地离开，这叫作死计。"朱先生每次与别人讨论这些，每次说到生计的时候，听到的人都会感到欣喜，说到家计的时候，也很高兴，但是谈到老计的时候，听的人就开始不说话了，说到死计的时候，听到的人又会大笑，说："你这个五计太不高明了。"朱新仲因为笑话他的人太多了，自己也开始怀疑这五计不高明，说："难道他们都厌恶衰老、忌讳死亡吗？"我因为给庄子写《大死庵记》，才真正领略了他所讲的人生的意义。那时我已经七十多岁快要八十岁了，因为对此感受颇深所以写下来铭记在心。

萧颖士风节

【原文】

萧颖士为唐名人，后之学者但称其才华而已，至以笞楚童奴为之过。予反复考之，盖有风节识量之士也。为集贤校理，宰相李林甫欲见之，颖士不诣[①]，林甫怒其不下己。后召诣史馆，又不屈，愈见疾，至免官更调河南参军。安禄山宠恣，颖士阴语柳并曰："胡人负宠而骄，乱不久矣。东京其先陷乎！"即托疾去。禄山反，往见河南采访使郭纳，言御守计，纳不用。叹曰："肉食者以儿戏御剧贼，难矣哉！"闻封常清陈兵东京，往观之，不宿而还，身走山南，节度使源洧欲退保江陵，颖士说曰："襄阳乃天下喉襟，一日不守，则大事去矣。公何遽轻土地，取天下笑乎？"洧乃按甲不出。洧卒，往客金陵，永王璘召之，不见。刘展反，围雍丘，副大使李承式遣兵往救，大宴宾客，陈女乐。颖士曰："天子暴露，岂臣下尽欢时邪！夫投兵不测，乃使观听华丽，谁致其死哉？"弗纳。颖士之言论操持如此，今所称之者浅矣。李太白，天下士也，特以堕永王乱中，为终身累。颖士，永王召而不见，则过之焉。

【注释】

①诣：到，古时特指到辈分、地位比自己尊贵的人那里去。

【译文】

萧颖士是唐朝的名士，不过后代的学者仅对他的才华有所称赞而已，而认为鞭打童奴是他的过错。我反复考证之后发现，其实他是一个拥有崇高品格、很有胆量抱负的人。在担任集贤殿校理时，宰相李林甫想要

见他，萧颖士并没有前往，李林甫对他狂妄不愿意屈从于自己而感到十分生气。后来又召他到史馆，他也没有前往，更加让李林甫嫉恨，以致于萧颖士最后被改官到了河南担任参军一职。安禄山因为受到皇上的宠幸而十分狂妄放肆，萧颖士在背地里对柳并说："胡人（安禄山）靠着受到圣上的恩宠而骄纵不已，叛乱恐怕不久就要来了，洛阳应该是他首先要攻占的地方吧。"随后假托自己有病离开了洛阳。安禄山反叛之后，萧颖士拜访了河南采访使郭纳，向他说起了自己的防御驻守的策略，并没有被采纳。于是叹息说："掌管政权的人用孩子的把戏来抵御强大的敌寇，实在是很难取胜啊！"听闻封常清在洛阳驻守，排兵布阵，前去探察，没有住在那里就连夜回来了，独自一人逃到了山南，节度使源洧准备退守江陵，萧颖士说："襄阳是天下的咽喉要道，如果有一天守不住了，那么天下的大势也就丢了。您为何如此轻视这里，难道不怕天下人嘲笑吗？"源洧因此决定按兵不动。源洧去世之后，萧颖士客居金陵，永王李璘召见他，他不肯与之见面。刘展谋反，包围了雍丘，副大使李承式派兵前来援救，在军营中大摆宴席来招待宾客，还请来了美女奏乐。萧颖士说："天子逃难到了荒郊野外，难道这是臣子尽情享乐的时候吗！马上将士们就要出兵抗敌了，战况无法预测，如

今却让他们观赏美女奏乐，来消磨战斗力，到了战场上谁还会为国效死呢？”不过，这个意见并没有被采纳。萧颖士的言论操守从这里就能够看出来。现在人们对他的评价太过肤浅。李白是天下的有名之士，只是因为陷入了永王之乱中，为此而终身都受牵累。萧颖士，即便是永王召请也没有前去见面，从这一点来看，恐怕要在李白之上。

开元宫嫔

【原文】

自汉以来，帝王妃妾之多，唯汉灵帝、吴归命侯、晋武帝、宋苍梧王、齐东昏、陈后主。晋武至于万人。唐世明皇为盛，白乐天《长恨歌》云“后宫佳丽三千人”，杜子美《剑器行》云“先帝侍女八千人”，盖言其多也。《新唐史》所叙，谓开元、天宝中，宫嫔大率至四万。嘻，其甚矣！隋大业离宫遍天下，所在皆置宫女。故裴寂为晋阳宫监[①]，以私侍高祖。及高祖义师经过处，悉罢之。其多可想。

【注释】

①宫监：太监。

【译文】

从汉朝开始，帝王的妃妾就特别多，只有东汉的灵帝刘宏、三国时吴国的归命侯孙皓、西晋的武帝司马炎、南朝时宋国的苍梧王刘昱、南朝时齐国的东昏侯萧宝卷、南朝时陈后主陈叔宝这几位君主。晋武帝司马炎的后宫多达上万人。唐代唐明皇的妃嫔最多，白居易在《长恨歌》中写有“后宫佳丽三千人”的诗句，杜甫在《剑器行》中也写出了“先

帝侍女八千人”这样的诗句，都说明唐明皇后宫中的嫔妃众多。《新唐书》中记录说，唐玄宗开元、天宝年间，后宫中的妃嫔大约有四万人。呵，这简直太过分了！隋炀帝大业年间，离宫遍布各地，而在每一座离宫之中都要安置一些宫女。因此，裴寂才可以凭借晋阳宫监的身份，在私底下归奉唐高祖李渊。唐高祖起义兵变之后，所路过的地方，会将离宫中的宫女全都放走。由此可见，宫女数量之多。

万事不可过

【原文】

天下万事不可过，岂特此也？虽造化阴阳亦然。雨泽所以膏润四海①，然过则为霖淫；阳舒所以发育万物，然过则为燠亢②。赏以劝善，过则为僭；刑以惩恶，过则为滥。仁之过，则为兼爱无父；义之过，则为为我无君。执礼之过，反邻于谄；尚信之过，至于证父。是皆偏而不举之弊，所谓过犹不及者。扬子《法言》云：“周公以来，未有汉公之懿也③，勤劳则过于阿衡。”盖谄王莽也。后之议者，谓阿衡之事不可过也，过则反，乃诮莽耳。其旨意固然。

【注释】

①膏润：滋润，润泽。②燠（yù）亢：酷热。③懿：美好的德行。

【译文】

天下所有事情都是过犹不及的，怎么会只限于人世呢？实际上阴阳万物的造化都是如此。下雨是为了滋润四海，但是如果雨水太多就会变成灾祸；阳气上升是为了养育万物，但是太过的话就会变成旱灾。奖励是对善行的劝勉，但是太过的话就会成为僭越；惩罚是为了惩治罪恶，但是如果太过的话就变成了滥刑；仁义太过，就会因为太过博爱而忘记自己的父亲；义气太过，就会因为太过自私而忘记君主。太过拘于礼节，就像是在向邻居讨好献媚；太过讲究信用，则会揭露自己父亲的罪行。这些都是由于太过偏激而造成的祸端，这就是所说的事情做过了头，就跟做得不够一样，都是不对的。扬雄《法言》中说："从周公以来，没有人的德行能像安汉公（王莽）那样美好，没有比阿衡伊尹更加勤劳的。"这就是在给王莽献媚。后人讨论说，阿衡的功德是无法超越的，超过了就会向相反的方向去了。本意就是这样。

大言误国

【原文】

隗嚣谋畔汉[①]，马援劝止之甚力，而其将王元曰："今天水全富，士马最强，案秦旧迹[②]，表里河山。元请以一丸泥为大王东封函谷关。"嚣反遂决，至于父子不得其死。元竟降汉。隋文帝伐陈，大军临江，都官尚书孔范言于后主曰："长江天堑，古以为限隔南北[③]，今日虏军岂能飞度邪？臣每患官卑，虏若渡江，臣定作太尉公矣。"或妄言北军马死，范曰："此是我马，何为而死？"帝笑以为然，故不为深备。已而国亡，身窜远裔[④]。唐元宗有克复中原之志，及下南闽，意以谓诸国可指麾而定，而事力穷薄，且无良将。魏岑因侍宴言："臣少游元城，好其风物，陛下平中原，臣独乞任魏州。"元宗许之。岑趋墀下拜谢，人皆以为佞。孟蜀通奏使王昭远，居常好大言，有杂耕渭上之志，闻王师入讨，对宾客揎

手言："此送死来尔！乘此逐北，遂定中原，不烦再举也。"不两月蜀亡，昭远为俘。此四臣之佞，本为爵禄及一时容悦而已[⑤]，亦可悲哉！

【注释】

①畔：通"叛"，叛变、谋反。②案秦旧迹：学习秦朝的做法。③限隔：阻隔，隔断。④身窜远裔：逃到了远方。⑤容悦：龙颜大悦，指博得皇上的喜爱。

【译文】

隗嚣想要反叛汉朝，马援竭力制止，而隗嚣的部将王元说："现在天水十分富饶，马匹将士最为强壮，我们应像秦朝人那样，将山河天险作为屏障。请准许我率领一队人马来为大王您东封函谷关。"因此，隗嚣下定了反叛的决心，导致父子两人都不能死得其所。王元最后竟然向东汉刘秀投降。隋文帝打算讨伐陈国，大军到达江边时，都官尚书孔范对陈后主说："长江天堑，自古都是隔绝南北交通的要道，难道现在敌军竟然都能够渡过吗？我常常因为自己的官职太低而感到担忧，敌军如果能够渡江，臣一定就能担任太尉了。"有些人乱说隋军的战马死了很多，孔范说："这是我们的马，为什么会死？"陈后主大笑以为确实如此，因此并没有做完善的准备。不久，陈国就灭亡了，孔范则逃到了偏远地区。唐元宗想要夺取中原，等到占领了南闽之后，他认为平定其他的国家指日可待，然而他实力薄弱，而且没有好的将领。魏岑在宴会上对唐元宗说："我年少时在元城游玩，特别喜欢那里的风俗和物产，陛下如果能够平定中原，我强烈请求能够担任魏州的地方官。"元宗答应了下来。魏岑快步走下台阶拜谢，众人都认为他是在用巧言哄骗皇上。后蜀的通奏使王昭远，平时就喜欢夸大其词，将在渭水上杂耕作为自己的志向，听说宋朝的军队要来攻打，搓着手对宾客说："这是送死来了！趁着这个机会我们向北讨伐，然后平定中原，下次就不用再麻烦动兵了。"没到两个月，蜀国就灭亡了，王昭远也成了俘虏。这四个臣子的花言巧语，本来是想要升职或者博得皇上的一时宠爱，结局太让人伤心了！

贫富习常

【原文】

少时见前辈一说云："富人有子不自乳，而使人弃其子而乳之；贫人有子不得自乳，而弃之以乳他人之子。富人懒行，而使人肩舆[①]；贫人不得自行，而又肩舆人。是皆习以为常而不察之也。天下事，习以为常而不察者，推此亦多矣，而人不以为异，悲夫！"甚爱其论。后乃得之于晁以道《客语》中，故谨书之，益广其传。

【注释】

①舆：轿子。

【译文】

小时候经常听长辈有一种说法是："富人家有了孩子不会自己喂奶，而让别人舍弃自己的孩子给他的孩子喂奶；穷人家有孩子不能喂奶，要舍弃自己的孩子去喂养别人的孩子。富人懒得走路，就让人抬轿；穷人不能只是自己走路，还要用轿子去抬别人。这都是司空见惯而不被人们特别留意的。天下的事情，司空见惯而不被留意到的，用这种方法来推导应该有很多，而且人们都不觉得有什么可诧异的，真是悲哀啊！"我特别喜欢这样的言论，后来在晁以道的《客语》艺术中看到了这样的言论，所以恭敬地记录下来，让它能够更好地流传。

汉武帝喜杀人者

【原文】

汉武帝天资刚严，闻臣下有杀人者，不唯不加之罪[①]，更喜而褒称之。李广以故将军屏居蓝田[②]，夜出至亭，为霸陵醉尉所辱。居无何[③]，拜右北平太守，请尉与俱，至军而斩之，上书自陈谢罪。上报曰："将军者，国之爪牙也。怒形则千里竦[④]，威振则万物伏[⑤]。夫报忿除害，朕之所图于将军也。若乃免冠徒跣[⑥]，稽颡请罪[⑦]，岂朕之指哉！"胡建守军正丞，时监军御史穿北军垒垣以为贾区[⑧]，建欲诛之。当选士马日[⑨]，御史与护军诸校列坐堂皇上，建趋至拜谒，因令走卒曳御史下，斩之。遂上奏曰："案军法：'正亡属将军，将军有罪以闻，二千石以下行法焉。'丞于用法疑，臣谨以斩。"谓丞属军正，斩御史于法有疑也。制曰："三王或誓于军中，欲民先成其虑也。或誓于军门之外，欲民先意以待事也。或将交刃而誓[⑩]，致民志也。建又何疑焉。"建繇是显名。观此二诏，岂不开妄杀之路乎？

【注释】

①不唯：不但，不仅。②屏居：退隐。③居无何：没多久。④竦：惊悚、害怕。⑤伏：震伏。⑥免冠徒跣（xiǎn）：摘下帽子光着脚。⑦稽颡（sǎng）请罪：磕头谢罪。颡，额头，脑门。⑧穿：推倒。垒垣：垒起来的土堆，即院墙。贾区：商业集市区。⑨当选士马日：在挑选士兵的那一天。⑩交刃：交锋，打仗。

【译文】

汉武帝性情凶暴残忍，他听到臣子中有人杀了人，不管是因为什么，不仅不会治罪，反而会高兴地称赞他。李广凭借前将军的身份退隐蓝田，晚上出门来到一个亭子，被喝醉酒的霸陵尉所侮辱。没过多久，李广被封为右北平太守，要求把霸陵尉调出跟他一起走，到了右北平时就把霸陵尉给杀了，然后上书自己陈述了自己的罪行。武帝批示说：“将军是国家的爪牙，生气的话那么千里的范围内都会害怕，发威的话那么世间万物都会被震伏。报仇雪恨铲除坏人，正是我对将军您的期望。如果您现在摘帽赤脚，叩头谢罪，怎么可能是我想要的结果呢？”胡建代为担任军正丞一职，监军御史推倒了北军的一面墙作为军市，胡建打算杀了他。在挑选士兵的那天，御史和护军诸校尉都站在汉武帝的两侧，胡建走到跟前拜见皇上之后，就命令属下将御史拖下来杀掉。然后上奏汉武帝说：“依照军法，军正并不归将军所统属，将军有罪要及时上报，二千石以下的官员能够就地正法。我对军法有所顾虑，但是我还是将监军御史给斩杀了”。这句话是说军丞统属于军正，斩杀御史不知道是否符合法律。汉武帝说：“三王之中，有些会在军队里发誓，这是想

要让士兵不要有所顾虑；有些会在军门之外誓师，这是要让战士们事先有所准备；有些则会在战争开始之前誓师，这是为了激励战士们的斗志。你有什么可顾虑的？”胡建因此而扬名。看这两份诏书，难道不就是在开轻易斩杀之戒吗？

琵琶行海棠诗

【原文】

白乐天《琵琶行》一篇，读者但羡其风致，敬其词章，至形于乐府，咏歌之不足，遂以谓真为长安故倡所作。予窃疑之。唐世法网虽于此为宽，然乐天尝居禁密，且谪官未久，必不肯乘夜入独处妇人船中，相从饮酒，至于极弹丝之乐，中夕方去[①]，岂不虞商人者它日议其后乎[②]？乐天之意，直欲摅写天涯沦落之恨尔。东坡谪黄州，赋《定惠院海棠》诗，有“陋邦何处得此花，无乃好事移西蜀”“天涯流落俱可念，为饮一尊歌此曲”之句，其意亦尔也。或谓殊无一话一言与之相似，是不然。此真能用乐天之意者，何必效常人章摹句写而后已哉？

【注释】

①中夕：半夜。②不虞：不忧虑，不担心。

【译文】

白乐天（白居易）所写的《琵琶行》一篇，读到的人都欣赏其中的风度品格，敬佩其中的遣词用句，以至于编成了谱曲来传唱，传唱还觉得不够，于是称它的确是为长安原来的娼妓所写的。我暗地里对这个说法十分怀疑。虽然唐朝时的法律要比现在宽容，但是白居易毕竟曾经居住在要严格控制进出的官府之中，而且刚刚被贬官没多久，一定不会趁着夜色进入独处的妇女的船里饮酒，甚至极尽弹奏丝弦乐器之乐，到了午夜才离开，这样难道不怕人们在日后背后议论吗？白乐天的写诗本意，直接想要说明沦落天涯的遗憾而已。苏东坡被贬到黄州时，曾经写了《定惠院海棠》一诗，里面有“陋邦何处得此花，无乃好事移西蜀”“天涯流落俱可念，为饮一樽歌此曲”这样的句子，其意思和《琵琶行》相同。有人说这两首诗没有一词一句是相同的，其实并非如此。苏东坡想要去效仿白居易的话，又怎么会像普通人那样一字一句地去模仿呢？

白居易出位

【原文】

白居易为左赞善大夫，盗杀武元衡，京都震扰。居易首上疏，请亟捕贼，刷朝廷耻，以必得为期。宰相嫌其出位[①]，不悦，因是贬江州司马。此《唐书》本传语也。按是时宰相张弘靖、韦贯之，弘靖不足道，贯之于是为失矣。白集载与杨虞卿书云：“左降诏下，明日而东，思欲一陈于左右，去年六月，盗杀右丞相于通衢中[②]，迸血体，磔发肉[③]，所不忍道。合朝震栗不知所云，仆以书籍以来，未有此事。苟有所见，虽畎亩皂隶之臣，不当默默，况在班列，而能胜其痛愤耶？故武丞相之气平明绝，仆之书奏日午入。两日之内，满城知之，其不与者，或语以伪言，或陷以非语，皆曰：‘丞、郎、给、舍、谏宫、御史，尚未论请，而赞善大夫何反忧国之甚也？’仆闻此语，退而思之，赞善大夫诚贱冗耳[④]，朝廷有非

常事，即日独进封章，谓之忠，谓之愤，亦无愧矣！谓之妄，谓之狂，又敢逃乎？以此获辜，顾何如耳，况又不以此为罪名乎！”白之自述如此。然则一时指为出位者，不但宰相而已也。史又曰：“居易母坠井死，而赋《新井篇》，以是左降。”前书所谓不以此为罪名者，是已。

【注释】

①出位：越位，越权，超出本分。②通衢（qú）：四通八达的道路。③磔（zhé）：将肢体分裂。④贱冗：贱事，冗事。

【译文】

白居易在担任左赞善大夫时，强盗杀害了宰相武元衡，京城为此感到震惊惶恐。白居易首先上奏，请求尽快逮捕凶手，洗刷朝廷的耻辱，并恳请相关部门一定要在规定的期限内将凶手缉拿归案。宰相却嫌弃他越权，对此十分不满，找了个借口将他贬为江州司马。这是《唐书·白居易传》中记载的内容。经过考证发现当时的宰相是张弘靖和韦贯之，张弘靖不值一提，韦贯之在这件事上却有失妥当。《白居易集》中记载，白居易曾经给杨虞卿写过一封信说：“贬官的诏书已经下达，明天就要离开京城到东面去了，想要将心中的委屈都告诉你，去年六月，强盗在大街上杀害了右丞相武元衡，当时右丞相满身血浆，头发和肉体都分裂了，我不忍心再说下去。这件事让朝廷内外都十分震惊惶恐，不知道要说什么。据我所知，历朝历代的高级官员都没有遇到过这样的事情。无论什么人看到当时右丞相的惨状，即便是田夫奴仆，也不会沉默不语，更何况我是朝廷的大臣，怎么能够忍受这样的羞辱呢？因此，武元衡丞相在黎明时被害，我在中午就呈上了自己的奏章。两天之内，整个京城的人都知道了，其中看不惯我这样做的人，有的开始造谣，有的开始诽谤我，都说：‘尚书、郎、给事中、中书舍人、谏官、御史对武丞相这件事都没有上书讨论，我一个区区的赞善大夫反而替国家担心起来了！’我听到这样的话，回到家开始思索起来，赞善大夫地位固然低微，朝廷中发生了这样特殊的事情，应当当天进一奏疏，说这是忠诚，这是义愤，都是无愧于心的。说这是虚妄，这是张狂，我又如何能够逃脱这样的诽谤呢？因为这件事而获罪，您认为如何呢？更何况我并不是因为这件事而被定的罪！”白居易的自述就是这样。这样看来，当时指责他越权的人，不仅仅是宰相。史书上又记载说：“白居易的母亲掉到井里死了，他写了一首《新井篇》，因此而被贬官。”上面信里所说的“不是因为这件事而被定罪”，说的可能是这件事。

醉翁亭记酒经

【原文】

欧阳公《醉翁亭记》、东坡公《酒经》，皆以“也”字为绝句。欧阳二十一“也”字，坡用十六“也”字，欧记人人能读，至于《酒经》，知之者盖无几。坡公尝云：“欧阳作此记，其词玩易[①]，盖戏云耳，不自以为奇特也。而妄庸者作欧语云：‘平生为此文最得意。’又云：‘吾不能为退之《画记》，退之不能为吾《醉翁亭记》。’此又大妄也。”坡《酒经》每一“也”字上必押韵，暗寓于赋，而读之者不觉，其激昂渊妙，殊非世间笔墨所能形容，今尽载于此，以示后生辈。其词云：“南方之氓，以糯与粳，杂以卉药而为饼，嗅之香，嚼之辣，揣之枵然而轻，此饼之良者也。吾始取面而起肥之，和之以姜液，烝之使十裂，绳穿而风戾之，愈久而益悍，此曲之精者也。米五斗为率，而五分之，为三斗者一，为五升者四，三斗者以酿，五升者以投，三投而止，尚有五升之赢也。始酿，以四两之饼，而每投以二两之曲，皆泽以少水，足以散解而匀停也。酿者必瓮按而井泓之，三日而井溢，此吾酒之萌也。酒之始萌也，甚烈而

微苦，盖三投而后平也。凡饼烈而曲和，投者必屡尝而增损之，以舌为权衡也。既溢之三日乃投，九日三投，通十有五日而后定也。既定乃注以斗水，凡水必熟而冷者也。凡酿与投，必寒之而后下，此炎州之令也。既水五日，乃篘，得二斗有半，此吾酒之正也。先篘半日，取所谓赢者为粥，米一而水三之，揉以饼曲，凡四两，二物并也。投之糟中，熟撋而再酿之②，五日压得斗有半，此吾酒之少劲者也。劲、正合为四斗，又五日而饮，则和而力、严而不猛也。篘绝不旋踵而粥投之，少留则糟枯中风而酒病也。酿久者酒醇而丰，速者反是，故吾酒三十日而成也。”此文如太牢八珍，咀嚼不嫌于致力，则真味愈隽永，然未易为俊快者言也。

【注释】

①其词玩易：遣词用句都十分平易。②熟撋（ruán）：反复搅拌。撋，搅拌。

【译文】

欧阳修的《醉翁亭记》和苏轼的《酒经》，都用“也”这个字来作为语尾，其中欧阳修一共使用了二十一个“也”字，苏轼一共使用了十六个“也”字，欧阳修的《醉翁亭记》每个人都能背诵，而《酒经》，知道的人却寥寥无几。苏轼曾说：“欧阳修写的这篇游记，词句的使用十分浅显易懂，恐怕只是玩弄笔墨而已，并不认为有什么奇特的地方。但是一些趋炎附势的人却假托欧阳修的话说：‘这篇文章是平生所作的最为得意的文章。’又说：‘我虽然不能写出韩愈的《画记》，不过韩愈也写不出我的《醉翁亭记》。’这是在信口开河呀。”苏轼的《酒经》中每一个“也”字都能够押在韵上，暗中与赋体相结合，让读的人并没有察觉，整篇文章激昂畅快，深奥绝妙，绝不是世间笔墨能够形容出来的，现在全都记录在这里，留给后生晚辈诵读。这篇文章是这样写的：“南方之氓，以糯与粳，杂以卉药而为饼，嗅之香，嚼之辣，揣之枵然而轻，此饼之良者也。吾始取面而起肥之，和之以姜液，烝之使十裂，绳穿而风戾之，愈久而益悍，此曲之精者也。米五斗为率，而五分之，为三斗者一，为五升者四，三斗者以酿，五升者以投，三投而止，尚有五升之赢也。始酿，以四两之饼，而每投以二两之曲，皆泽以少水，足以散解而匀停也。酿者必瓮按而井泓之，三日而井溢，此吾酒之萌也。酒之始萌也，甚烈而微苦，盖三投而后平也。凡饼烈而曲和，投者必屡尝而增损之，以舌为权衡也。既溢之三日乃投，九日三投，通十有五日而后定也。既定乃注以斗水，凡水必熟而冷者也。凡酿与投，必寒之而后下，此炎州之令也。既水五日，乃篘，得二斗有半，此吾酒之正也。先篘半日，取所谓赢者为粥，米一而水三之，揉以饼曲，凡四两，二物并也。投之糟中，熟撋而再酿之，五日压得斗有半，此吾酒之少劲者也。劲、正合为四斗，又五日而饮，则和而力、严而不猛也。篘绝不旋踵而粥投之，少留则糟枯中风而酒病也。酿久者酒醇而丰，速者反是，故吾酒三十日而成也。”这篇文章就像祭祀神明时用的八种美味佳肴，咀嚼的时候不要嫌弃太过费力，其中的味道都是越尝越觉得美味，只是其中的味道没办法在一时间给读者说清楚罢了。

何恙不已

【原文】

公孙弘为丞相，以病归印，上报曰：“君不幸罹霜露之疾[①]，何恙不已？”颜师古注：“恙，忧也。何忧于疾不止也。”《礼部韵略》训恙字，亦曰忧也。初无训病之义。盖既云罹疾矣，不应复云病，师古之说甚为明白。而世俗相承，至问人病为贵恙，谓轻者为微恙，心疾为心恙，风疾为风恙，根着已深，无由可改。

【注释】

①霜露之疾：风寒，感冒。

【译文】

汉朝的公孙弘担任丞相，因为生病请求辞官，皇上批复说："君不幸罹霜露之疾，何恙不已？"颜师古对此做出注解说："恙，是担忧的意思。这话的意思是哪里需要担心病好不了呢。"《礼部韵略》中在解释"恙"这个字的时候，也说是担忧的意思。由此看来，"恙"这个字在最开始的时候并没有"生病"的意思。总之，上面既然已经说过得病，下面就没有再说一遍得病的道理，颜师古的解释也十分清楚。而现在世代相传，只要询问别人的病情都要称"贵恙"，把病情较轻的叫"微恙"，心脏有病称为"心恙"，风病称为"风恙"。这样的说法已经根深蒂固，无法再改正过来了。

韩公潮州表

【原文】

韩文公《谏佛骨表》，其词切直，至云："凡有殃咎[①]，宜加臣身，上天监临，臣不怨悔。"坐此贬潮州刺史。而谢表云："臣于当时之文，未有过人者。至论陛下功德，与《诗》《书》相表里，作为歌诗，荐之郊庙，虽使古人复生，臣亦未肯多逊。而负罪婴衅[②]，自拘海岛。怀痛穷天，死不闭目，伏惟天地父母，哀而怜之。"考韩所言，其意乃望召还。宪宗虽有武功，亦未至编之《诗》《书》而无愧，至于"纪泰山之封，镂白玉之碟，东巡奏功，明示得意"等语，摧挫献佞，大与谏表不侔，当时李汉辈编定文集，惜不能为之除去。东坡自黄州量移汝州，上表云："伏读训词，有'人材实难，不忍终弃'之语，臣昔在常州，有田粗给饘粥[③]，欲望许令常州居住。辄叙徐州守河及获妖贼事，庶因功过相除，得从所便。"读者谓与韩公相类，是不然。二表均为归命君上，然其情则不同。坡自列往事，皆其实迹，而所乞不过见地耳，且略无一佞词，真为可服。

【注释】

①殃咎（jiù）：灾祸。②婴衅：获罪。③饘（zhān）粥：稀粥。

【译文】

韩愈在《谏迎佛骨表》中用词恳切坦诚，甚至说出了"今后只要是国家发生灾祸，都甘愿加在臣一人身上，上天可以明鉴，臣也无怨无悔"这样的话。也正是由于呈上了这封谏表，韩愈被贬为潮州刺史。韩愈在潮州写的《谢上表》一文中说道："臣在当时写的那篇文章，并没有使用比别人更出格的话语，在讨论陛下的功德时，使用了《诗经》《尚书》相比较，当时所写的这篇文章，就算放在神圣的郊坛神庙前面，即便古人活过来，臣也不愿意承认自己所写的有多逊色。而现在有罪在身，自己将自己拘束在了海岛上。心中的痛苦到达天际了，到死也不能瞑目，只希望天地父母，能够怜惜我。"认真研究韩愈所说的这些话的意思，是希望朝廷能够将他召回京城。唐宪宗虽然有着用武力捍卫边疆的功绩，但也远不到将他编写在《诗经》《尚书》里也会觉得毫无逊色的程度！而对于“功劳可以封泰山时刻在石头上铭记，可以在白玉的牍牒上镂刻铭记，东封时奏明这种功德，来向上天汇报自己取得的成就”这类的话，都只是一些谄媚吹嘘的言论，与《谏迎佛骨表》完全不一样，可惜李汉等人编写修订《韩公文集》时，并没有将这篇谢表删掉。苏轼从黄州搬到汝州之后，所写的《谢上表》中说道：“恭敬地读完了朝廷给出的训示，其中有‘人才难得，不忍毁掉’这样的句子，下臣之前在常州担任官职时，有田能够供我做稀粥，现在希望陛下准许我能够在常州居住待罪。并念在下臣在担任徐州知州时守护河决并捕获了妖贼的功绩上，或许可以功过相抵，准许下臣的请求。”读到的人都说这篇文章与韩愈的谢表相类似，其实并非如此。这两篇谢表都是在向君主请求赦命，但是感情却大有不同。苏轼所说的都是一些陈年往事，都是切切实实的东西，而且所请求的不过是想要改派到另外一个地方，并且没有使用一个谄媚的字眼，着实让人佩服。

绝句诗不贯穿

【原文】

“夜凉吹笛千山月，路暗迷人百种花。棋罢不知人换世，酒阑无奈客思家。”此欧阳公绝妙之语。然以四句各一事，似不相贯穿，故名之曰《梦中作》。永嘉士人薛韶喜论诗，尝立一说云：老杜近体律诗，精深妥帖[①]，虽多至百韵，亦首尾相应，如常山之蛇[②]，无间断龃龉处[③]。而绝句乃或不然，五言如“迟日江山丽，春风花草香。泥融飞燕子，沙暖睡鸳鸯”“急雨梢溪足，斜晖转树腰。隔巢黄鸟并，翻藻白鱼跳”“江动月移石，溪虚云傍花。鸟栖知故道，帆过宿谁家”“凿井交棕叶，开渠断竹根。扁舟轻袅缆，小径曲通村”“日出篱东水，云生舍北泥。竹高鸣翡翠，沙僻舞鹍鸡”“钓艇收缗尽，昏鸦接翅稀。月生初学扇，云细不成衣”“舍下笋穿壁，庭中藤刺檐。地晴丝冉冉，江白草纤纤”，七言如“糁径杨花铺白毡，点溪荷叶叠青钱。笋根雉子无人见，沙上凫雏傍母眠”“两个黄鹂鸣翠柳，一行白鹭上青天。窗含西岭千秋雪，门泊东吴万里船”之类是也。予因其说，以唐人万绝句考之，但有司空图《杂题》云：“驿步堤萦阁，军城鼓振桥。鸥和湖雁下，雪隔岭梅飘”“舴艋猿偷上，蜻蜓燕竞飞。樵香烧桂子，苔湿挂莎衣。”

【注释】

①精深妥帖：意义深远，用词妥帖。②常山之蛇：传说中一种能够首尾相救的蛇。③龃龉（jǔ yǔ）：参差不齐，不平整。

【译文】

“夜凉吹笛千山月，路暗迷人百种花。棋罢不知人换世，酒阑无奈客思家。”这是欧阳修写的十分绝妙的诗句。这首诗每一句都是在说一件事，似乎并没有一条主线将其贯穿起来，所以才把这首诗称为《梦中作》。永嘉的士人薛韶特别喜欢讨论诗歌，曾经创立了一种说法是：“杜甫的近体诗，意义深远，用词恰当，虽然多达上百个韵，也能做到首尾呼应，就像是常山的蛇，中间没有间断阻塞的地方。而绝句有时却并不是这样，五言绝句中，像“迟日江山丽，春风花草香。泥融飞燕子，沙暖睡鸳鸯”“急雨梢溪足，斜晖转树腰。隔巢黄鸟并，翻藻白鱼跳”“江动月移石，溪虚云傍花。鸟栖知故道，帆过宿谁家”“凿井交棕叶，开渠断竹根。扁舟轻袅缆，小径曲通村”“日出篱东水，云生舍北泥。竹高鸣翡翠，沙僻舞鹍鸡”“钓艇收缗尽，昏鸦接翅稀。月生初学扇，云细不成衣”“舍下笋穿壁，庭中藤刺檐。地晴丝冉冉，江白草纤纤”，七言绝句

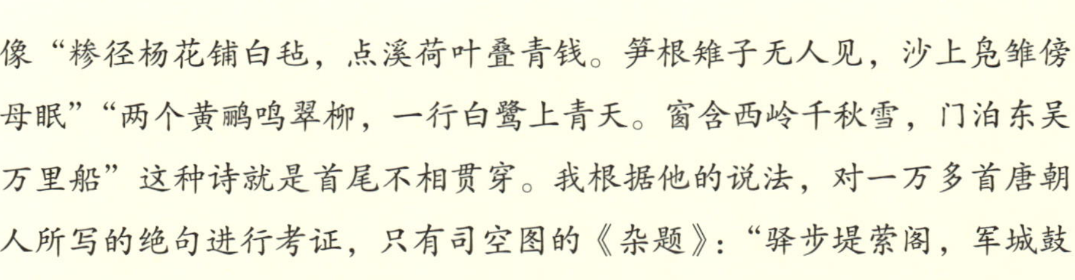
像“糁径杨花铺白毡，点溪荷叶叠青钱。笋根雉子无人见，沙上凫雏傍母眠”“两个黄鹂鸣翠柳，一行白鹭上青天。窗含西岭千秋雪，门泊东吴万里船”这种诗就是首尾不相贯穿。我根据他的说法，对一万多首唐朝人所写的绝句进行考证，只有司空图的《杂题》：“驿步堤萦阁，军城鼓振桥。鸥和湖雁下，雪隔岭梅飘”“舴艋猿偷上，蜻蜓燕竞飞。樵香烧桂子，苔湿挂莎衣”，是首尾相贯穿的。

斯须之敬

【原文】

今公私宴会，称与主人对席者曰席面。古者谓之宾、谓之客是已。《仪礼燕礼篇》：“射人请宾[①]，公曰：‘命某为宾。’宾少进，礼辞。又命之，宾许诺。”《左传》季氏饮大夫酒，臧纥为客[②]。宋公兼享晋、楚之大夫，赵孟为客。杜预云：“客，一坐所尊也。”乾道二年十一月，薛季益以权工部侍郎受命使金国，侍从共饯之于吏部尚书厅，陈应求主席，自六部长贰之外，两省官皆预，凡会者十二人。薛在部位最下，应求揖之为客，辞不就，曰：“常时固自有次第，奈何今日不然？”诸公言：“此席正为侍郎设，何辞之为？”薛终不可。予时为右史，最居末坐。给事中王日严目予曰：“景卢能仓卒间应对，愿出一转语折衷之。”予笑谓薛曰：“孟子不云乎？‘庸敬在兄，斯须之敬在乡人。’侍郎姑处斯须之敬可也。明日以往，不妨复如常时。”薛无以对，诸公皆称善，遂就席。

【注释】

①射人：主持宴会礼节的人。②臧纥（hé）：春秋时期，鲁国政治家，史称臧武仲，臧宣叔之子，臧文仲之孙。身材矮小机智多谋，号称“圣人”。

【译文】

现在不管是公家的宴会还是私人的宴会，都把和主人对面坐着的人称为席面。古人称为“宾”或者是“客”。《仪礼·燕礼篇》中记载：“司仪宴请宾客，主人说：‘邀请某人来做宾。’宾客缓步走上前，礼貌地辞让。于是又邀请了一次，宾才答应下来。”《左传》中记载，季氏摆酒宴来款待各位大夫，将臧纥尊为客。宋公同时邀请了晋、楚两国的大夫，将赵孟尊为客。杜预说：“客，就是一桌里最为尊贵的人。”乾道二年十一月，薛季益凭借权工部侍郎的身份，受命出使金国，侍从官一起在吏部尚书厅为他饯行，宴会由陈应求来主持，除了六部的主要官员之外，中书、门下两个省的官员也都到齐了，参加宴会的人共有十二个。薛季益在这些人当中是职位最低的，陈应求先是给薛季益行礼，然后请他就坐，薛季益连忙推辞不肯就座，说：“平时宴会都有固定的次序，今天怎么能因为我而破例呢？”在座的人说：“这个宴席就是为你开办的，怎么能够推辞呢？”薛季益最后也没有就座。我当时正好担任右史，坐在最后的位置上。给事中王日严看到我说：“景卢一向能够快速应对各种情况，不如你来说说解决这件事转换一下气氛。”我笑着对薛季益说：“孟子不是说过吗？‘平时恭敬在于兄长，暂时的恭敬在于乡民中的长者。’侍郎姑且受大家一次暂时的恭敬。明天之后，再恢复平时的次序。”薛季益无言以对，在座的公卿都称赞我善于讲道理，于是薛季益才就座。

参考文献

[1]（宋）洪迈.容斋随笔[M].穆公校点.上海：上海古籍出版社，2014.

[2]（宋）洪迈.容斋随笔精粹[M].陈才俊，周学兵，译.北京：海潮出版社，2013.

[3]（宋）洪迈.容斋随笔[M].长春：吉林大学出版社，2010.

[4]（宋）洪迈.容斋随笔[M].尚川农，译.北京：当代世界出版社，2007.